U0910845

本书为河南省科技厅软科学项目“移动数字时代高校图书馆阅读及情报服务研究”（项目编号：172400410404008）成果

Research on Knowledge and Information Services of University Libraries in the Mobile Digital Age

移动数字时代高校图书馆知识与信息服务研究

牛卫东　著

中国社会科学出版社

图书在版编目（CIP）数据

移动数字时代高校图书馆知识与信息服务研究 / 牛卫东著.
—北京：中国社会科学出版社，2023.5
ISBN 978-7-5227-1607-7

Ⅰ.①移… Ⅱ.①牛… Ⅲ.①院校图书馆—图书馆服务—研究 Ⅳ.①G258.6

中国国家版本馆 CIP 数据核字(2023)第 047960 号

出 版 人 赵剑英
责任编辑 金 燕 史丽清
责任校对 李 硕
责任印制 李寡寡

出 版 中国社会科学出版社
社 址 北京鼓楼西大街甲 158 号
邮 编 100720
网 址 http://www.csspw.cn
发 行 部 010-84083685
门 市 部 010-84029450
经 销 新华书店及其他书店

印 刷 北京明恒达印务有限公司
装 订 廊坊市广阳区广增装订厂
版 次 2023 年 5 月第 1 版
印 次 2023 年 5 月第 1 次印刷

开 本 710×1000 1/16
印 张 19.5
插 页 2
字 数 301 千字
定 价 108.00 元

前　言

随着数字及网络技术飞速发展，传统的图书馆馆藏内容及服务方式正发生着巨大改变。图书馆馆藏已由过去的以纸质为主逐渐转变为以电子为主，读者对服务方式的要求也由过去的到馆借阅变为在线检索、网络传输、手机及微信平台推送等，移动数字图书馆已成为图书馆发展的重要方向。同时，由于青年学生及知识群体对利用手机、Wifi 等新技术手段获取知识信息服务有着巨大需求，目前高校图书馆面临着较公共图书馆更大的服务转型压力，如何在移动数字环境下为师生及社会用户提供新型阅读及信息情报服务已成为高校馆迫在眉睫的问题。

为满足师生新技术环境下文献信息需求，更好承担为教学、科研进行文献信息服务保障的职能，在现代通信及网络技术的支撑下，上世纪 90 年代开始，国外高校图书馆已经开始了移动服务探索，采取了一系列服务更新措施，取得了较好效果。如美国的杜克大学开发了 Duke Mobile iPhone 客户端，读者下载后可以查询和获取特色馆藏资源。巴斯大学图书馆将馆藏文献题录及位置信息制作成二维码，放置在书目检索结果中，读者使用手机扫描二维码，手机屏幕即可显示找到该本图书的最佳路径。加州大学洛杉矶分校图书馆开展 iPhone/iTouch、Android 三种类型移动图书馆 APP 服务，利用手机可进行馆藏查询和文献阅读。哈德斯菲尔德大学图书馆将纸质期刊贴上二维码，读者用手机扫描可发现馆内是否有该刊电子版及电子版的详细信息。国内高校图书馆自 2000 年起也陆续开展了“移动图书馆”服务，在数字移动服务领域进行了一系列实践探索，取得了较大成绩。如北京理工大学 2003 年推出

“移动图书馆”服务，开展了手机短信服务，用户利用手机可进行借书预约、接收到期提醒等服务。2007年清华大学图书馆推出移动短信服务，并开发了基于WAP的手机数字图书馆。2008年重庆大学图书馆开通“手机图书馆”服务。2011年北京大学、清华大学推出了“移动图书馆”平台，为师生提供图书检索、电子资源检索、查找借阅状态、短信预约、全文阅读等服务。自2012年起一批重点大学，如清华大学、北京大学、上海交通大学除移动图书馆外，还推出了微信图书馆服务，利用微信服务平台，定期发布新闻消息、资源动态，提供在线文献检索、全文阅读，并通过文字、图片、语音与用户进行沟通和互动。到2012年12月，国内“211”高校馆中开展移动信息服务有62家，所占比例为56.4%。”① 到2015年4月，“211”高校中有78所开通了微信平台服务②。到2021年7月，42所“双一流”建设高校（以下简称“双一流”高校）图书馆全部建立了微信平台，提供文献检索和全文阅读服务。相对于“985”、“211”高校，地方高校图书馆的数字移动服务开展较为不足，大量图书馆尚未开通数字移动服务，一些开通高校，其服务内容亦仅限于新闻发布、书刊检索、个人借阅状况查阅、新书通报等，深层次服务，如借书预约、全文阅读、个性化服务等还未开展。可以看到，相对于旺盛的数字移动服务需求，国内高校图书馆开展移动服务的范围和力度还很不足。其次，目前国内大部分高校馆所开展服务的范围较狭窄，层次较低，深层次的学科服务、情报服务等相关业务开展不足，与数字移动服务匹配的相关管理体系还未形成，目前图情领域还未出现一部完整高校馆移动服务章程与规范。

为了总结高校图书馆在数字移动服务领域的工作成绩和不足，探索未来发展方向，相关学人进行了大量的研究工作。自2008年至今，该领域相关论文已近千篇。研究主要集中于三个方面：一是对当今高校图书馆开展数字移动服务的意义及现状的分析。二是对构建高校移动服务

① 李玉红：《国内“211”高校图书馆移动信息服务发展状况》，《现代情报》2014年第3期。

② 汤荷月、刘兹恒：《移动服务国内高校移动图书馆现状及发展趋势》，《中国教育网络》2016年第7期。

的技术研究。三是对高校馆开展数字移动服务的思路与方法探讨。其中，学者对高校馆开展数字移动信息服务意义研究已很充分，对具体平台搭建技术探讨也较为深入，但对国内高校馆整体的移动服务内容及形式研究较为不足。现有研究虽对某一群体高校馆的移动服务运营状况进行了调查和实证分析，但多为统计某项指标而为，没有从各馆个体面貌调查出发，较全面展现高校馆移动服务整体发展面貌，研究较为笼统。同时，研究中缺乏对阅读服务、科技情报服务等深层次知识信息服务的探究。此外，多数研究中对目前高校馆的数字移动服务存在问题及发展建议的揭示、探析不够，所提出的提升方法及思路过于理论化、模糊化，缺乏可操作性。

2021 年 4 月中国新闻出版研究院在线发布了《第 18 次全国国民阅读调查》。调查显示，2020 年我国成年国民每天手机接触时间达 100.75 分钟，此外，成年国民人均每天互联网接触时长为 67.82 分钟，比 2019 年增加了 1.77 分钟，手机阅读和网络在线阅读成为成年国民数字化阅读的主要方式①。可以看到，目前民众阅读习惯已经发生巨大改变，数字移动阅读成为人们获得知识信息的主要途径。在此背景下，建设数字移动信息服务平台，开展多种形式的数字移动信息服务是当今高校图书馆发展的必由之路，数字移动服务的质量与水平已经成为衡量一个图书馆专业服务水准的重要标尺。

为此，本研究在分析高校师生及社会用户数字移动服务需求的前提下，以“双一流”高校图书馆为例，对国内高校馆开展移动数字服务内容与方式进行了具体调查，展现了我国一流高校图书馆开展数字移动服务的面貌，分析了存在的问题，提出了高校图书馆利用手机图书馆及微信公众平台开展数字移动服务的途径和策略。

本研究分为九章。第一章为总论，论述新技术环境下高校图书馆的变革与发展；第二章为高校图书馆数字移动服务用户需求问卷调查与分析；第三章为高校“移动图书馆”服务研究；第四、五章为对 42 所

---

① 王鹏、史竞男：《第 18 次全国国民阅读调查》，中国政府网（2021 年 4 月 23 日），http://www.gov.cn/xinwen/2021-04/23/content_5601693，2022 年 3 月 16 日。

“双一流”高校图书馆微信公众平台服务调查与分析研究；第六章为对“双一流”高校图书馆微信公众平台阅读服务研究；第七章以吉林大学图书馆为例探析了高校图书馆微信公众平台书目推荐服务内容与方式；第八章在调查“双一流”高校图书馆开展科技查新、论文查收查引、专利信息服务基础上，提出了数字移动背景下高校图书馆开展情报服务工作的思路与方法；第九章以科技查新为例，探析了高校图书馆数字移动背景下开展信息延伸服务的内容与方法。

本研究以实证调查为研究基础，以“双一流”高校图书馆数字移动服务为视角，探析了国内高校图书馆利用手机图书馆及微信平台开展知识阅读和情报信息服务的工作模式与管理方法，旨在解决目前该领域存在问题，提升我国高校馆数字移动服务的水平，以推进高校图书馆自身业务的转型发展，使其切实履行好为教学和科研服务、为社会科技进步提供智力支持的职责。本人学识有限，文中错漏不足之处，恳请读者指正。

2021 年 12 月 21 日

目　录

第一章　数字移动背景下高校图书馆面临的挑战与变革

随着数字及网络技术的飞速发展，传统图书馆馆藏内容及服务方式正发生着巨大改变。图书馆馆藏已由过去的以纸质为主逐渐转变为以电子为主，服务方式也由过去的到馆借阅变为文献在线推送、网络传输，移动式数字图书馆已成为图书馆发展的重要方向。为满足师生新技术环境下对文献阅读服务及情报信息服务的需求，更好承担起为教学、科研服务的职能，在现代通信及网络技术的支撑下，如何在移动数字环境下为师生及社会提供文献信息及情报服务已成为摆在图书馆人面前迫在眉睫的问题。

第一节　高校图书馆目前所面临的挑战

随着互联网在我国的普及，近年来我国网民数量持续增长，到2020年，我国移动互联网接入流量消费达1656亿GB，较2019年大幅增长35.7%①。截至2021年6月，我国网民规模为10.11亿，互联网普及率达71.6%，超10亿用户接入互联网②，数量居世界第一。在传统社会人们在工作和生活中遇到知识和信息问题，除了咨询他人，最主要的方式到图书馆进行检索、查阅。信息技术的进步使网络进入到每个人

① 中视财华：《2020—2021年中国传媒产业发展报告》，百家号（2021年10月19日），https://baijiahao.baidu.com/s?id=1714035906084766906&wfr=spider&for=pc，2022年2月11日。

② 中国互联网络信息中心：《我国网民规模已超10亿》，腾讯网（2021年8月28日），https://new.qq.com/rain/a/20210828A013600，2022年2月11日。

的生活之中，大量搜索引擎出现，使普通知识和信息的获取非常便捷，人们知识信息需求中对纸质图书的依赖性大大降低。目前，INTERNET如一座超级图书馆，任何人可以方便地通过网络收集、传递信息，并加以储存使用。过去只有在图书馆检寻得到的专业学术文献目前通过网络可以方便获取，如专业的学术文献资源供应商 CNKI，万方等都有文献检索、下载服务，机构用户可以免费进行文献获取，非机构的用户可以通过网络银行、手机充值等方式获得文献。可以说，图书馆不再是不可替代的知识、信息储藏地，现代通信技术赋予了民众更多的选择。

一　民众获取信息与知识方式的改变

近年来，民众获取信息、知识不再完全依赖文字阅读，音频、视频成为重要的方式。据统计，截至 2020 年年底，中国网络视听用户规模达 9.44 亿人，网民使用率达 95.4%①。在此背景下，大型的数字图书馆如超星图书馆、国图图书馆纷纷推出音频、视频服务。如超星图书馆制作推出了“高校课堂实录”、“超星名师讲坛”等视频节目。国家图书馆建立有视听服务中心，推出有“文津经典诵读”、“国图公开课”等资源服务。此外，近年来，除出版社出版有大量的音频、视频光盘外，大型的听书网站不断出现，如“懒人畅听”、“中华听书网”、“喜马拉雅”等，大量的纸质书被制作为音频，很好满足了听众的学习需要。同时自媒体发展迅速，人们拍摄视频把作品进行上传、传播。视频内容丰富，题材多样，包括了方方面面的知识、信息。可以看到，传统的以文字为载体的信息传输形式发生了剧烈改变。为满足用户的需求，图书馆以文字阅读为主的服务形式需尽快进行变革，应打造文字、视听相互交融的文献典藏和推送新形式。

再者，电子文献已经成为文献重要载体方式，数字阅读成为公众阅读的主要方式。数千年来，文献载体从竹简丝帛、青铜石器发展为纸张，走过了漫长的道路。在 21 世纪短短的二十年间，文献载体形式发

① 中视财华：《2020—2021 年中国传媒产业发展报告》，百家号（2021 年 10 月 19 日），https：//baijiahao. baidu. com/s？ id = 1714035906084766906&wfr = spider&for = pc，2022 年 2 月 11 日。

生了巨大变化，以纸质为王的时代已基本结束，电子化、数字化正在成为主宰性的文献载体形式。相对于纸质文献，电子文献具有诸多优点。如贮藏量大，携带方便。一个小小的光盘、硬盘，就可以容纳上百兆、若干 GB 的字节容量。一套纸质四库全书需要几百平米的空间进行存放，而数字文本只需几张光盘即可容纳。同时，纸质图书只有文字、图表的表达方式，而电子文献可文字、音频和视频相互交融，读者阅读更加清晰、直观。再如，电子文献传输迅速、便捷，依靠网络和计算机或智能手机，一部几十万字的文献可在几秒时间内完成传输，不受时间和空间的限制。同时，用户使用电子文献时，可随意检索、复制，其利用效率远非纸质文献可比拟。除此之外，电子文献制作成本较低，因为复制容易，流通环节少，用户使用成本较低，目前已经成为文献生产的主要方向。鉴于这些因素，目前广大人群，特别是青年群体的阅读对象已基本转向电子文献。为了满足用户的需求，大量传媒机构纷纷推出了报纸、期刊电子版，一些专业学术机构也开始了产品电子化转型。如《全国报刊索引》1955 年创刊，是我国最早的中文报刊检索工具，从 1993 年开始出版电子版，目前其纸质版订阅数量已很少。如著名的化学化工文献检索工具 CA（美国化学文摘），多年前已转为网络服务方式，用户登录 SciFinder Web，即可访问、检索。在文献形态急剧变化的当今时代，图书馆以纸质文献为载体的服务已无法适应文献生产状态和用户需要，急需向电子化、数字化转型。

二　线上服务已成为图书馆重要的工作内容和方式

随着现代信息技术的进步和人们阅读习惯的改变，线上服务已成为图书馆重要的工作内容和方式。据 CNNIC（中国互联网络信息中心）发布的数据显示，2020 年疫情期间的 3 月份，国内在线教育用户规模达到了 4.2 亿人，到疫情基本得到控制的 6 月份，用户依然有 3.8 亿人，用户在线学习习惯已基本养成①。由于线上学习内容选择范围大、

① 中视财华：《2020—2021 年中国传媒产业发展报告》，百家号（2021 年 10 月 19 日），https://baijiahao.baidu.com/s?id=1714035906084766906&wfr=spider&for=pc，2022 年 2 月 11 日。

时间自由，互动性强，只要有网络的支持，可以不受空间、时间制约，由于其便捷性，该种学习方式一经出现就吸引了青年学生的青睐，成为日常学习的第二课堂。为学生提供充足学习支撑是高校图书馆工作的一大内容，传统图书馆以线下的借阅、咨询为主，坐等用户上门为服务常态，在师生阅读、学习习惯已经改变的背景下，开展线下、线上双形式学习服务已成为当今高校馆急需开展的业务内容。

近年来大型数字图书馆不断建立，读者可以通过购买读书账号的形式进行在线浏览、全文下载工作。众多的网上书城，如蔚蓝、当当书籍交易量巨大，二手旧书网，如孔夫子、有路网等书籍资源丰富，读者可方便地购买到所需的图籍。图书馆不再是师生获取文献信息的唯一来源，在新技术的浪潮中，大学图书馆的地位、作用面临着前所未有的挑战。

三　高校图书馆独特的作用与价值

上述所说讨论了传统图书馆、特别是高校图书馆面临的挑战，但这并非意味着大学图书馆已经失去了存在的价值，相反，在今后相当长的时间内高校图书馆仍然是师生必不可缺的学习场所和教学科研重要支撑。首先，纸质图书仍是读者阅读的一大选择，纸质图书阅读具有持久性、深入性特点，阅读纸质图书有利于深度思考、反复研读，避免了电子阅读碎片化、浅表化的弊端。同时，纸质图书经过严格出版流程，文字、印刷质量较好，很少存在版权争议。2017 年中国新闻出版研究院发布了第十四次全国国民阅读调查结果。结果表明：51.6% 的成年国民更倾向于“拿一本纸质图书阅读”①。第九次全国国民阅读调查也显示，尽管数字阅读飞速发展，在所有阅读形式中所占的比例越来越大，但一本书同时有纸书和电子书两个出版形式变得越来越普遍，“纸电同步”销售的品种占比越来越高，2019 年已经超过 35%，有近五分之一的用

① 乔全兴：《中国人每年读书近八本，回归传统纸质图书或将成为潮流》，中华网（2017 年 4 月 22 日），https：//3g. china. com/act/news/11038989/20170420/30439603. html，2022 年 2 月 11 日。

户，在购买电子书后又买了纸质书①。目前在欧美、日本发达国家，纸质出版仍然具有较大市场，并没有因电子信息使用而消亡。未来，纸质图书不可能完全退出阅读市场，仍然具有巨大的生命力。其次，网络本身具有快捷便利获取信息文献的特点，但对学生而言，真正的知识学习还要依靠阅读纸质图书及课堂教师讲授而完成。再者，高校图书馆图书按学科集中采购、分类收藏，文献形式多样，包括图书、期刊、工具书，其资源含量是任何一个电子数据库所无法媲美的。同时，高校馆配备有齐全的阅读设施，拥有安静读书环境，适合师生长时间的读书学习。此外，高校馆一般设置有文献传递、信息咨询机构，可给读者提供个性化阅读服务。可以说，高校馆在学习条件和文献保障能力方面具有社会馆、商业数据库及网络平台无可比拟的优势。

综上所述，高校图书馆既不能安于现状，无视现代技术而引发的阅读革命所带来的危机与挑战，保持固有的服务内容不加改变，也不可妄自菲薄忽略自身价值，把自己位置和功能让位于网络、社会数字平台及智能手机，而是应该利用新技术、新资源、新工具和自身资源优势，汲取新闻出版机构、自媒体在知识信息服务上的经验和运营模式，更新服务理念、建立新的服务途径，实现自身在新技术环境下的迅速转型，彰显自身独特的作用。

第二节　新技术环境下高校图书馆馆藏文献形式、服务内容及工作模式的变化

一　馆藏文献形式以电子文献为主

20 世纪 80 年代之前，图书馆馆藏以纸质文献为主，文献种类包括图书、期刊、工具书、古籍等，近年来数字化阅读的普及与通讯技术发展使图书馆馆藏文献形式发生了较大的改变，报纸、图书、期刊等出版

① 界面新闻：《2019 中国图书市场报告发布》，百家号（2019 年 12 月 27 日），https：//baijiahao. baidu. com/s? id = 1654036521189286539&wfr = spider&for = pc，2022 年 2 月 11 日。

物已开始纷纷采取“双版制”，图书馆馆藏中电子文献的数量不断增加，并有超出印刷型文献的趋势。下表1－1是笔者近年来随机调查的国内10家高校图书馆馆舍面积及馆藏文献组成情况，调查以图书馆官网主页所载数据为准。

表1－1　国内十所高校图书馆馆舍面积、馆藏纸质文献与电子文献调查统计表

高校馆名称 / 馆舍面积与馆藏文献形式	云南大学图书馆①	西南大学图书馆②	哈尔滨工程大学图书馆③	西北大学图书馆④	上海大学图书馆⑤	电子科技大学图书馆⑥	湖南大学图书馆⑦	华南理工大学图书馆⑧	北京师范大学图书馆⑨	河南大学图书馆⑩
馆舍面积（万 m^2）	7.6	8.1	5.0	5.2	7.9	6.7	3.3	6.3	4.1	6.5
纸质文献（万册）	379	449	262	324	407	245	362	367	529	370
电子文献（万册）	数据库100余个，电子图书190万册	数据库195个，电子文献近1500万册	数据库117个，电子期刊7.96万种，电子图书471.72万册	数据库258个，电子图书277万余册，电子期刊82万余种，电子学位论文808万余册	数据库81种，电子书749万余种，电子期刊6.8万余种	数据库309个，电子图书400余万册，电子期刊4万余种	数字资源本地存储折合纸本藏书385.3万册	360	电子图书745万余册，电子期刊12万余种	403

从上表数据可以看到，10家高校馆中8家馆的电子文献数量已经超过纸质文献数量。同时，可以看到，统计的高校图书馆购买有大量的中外文数据库，该种资源为动态资源，更新速度快，文献信息含量高，

① 截至2021年年底。
② 截至2019年年底。
③ 截至2020年年底。
④ 截至2020年年底。
⑤ 截至2020年年底。
⑥ 截至2020年年底。
⑦ 截至2020年8月。
⑧ 截至2018年年底。
⑨ 截至2018年年底。
⑩ 截至2015年年底。

已经成为师生重要的文献信息源。高校对该种资源通常是购买一定时期使用权，放置于局域网中供师生使用。大部分高校利用 VPN 给校外无法使用局域网的师生提供在线访问路径，对师生而言该类资源使用方便快捷，访问数量远超电子书的访问数量。

目前数据库采购已经成为各高校文献建设花费中最大的一项。在 2010 年某高校采购国外数据库一年花费为 3.2 亿，占教育费用 3 成以上①。2019 年 Elsevier SD 全文库（年度使用费）为 1882500 元②。由于费用较大，且每年呈上升趋势，高校每年会根据学科发展需求及资金丰腴程度扩大、减少对数据库采购量，目前大部分高校都购买有知网、万方、超星、EI、SCI 数据库，可以满足师生的日常需求。

二　工作方式由线下变为“线上线下”双模式

除了馆藏资源形式的变化外，数字移动环境下图书馆的工作模式也发生了较大改变。首先，工作方式由手工变为自动。20 纪 80 年代前，图书借阅以手工服务为主，读者进馆后使用书目卡片进行书目检索，填写索书信息，管理人员按照读者借阅书单，检索图书后交付读者并登记信息，读者还书亦需如此程序。九十年代后，读者可以进库检索取书，最后一并登记即可。二十世纪后，图书馆纷纷引进自动化管理系统，读者在门禁处刷卡进入，利用计算机进行图书馆藏检索，进入书库区自己拿到书籍，通过自动借还机进行借阅和还书，无需工作人员帮助，图书馆业务基本实现了藏阅一体化，计算机自动管理系统分担了人力借阅工作。

其次，线下服务转变为“线上线下”的双模式工作形式。传统图书馆服务均为电话咨询下的现场到馆办理。20 世纪开始，随着网络通信的普及，线上服务已成为图书馆工作方式之一。高校图书馆均建立了

① 夏杨：《高校采购国外数据库一年花 3.2 亿，占教育费用 3 成以上》，中国新闻网（2010 年 5 月 21 日），https://edu.qq.com/a/20100521/000229.htm，2022 年 2 月 11 日。

② 西南大学：《2019 年 Elsevier 数据库采购成交公告》，中国政府采购网（2019 年 9 月 24 日），https://www.ccgp.gov.cn/cggg/zygg/cjgg/201909/t20190924_12978636.htm，2022 年 2 月 11 日。

自己主页，大部分业务可通过网络办理。如图书馆藏文献信息可通过OPAC检索得到，用户可以24小时进行电子资源的检索、下载。同时，近年来高校图书馆基本开通了微博、QQ、手机图书馆、微信公众服务平台，用户可以通过即时通信工具进行业务咨询、办理。如用户利用手机扫码下载APP，可通过手机远程进行馆藏文献检索、电子资源阅读，并可进行在线的图书预约、延期、挂失、现场服务预约、文献传递等。目前高校馆的微信公众号均设有滚动消息栏目，不间断推出新闻公告、活动通知、馆藏动态等，用户只要关注公众号即可收到动态信息，并进行平台电子文献的下载、阅读。此外，一些高校馆的信息服务目前采取了线上服务方式，如建立科技查新、论文查收查引工作平台。用户通过平台可以进行业务提交、在线咨询、查询工作进度，该方式方便快捷，为用户节省了大量时间。总之，数字移动技术的引入使高校图书馆分散、手工工作模式变为集成、网络化操作，工作人员数量大大减少，体力工作强度得到降低，但新的工作模式也对人员业务素质、工作管理方法提出了新的要求。

三　服务内容多样化

传统高校图书馆业务主要以借还书服务为主，自20世纪90年代以来，高校图书馆服务内容不断增大，除图书借阅外，电子文献服务、信息情报服务、文献检索教学、学科服务、线上阅读推广服务等工作份额不断增加，图书馆成为文献信息供应复合体和读者学习支持中心。首先，电子文献服务增长迅速，已成为图书馆文献服务的主体。目前各高校图书馆均已建立了官网主页，主页服务功能基本囊括了实体图书馆的服务范围，如建设有OPAC系统，读者可以进行馆藏检索，同时主页之上购买的中外文数据库按类排放，并有使用说明，用户可即时阅读、下载。此外，目前大部分高校馆推出了手机、微信平台服务，读者可以通过手机进行电子文献的阅读和下载。同时，随着高校图书馆社会化服务的普及，高校丰富的文献和人力资源开始面向社会开放，除了图书借阅外，还对外开展科技查新、专利分析等服务。目前国内已有102家高校图书馆建立了教育部科技查新工作站，这些工作站除了为师生提供服务外，还对社会企业、科研院所开展科技信息咨询和专利分析工作。第三，随着图书馆专业队伍的建立和移动时代学生对信息技能教育需求的增加，本科以上高校图书馆基本开展了文献检索教学工作，开设了面向本科、研究生的文献检索课。第四，为满足教师进行科研的文献需求，目前众多高校馆开展了线上学科服务，通过微信、QQ 加入科研团队，进行全过程的信息支撑服务。第五，随着高校图书馆线上服务开展，传统的阅读推广由线下转移到线上。高校馆员利用 QQ 群、微信平台，进行新书推介、好书推荐、名著导读、读书打卡等服务。如北京大学图书馆微平台设置有“共展书卷，再染墨香”、“阅读马拉松”系列专栏。清华大学图书馆微平台设置有“小美上新”学科荐书专栏，这些专栏更新速度快，书目推荐推文数量多，且采用文本、视频、音频多样形式，成为高校学生素质教育的重要阵地。

可以看到，数字移动技术的出现扩大了高校馆的服务对象，由单纯的服务校内师生转向校内、校外双对象服务，业务内容也由单纯图书借阅扩大到线上借阅预约办理、电子文献提供、信息情报分析、文献教学、线上阅读推广等多种业务共存的状态。

第三节　数字移动背景下高校图书馆提升服务水平的思路与办法

一　开展形式多样的移动知识信息服务

为满足师生新技术环境下文献信息需求，更好承担为教学、科研服务的职能，在现代通信及网络技术的支撑下，国内外高校图书馆进行了一系列服务改革更新措施，取得了较好效果。如美国的杜克大学开发了 Duke Mobile iPhone 客户端，读者下载后可以查询和应用特色馆藏资源。巴斯大学图书馆将馆藏文献题录及位置信息制作成二维码，放置在书目检索结果中，读者手机扫描二维码，手机屏幕即可显示找到该本图书的最佳路径。哈德斯菲尔德大学图书馆将纸质期刊贴上二维码，读者用手机扫描可发现馆内是否有该刊电子版及电子版的详细信息。

国内高校图书馆自2000年起陆续开展了“移动图书馆”服务，在数字移动服务领域进行一系列实践探索，取得了较大成绩。如北京理工大学2003年推出“移动图书馆”服务，开展手机短信服务，进行借书预约、到期提醒等服务。北京大学2011年推出了“北京大学移动图书馆”，为北大师生提供图书、电子资源检索、查看借阅状态、短信预约、全文阅读等服务。清华大学的“移动图书馆”支持客户检索图书资源，提供不同格式文档的全文阅读，具有公告信息查询、预约等功能。自2014年起一批重点大学，如清华大学、北京大学、上海交通大学等推出了微信图书馆、微博图书馆等服务平台，定期发布新闻消息、资源动态，推出电子文献的阅读服务，并可通过文字、图片、语音与用户进行全方位沟通和互动。目前，“双一流”高校图书馆大都开通了手机图书馆和官方微信服务平台。这些线上平台服务可基本满足师生的知识信息需求，但也存在一些问题和不足。如微信平台架构过于雷同、服务内容个性化欠佳、学科服务层次较低、电子资源数量不足等。据调查，至2021年10月42所“双一流”高校图书馆有33所开展了移动服务。其中，使用“超星移动系统”的为27家，占比82%。由于使用的平台相同，在各馆的移动服务中，除OPAC外，电子资源内容极度雷同。此外，高校馆数字移动服务领域的相关管理体系还未形成，目前还未出现一部完整的高校馆移动服务章程与规范。

在移动信息服务领域，国内新闻媒体及自媒体做出了较多成绩。如人民日报、光明日报、中央电视台等大型新闻媒体，其电子版、纸质版为同时推出。在其网站，电子版可回溯、检索，用户使用方便快捷。如中央电视台的主要频道都建立有微信公众平台，观众关注后可了解节目播出信息，并可栏目回看。“快手”、“B站”、“小红书”等大量自媒体平台视频内容丰富多样，给用户带来了充沛的信息资源。

杜甫曾诗云：别裁伪体亲风雅，转益多师是汝师。囿于体制的原因，高校图书馆长期生活于象牙塔中，生存危机感不强，缺少市场竞争精神，创新氛围不足，在新技术浪潮中服务转型较慢。但无论如何，在新技术飞速发展的背景下，数字移动服务已经成为图书馆、特别是高校图书发展的必然选择。提高对此问题的认知，规划自身的发展路径是每一个高校馆发展不可回避的重要议题。在此工作中，应积极汲取其他行业、特别是传媒、出版和公众图书馆领域的经验和工作模式，结合自身的资源、人力和财务状况，推出富有个性化色彩的数字移动服务。如，可把更多的资源放置到移动平台上，在文献服务中，采取更生动活泼的文本形式，并利用网络传输方便快捷的条件，大力开展形式多样的阅读推广、课堂资源推介、文献检索讲解、学科进展导航、学科服务跟踪等服务，无论采取何种方式，其最终目的在于激发读者阅读兴趣，提高读者服务满意度，使图书馆成为师生不可缺少的文献中心、信息中心和学习中心。

二　调整馆务结构，建立专门的移动服务管理机构

传统图书馆组织结构一般是以文献组织流动为中心而设置，通常呈金字塔状，馆领导及行政部门为其头目，阅览、流通、采访、编目为其基体，技术保障为其基础。计算机网络技术的发展和引入使传统的图书馆工作模式发生了变化。例如，图书经销商可提供标准的 Mac 数据目录，图书在入库前已经贴好条码，编目工作人员只需分配入库、整理数据即可。其次，刷卡入门、自动借还系统的使用大大减少了借阅工作人员劳动量，该类业务在图书馆工作中比重下降；第三，网络服务工作量剧增，线上服务成为重要业务内容，服务时间为 24 小时不间断，需要较多技术人员参与，也需要专职人员进行网上咨询、信息的回复。同时，为保障微信平台、手机图书馆良好运行，需要设立专门的工作团队进行文稿撰写、服务需求调查、活动组织等。总之，图书馆工作应形成了一个以线下、线上服务为核心，以技术保障为支撑的业务模式。

据调查，目前大部分高校馆设有阅览流通、科技信息服务、教学科研、技术支持部门，移动服务仍无专门的机构设置，该类业务为各部门同志兼职进行。如南京大学图书馆的机构设置为：图书馆办公室、资源建设部（各种载体文献的采集、选择与订购；到馆文献的验收、登录、

加工与送编；国内外文献交换与赠送。具体业务模块分为中文图书采访、外文图书采访、中文期刊采访、外文期刊采访和电子资源采访）、学科服务部、读者服务部（负责流通阅览与咨询服务，开展馆际互借与文献传递服务，并做好阅读推广等相关服务）、古籍特藏部、鼓楼分部、系统保障部（负责南京大学图书馆自动化系统的管理），没有看到专门线上服务的部门设置。如西南大学图书馆机构分布中（图 1－1），学校、馆领导为第一层级，馆务委员会、工会、教代会、学术委员会为第二层级，第三层级包括 9 个业务部门，分别为：特藏部、3 个读者服务部、综合部、文献资源部、信息咨询部、技术支持部、图书情报研究所。线上服务职能归于技术支持部，职责为："主持服务器云平台建设及智慧图书馆系统建设工作"①。如湖南大学图书馆组织结构中（图 1－2），第一层级为学校主管校长、党政联席会议、图工委秘书处、图书馆工作委员会。第二层级为党政联席会议、馆务会、科学文献评价研究中心、学术委员会、办公室。第三层级包括 9 个业务部门，分别为：文献采访部、资源加工部、数图建设部、读者服务中心、文献评价与学科服务中心、科技查新与文献检索中心、文献借阅部、财院校区分馆、特藏分馆。线上服务职能归于"数图建设部"，其部门职责为"为学校广大师生利用数字化网络化的文献信息提供基础环境和保障，为图书馆利用信息技术建立新型的读者服务模式提供技术支持"，但在其 16 项②具体业务说明中，没有看到线上服务的具体细则说明。

通过以上随机对三所高校图书馆机构组织的调查可以看到，线上业务没有设置专职部门和人员团队。未来，随着数字移动服务比重的增加，该种馆务管理结构模式应有所改变，可成立专门的线上服务部门，以推进数字移动业务的发展。

---

① 西南大学图书馆：《图书馆各部门岗位职责一览表》，西南大学图书馆官网（2018 年 12 月 5 日），http：//www. lib. swu. edu. cn/category433/index. shtml，2022 年 2 月 11 日

② 湖南大学图书馆：《机构设置》，湖南大学图书馆官网（2021 年 12 月 12 日），http：//lib. hnu. edu. cn/bgjs/zzjg. htm，2022 年 2 月 11 日。

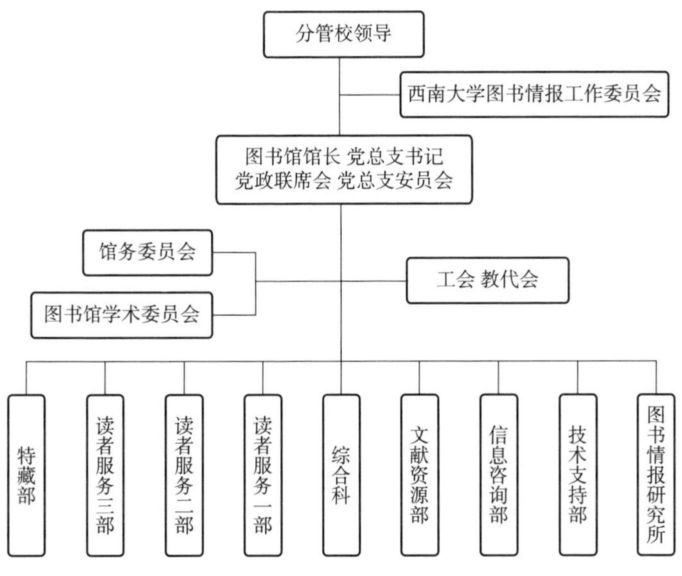

图 1－1　西南大学图书馆组织结构

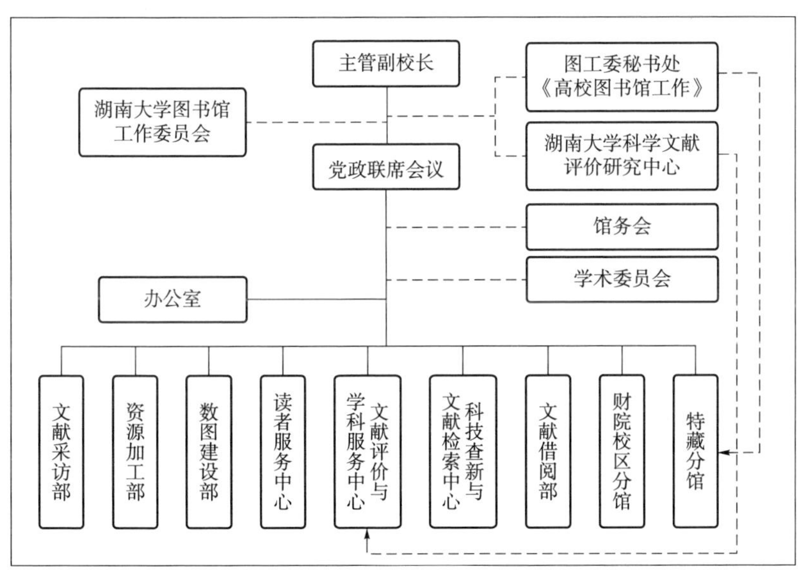

图 1－2　湖南大学图书馆组织结构

三　创建一支高素质的数字移动工作服务团队

列宁曾说："图书馆员是图书馆事业的灵魂。"任何新技术最终都要靠人力来实现其功能与价值。如上所述，数字化、网络化在图书馆的运用，给传统图书馆的业务内容和工作模式带来革命性的变化。在过去较长的时间段内，由于图书馆的手工服务模式，对工作人员的业务水平要求不高，除了古籍整理外，初高中文化水平的人员基本可以胜任图书馆日常工作。但近年来，数字资源的大量引入及“线上线下”双模式工作方式的产生，要求该领域工作人员具有计算机、网络、外语、文字编撰、视频制作等技能，随着该项工作比重的不断增大，“图书馆员已由图书的保管员进化为网络的导航员”①，现有人员知识结构已不能满足工作要求，建立一直具有较高素质，具有数字移动文献、信息服务能力团队是高校馆应面对、解决的问题。

首先，应加大国内图情学科高层次人才培养步伐，为图书馆发展提供充裕专业人才。

我国高校中图情学科为小众专业，国内只有 54 所高校具有图书情报全日制硕士研究生招生培养资质。关于该学科博士阶段的培养情况，学者张佳瑜有过较好的统计。如表 1－2 统计中，国内有 8 所高校具有图书馆学博士培养资质，8 所具有情报学博士培养资质，3 所具有信息资源管理博士培养资质，4 所具有图书情报与档案管理博士培养资质②。可以看到，我国图情专业博士培养高校仅有 13 所，与其他学科相比，该领域的高层次人才培养单位过少。

表 1－2　　国内图情专业博士研究生招生培养高校

序号	博士培养学校	专业
1	北京大学	图书馆学
2	中国人民大学	图书馆学、情报学、信息资源管理
3	中国科学院大学	图书馆学、情报学、
4	南开大学	图书馆学、情报学
5	河北大学	图书馆学、情报学

① 邵英：《网络时代与图书馆员》，《济宁师范专科学校学报》，2002 年第 6 期。

② 张佳瑜：《图情档博士点、博士后工作站概况》，科学网 2020 年 9 月 3 日，https：//wap. sciencenet. cn/blog－213646－1249040. html？ mobile＝11，2022 年 2 月 11 日。

续表

序号	博士培养学校	专业
6	武汉大学	图书馆学、情报学、信息资源管理
7	湘潭大学	图书馆学、情报学、信息资源管理
8	中山大学	图书馆学、情报学
9	中国科学技术信息研究院	情报学
10	吉林大学	图书情报与档案管理
11	南京大学	图书情报与档案管理
12	南京农业大学	图书情报与档案管理
13	华中师范大学	图书情报与档案管理

其次，应建立合理的工作、考评和分配制度，吸引高层次人才到图书馆工作。

美国高校图书馆人员一般由专业馆员、辅助人员、学生助理三部分组成，前二者列入学校编制，一些高校把专业馆员列入教师编制，辅助人员列入行政编制，也有部分学校把二者都列入行政编制。我国高校图书馆一直缺乏明确资格准入制度，也没有区分专业岗与非专业岗，高层次人才的职业价值还没有得到足够的承认与尊重。加之长期以来高校馆在人才引进、薪酬分配、职称职务晋升领域处于不利地位，人员职业上升渠道较为狭窄，部分图情专业的毕业生到高校工作后，也常常在管理类学院工作，愿意到图书馆工作者寥寥。久而久之，造成图书馆高层次人才匮乏，一定程度上阻碍了新技术背景下高校图书馆数字移动服务及相关科研教学工作的开展。

为此，高校应提升对新技术背景下高校馆工作性质、价值的认知，在人才引进、职务晋升方面给予一定政策倾斜，尽快解决图书馆人才匮乏的问题。同时，高校馆在人员管理方面应建立合理的考评制度。由于图书馆工作环境相对比较封闭，工作内容雷同，容易产生职业倦怠。另一方面，由于体制的原因高校馆的工作竞争氛围不足，缺乏相应奖惩机制，干好干坏待遇相同，一定程度上挫伤了员工的工作积极性。同时，网络电子信息服务，如实时咨询、学科导航、信息推送为软性服务，工作内容具有极大伸缩性，单纯的量化方法难以对之有效考核，其服务质量的高低很大程度依赖于员工的责任心和主动性。“只有管理的混乱，没有无用的人才”，高校图书馆应在广泛调研、汲取其他职业考评经验的基础上，建立一套相对合理的工作考评和奖惩制度，特别是数字移动服务考核体系，让贡献大、业务水平高的员工享受到应有的待遇。

此外，数字移动服务相对于图书馆其他岗位，工作内容较为复杂，对人员业务技能、责任心和工作耐心都有较高的要求。如微信平台信息推送，基本为日更新，稿件撰写除要求内容新鲜、文字正确外，还需对文本进行文字、图片、音频、视频的混排，需要较好的文字功能和新媒体制作技术。数字化服务中也需要不间断回复在线咨询，读者问题多样，除要求工作人员有扎实的图情知识积累外，还需要较多的耐心和爱心，方能获得用户的认可。总之，高校馆在利用高层次人才建设线上移动服务专业团队的基础上，应给与该类工作人员一定工作自由度，在分配机制上应予倾斜，激励其工作积极性。

四　不断进行在职培训，广泛提升高校馆人员移动数字服务能力和水平

在国外研究型大学图书馆，专业馆员入职通常具有较高门槛，如北美研究型大学图书馆专业人员必须具有硕士或以上学位，其中一个学位须由图书馆协会认可的院校授予①。对在职馆员，也有较高业务要求。如哈佛大学图书馆对馆员的要求是：馆员必须参与科研工作，且参与的比例约占其总工作量的35%②以上。为提升我国高校馆人员素质及工作水平，2015 年教育部颁发了《普通高等学校图书馆规程》（教高［2015］14 号），章程规定：“图书馆馆员包括专业馆员和辅助馆员，专业馆员的数量应不低于馆员总数的50%。专业馆员一般应具有硕士研

① 赵继海：《北美研究型大学图书馆专业岗位设置与薪金的分析》，《大学图书馆学报》2006 年第 2 期。

② Harvard：《Compensation》，Harvard（Dec. 2，2011），http：//employment. harvard. edu/benefits/compensation/，Feb. 11，2022.

究生及以上层次学历或高级专业技术职务，并经过图书馆学专业教育或系统培训。辅助馆员一般应具有高等教育专科及以上层次学历，具体聘用条件根据工作岗位的要求和学校的人事管理制度确定。”该规程对高校馆的人员配置和学历水平有了明确的规定，明确要求专业馆员的数量不低于馆员总数 50%，专业馆员要求具有硕士研究生及以上层次学历或高级专业技术职务，且有图书馆学专业教育经历背景。对照该规程，我国大部分高校馆人员结构和学历水平不达标，且距离该标准还有较大的距离。

由于历史原因，国内高校馆长期被人视为“闲人”或失去教职人员的汇集地，社会地位低，员工缺乏职业自豪感，一些人抱着混日子的想法，业务技能自我提高的热情不高。新技术背景下的线上工作模式，一人出错，波及全体，要求员工具有高度的责任意识和较好的业务能力，而大量人才引进在短时间内很难实现，进行业务培训，提升全员业务技能是当前高校图书馆当前需要完成的工作。

首先，应开展严格岗前培训，发放职业准入合格证。图书馆对所有上岗的人员应进行计算机、网络、外语、图情知识培训，使每一个入职人员具备基本岗位技能。其次，定期进行业务考核。图书馆可以建立定期业务考核制度，通过笔试、实地操作等方式进行技能考核，划定一定合格线，促使不达标同志在一定时间内尽快学习，达到入职要求。对于成绩优良者在年终评优或职务晋升方面予以倾斜，其目标在于营造一种终身学习的氛围，促使全体员工重视业务能力的提高。第三，筹集专项经费，不定期外送员工进行全职进修和培训。目前高校馆的线上业务比重不断增加，其中大部分为新兴技术，如新购买数据库使用、专业平台的搭建、古籍数字化整理、网络信息推送、视频制作等，要较好完成这些工作，需要不断接受新知识、新技能培训。管理者在鼓励员工自学的基础上，应筹集较多的经费，积极派送馆员参加国内外学术会议、行业数据公司举办的定向培训、兄弟馆举办的技术交流等，使工作人员具有广阔的学术视野，掌握更丰富的业务技能，领略最新学科发展趋势，以提升工作能力。在此思维和操作下，不但可以解决当前人才不足的问题，同时也可为未来数字移动业务内容的不断拓展奠定一个良好的人才队伍基础。

五　汲取公众馆数字移动服务经验，尽快进行服务转型

当今新技术发展日新月异，世界正面临百年未有之大变局，图书馆服务内容和方式的转型升级已不可避免，线上数字服务将成为图书馆的主要业务。在此情境下，国内一些大型图书馆已经先行一步，在业务模式和内容方面做出了较大改变和提升。如国家图书馆早在20世纪90年代开始开展数字化移动服务，其名称除国家图书馆外，还加上了“中国国家数字图书馆”，如图1－3所示。目前该馆已建成了中国最大的数字文献资源库和服务基地，数字资源总量超过1000TB，并以每年100TB速度增长，设立了“国图公开课”“网上学外语”“移动阅读”“动画看国图”等栏目，网站年度点击率超过14亿次[①]。上海图书馆2000年后大力推进数字移动服务，2016年在全国公共图书馆界率先推出“家谱知识服务平台”，可以进行6000多种家谱的全文浏览和检索，并且推出了“市民数字阅读推广计划”，提供跨平台数字阅读服务，如图1－4。目前其微信平台，每周为市民更新7本电子书[②]。可以看到，以国图、上图为代表的公共馆利用数字资源和网络服务形式为社会公众提供了广泛、切实服务，为国内图书馆数字化移动服务树立了标杆。广大高校馆，特别是“双一流”建设高校图书馆需要率先垂范，进一步提升对数字移动服务重要性和紧迫性的认知，把更多文献资源和服务转移至线上，结合自己学科特色，建立富有个性的特色资源数字化服务平台，引领国内高校馆在此领域尽快提升服务层次及水平。

---

①　国家图书馆：《国图概况》，国家图书馆官网（2021年12月12日），http：//www.nlc.cn/dsb_footer/gygt/lsyg/index_5.htm，2022年1月12日。

②　曹玲娟：《信息化走向智能化，上海图书馆的数字进化论》，新华网（2018年1月23日），http：//www.xinhuanet.com/politics/2018－01/23/c_1122297917.htm，2022年2月11日。

图 1－3 国家图书馆网页

图 1－4 上海图书馆主页

第二章　高校图书馆开展数字移动服务用户需求调查

随着计算机网络技术的不断进步，4G 网络目前已经普及，民众阅读习惯及信息获取方式发生了巨大改变。知识与信息的获取从过去通过纸质图书、报纸、期刊转变为线上电子文献的浏览阅读。2020 年 4 月中国新闻出版研究院在线发布了《第十七次全国国民阅读调查报告》。报告显示，2019 年我国成年国民对图书报刊和数字出版物在内的各种媒介的综合阅读率为 81.1%，数字化阅读方式（网络在线阅读、手机阅读、电子阅读器阅读、Pad 阅读等）的接触率为 79.3%，成年国民上网率为 81.1%，有近八成（79.8%）的国民通过手机上网①。在此情况下，为更好探索新时期高校图书馆开展知识信息服务的工作模式与管理方法，摸清校内外用户服务需求，笔者进行了高校师生及校外用户数字移动服务需求的相关需求调查。其目的在于为高校馆开展数字移动知识信息服务实践提供更多的思路、方法，方便高校馆在新技术、新媒体的支撑下尽快完成自身转型，高质量完成服务教学、科研的工作职能。

第一节　高校图书馆开展手机阅读服务用户需求调查

随着计算机网络技术的不断进步，4G 网络目前已经普及，手机制

① 王坤宁：《第十七次全国国民阅读调查成果发布》，中国新闻出版广电网（2020 年 4 月 21 日），https：//www.chinacwcb.com/info/562510，2022 年 2 月 11 日。

造技术不断增长，屏幕越来越大，上网速度越来越快，价格越来越便宜，手机已经成为大众生活、学习中不可缺少的工具。除了通讯外，手机阅读越来越受到大家的欢迎，在手机上浏览移动图书馆、使用微信、微博及 QQ 进行文字传输、信息传递已成为普遍的获取知识信息的渠道和方法，利用手机在线阅读正在成为大众阅读的新形式和习惯。2010 年“易观国际 Enfodesk 产业数据库”发布《中国手机阅读市场用户调研报告 2010》显示，在线阅读形式广为使用，占比高达 63%①。2021 年 4 月第十八次中国国民阅读调查结果出炉，调查结果显示，我国成年国民综合阅读率达 81.3%，从不同媒介接触时长看，成年国民每天手机接触时间最长，达 100.75 分钟②。在此情况下，高校图书馆进行手机图书馆的建设势在必行。为了充分了解师生手机使用习惯及对图书馆开展手机图书馆服务的意见，探索手机图书馆阅读服务工作方法，为师生提供充足的手机阅读服务，笔者进行了以下的调查问卷。

一 调查方案设计

（一）调查对象：洛阳高校师生

（二）调查时间及形式：2019 年 1 月—2020 年 10 月，问卷现场发放，即时完成后收回。发放问卷 200 份，共收回 180 份，有效率达到 90%。

（三）调查内容：调查问卷的内容主要分为三个部分：第一部分为被调查师生基本信息采集及他们对手机阅读态度的调查。主要对被调查者所在院系、性别、身份、学科、手机阅读喜好、对图书馆开展手机阅读服务的需要度进行调查。第二部分为师生手机阅读内容调查。第三部分为师生对当前图书馆手机阅读服务的满意度及希望开展的服务内容需求调查。

---

① 张舵：《在线阅读成手机阅读主要途径》，易观网（2010 年 3 月 30 日），https://3g.163.com/tech/article/631GA0I1000915BE.html，2022 年 2 月 11 日。

② 王鹏、史竞男：《第 18 次全国国民阅读调查显示：成年国民综合阅读率达 81.3%》，新华社官方账号（2021 年 4 月 23 日），https://www.gov.cn/2021-04/23/content_5601693.htm，2022 年 2 月 11 日。

二 调查结果统计与分析

（一）师生基本信息、手机阅读喜好及对图书馆开展手机阅读服务需求调查分析

如表 2－1 所示，在全部 180 份有效问卷中，男性 107 人，女性 73 人，男女调研比例为 1：0.7，大致协调。其中，教师（包含教学、科研、人员）58 人，学生 122 人。参加调研的读者学历；本科生，97 人，占 54%；硕士研究生 31 人，占 17%；博士学历者 52 人，占 29%，博士学历者的身份均为教师。

可以看到，统计中性别比例相差不大，因为男女性格倾向不同，阅读爱好不同，合适的性别比例可以保证调查结果客观、准确。调查中，师生比例相差较大。这是因为目前图书馆服务人群主要为学生，教师人数偏少，二则教师知识信息来源较多，利用图书馆的比例较低。在学历构成方面，本科生占被调查者总人数 54%，数量最大，硕士、博士数量占比较少。本调查中师生、学历比例符合大部分高校目前人员组成状况及图书馆使用人群的实际状况，保证了调查结果的客观性。

表 2－1 读者身份、学历与性别分布表

读者身份、学历与性别	人数	占调查人数比例
教师	58	32%
学生	122	68%
本科	97	54%
硕士	31	17%
博士	52	29%
男	107	59%
女	73	41%

从表 2－2 发现，被调查者中 90% 的人员喜欢手机阅读，97% 被调查者希望图书馆开展手机阅读服务，只有 3% 受访者持无所谓的态度。从这个结果可以看到手机阅读对于师生的重要性及他们对图书馆开展手机阅读服务的强烈渴盼。

表 2-2　　师生手机阅读喜好及对图书馆开展手机阅读服务需求

手机阅读喜好及对图书馆开展手机服务态度	人数	占调查人数比例
喜欢手机阅读	163	90%
不喜欢手机阅读	17	10%
希望图书馆开展手机阅读服务	175	97%
对图书馆开展手机阅读服务无所谓	5	3%

（二）师生手机阅读内容调查分析

从表 2-3 统计发现，在受调查的人群中，100% 师生认为人际交往为手机阅读中首要完成的事情。通讯联络为手机的基本功能，该结果出现为情理之中。其次，通过手机进行新闻阅读的人数占被调查人数 54%，说明手机已成为人们获取新闻资讯的重要工具。第三，在受调查的人群中，利用手机阅读小说、进行娱乐的人数较少，不足 20%，阅读专业知识和学科发展信息比例占被调查人数在 30% 以上。该结果不但反映了高校读者手机阅读的一个特色，即有休息娱乐，又有专业学习，且较偏向课业和学术研究。为此，图书馆在开展手机服务时应该注意专业知识的推送及学科服务开展，如图书馆可以大量制作适合手机阅读的课程学习辅助文献及课程视频，进行专业书籍、学科研究发展动向、学者研究心得推送，并以新颖、活泼的文本形式推出，以激发师生的阅读兴趣，使图书馆手机服务成为师生学习、科研的有力支持。

表 2-3　　读者手机阅读主要关注内容统计

读者手机阅读内容	人数	占调查人数比例
新闻	98	54%
小说	21	12%
娱乐	35	19%
朋友交往	180	100%
专业知识	62	33%
学科发展信息	75	42%

（三）读者对当前图书馆手机阅读服务的满意度及希望开展的服务内容需求调查

从统计结果可以看到（表2－4），在受调查的人群中，较多师生对当前图书馆手机阅读服务持不满意的态度。究其原因，在手机使用十分普及的环境下，商家、银行、政府机构、新闻出版机构、电视台等纷纷推出了手机服务，手机服务功能强大，人们利用手机可以随时接收资讯、在线业务办理、观看与收听视频与音频、全文检索、阅读等，而高校图书馆在此领域已经落后，大部分高校馆仅开展了手机书目检索、个人借阅信息查阅、部分文献阅读，目前还无法利用手机实现实体图书馆功能，如借阅押金无法通过手机缴纳，文献传递、查新、论文查收查引业务无法全部在线上办理，通过手机图书馆可使用的数据库较少等。这些问题应引起图书馆管理人员的重视，应积极开拓手机阅读服务的范围，提升自身数字移动服务水平。

表2－4　读者对当前图书馆手机阅读服务的满意度调查

对当前图书馆手机信息文献服务的满意度	人数	占总被调查人数比例
满意	24	13%
不满意	156	87%

表2－5　读者希望图书馆开展手机阅读服务内容

希望开展手机服务类型与内容	人数	占总被调查人数比例
个人图书借阅查询及借阅信息短信提醒	180	100%
浏览馆内活动相关信息	171	95%
手机在线文献检索、手机在线全文阅读	168	93%
学科信息发布	110	61%
新书通报	127	71%
数据库信息发布与使用知识	114	63%
专业文献推送	82	46%
建立图书馆微信公众号	180	100%
建立微信阅读群	133	74%

从表2－5可以看到，在受调查的人群中，希望通过手机进行个人借阅查询、接收图书到期手机提醒的读者占被调查人数的100%。希望通过手机在线文献检索、全文阅读占被调查人数的93%。从这两个数据可知，借阅信息服务和阅读服务在读者眼中已成为图书馆手机服务中最重要的内容。

其次，几乎全部被调查者希望通过手机浏览馆内活动信息，希望图书馆开展新书通报、数据库信息发布及学科信息发布者占半数以上。可以看到多数高校读者希望通过手机浏览图书馆举办的各种活动信息，如讲座、展览、电影放映资讯等，以便可以及时参加。同时也希望通过手机浏览与学习、工作相关的信息，如近期有哪些新书到馆，学校新近又购置了哪些数据库，学科圈内有哪些新闻等，这些信息通常较为短小，不需要花费很多时间，闲暇浏览即可为自己学业、研究提供参考、帮助。目前这些手机服务项目只有部分重点高校图书馆开展，大部分普通高校馆阙如。而制作发布这些信息工作量不大，图书馆可通过微信公众号、移动图书馆进行制作、推送。

第三，从统计结果可以看到，在受调查的人群中，专业文献推送服务支持者不足一半。此现象一则说明高校师生有自己的专业学习文献信息获得通道，对图书馆该类服务需求不大，另一方面也说明读者对图书馆学科服务的能力缺乏信心，对其专业文献推送的质量和价值认可度不高。学科服务属于深层次文献信息服务，需要一支高素质、精于学科专业服务的工作队伍来完成，该服务最能彰显一个高校馆服务水平和整体实力，调查中该结果的出现说明普通地方高校馆在此工作领域存在不足。

第四，所有被调查者中均希望图书馆建立微信公众服务平台，74%被调查者希望图书馆建立阅读微信群。近年来各社会机构、服务团体及高校院系处室纷纷推出了自己的微信公众号，利用微信公众平台发布信息、回答咨询及处理工作，用户关注后即可享受相应服务。该服务免费及操作方便，深受手机使用者欢迎。图书馆可以借助自身官方微信平台进行信息发布、资源推介，阅读推广等，利用平台各种功能给师生提供更便捷服务。同时，目前几乎每个手机使用者都拥有一定数量的微信群。在微信群中，群主和成员均可以发布消息，商讨意见，其功能相当于一个个网络社区，是信息传递、思想交流的便捷工具。本调查中较多师生提出图书馆利用微信群开展阅读活动的建议，对图书馆手机服务而言，这是一个很好开拓阅读服务范围的思路和办法。建立微信公众号及阅读微信群在操作层面较为简单，短时间内即可完成，其难度在于服务内容的丰富性和服务的持久性。目前一些高校馆，特别是普通高校图书馆虽然推出了微信公众号，建立了一定数量的工作群进行阅读推广，但服务内容过于单薄，只有一些新闻消息推送。大量的微信阅读群存续一定时间后，不再有新阅读活动发起，成员人心逐渐涣散，群即名存实亡。有调查显示，2015 年我国成年手机阅读群体的微信阅读使用频次为每天 2. 67 次，每天微信阅读时长为 22. 63 分钟，微信阅读接触群体人均每天微信阅读时长为 44. 24 分钟①。随着微信功能的不断升级完善，相信进行微信阅读的人群将会进一步扩大。可以看到，当下高校馆利用微信平台开展较为广泛的知识信息服务不但具有较好的技术条件，也是提高自身服务水平、进行数字化移动服务转型的重要路径选择。

第二节　校内用户数字移动情报服务需求调查（以高校教师为例）

目前国内高校图书馆主要业务范围为：文献采购、书刊借阅、电子文献服务、新生培训、文献传递、文检课教学、计算机上网、阅读推广、毕业论文收集储存、素质教育、科技信息咨询、科技查新、论文查收查引、查重、专利信息服务。其中，学科信息服务、科技信息咨询、科技查新、论文查收查引、查重及专利信息服务属于情报服务范畴，目前开展该类业务大多为原“211”、“985”高校馆及理工科实力较强的高校馆。

由于借阅服务内容较为固化，可发展余地有限，近年来有条件的高

① 中国新闻出版研究院：《全国国民阅读调查：超半数国民进行过微信阅读》，中国新闻网（2016 年 4 月 18 日），https：//cul. qq. com/a/20160420/020800. htm，2022 年 1 月 21 日。

校馆在情报服务领域纷纷发力，做出了较多成绩。如“双一流”建设高校图书馆除开展科技查新、论文查收业务外，还定期、不定期推出 ESI 学科发展报告、学校专利年度发展报告、专利导航等服务，较好支持了高校学科发展。目前该领域服务水平已经成为衡量高校馆整体实力与服务水平的重要标尺。在当前新技术快速发展的背景下，利用数字移动方式开展情报服务已是高校馆发展方向。为了摸清高校师生对数字移动情报服务的需求，本研究进行以下调查。由于校内情报类业务的服务对象主要为教师群体，故本次调查对象圈定为高校教师。

一　调查方案设计

（一）调查对象：洛阳高校 100 人，性别、年龄不限。

（二）调查时间、对象及形式：2020 年—2021 年，洛阳高校教师，随机发放问卷作答。发放问卷 100 份，收回 85 份。

（三）调查内容：1. 受调查者个人情况，包括：性别、学历、专业、使用网络情况、使用手机情况；2. 希望图书馆开展数字移动情报服务途径与内容，包括：是否希望开展数字移动情报服务；数字移动情报服务途径，如电话、微信公众号、微博、情报工作微信群；对数字移动情报服务内容的选择，如手机在线数据库检索、数据库信息发布、查新、查收及专利业务在线咨询、办理；对情报信息服务信息及工作进展（时间、收费、格式、办理进度等）的查看及专业学科情报推送。

二　调查结果统计与分析

调查结果按照三类总结分析：1. 被调查人员的基本情况；2. 被调查者的手机、网络使用情况及对图书馆开展使数字移动情报服务的需求；3. 被调查者对图书馆开展“数字移动情报服务”内容与途径需求。

（一）被调查人员的基本情况

工作团队对洛阳高校教师数字移动情报服务需求情况进行了调查。调查结果见表 2 – 6、表 2 – 7。从表 2 – 6 可知调查中被调查对象共 85

人，其中男性62人，女性23人，各占73%、27%。在学历方面，博士研究生65人，占76%，硕士研究生20人，占24%。专业类别方面，理工科类53人，占62%，社科类32人，占38%。

表2－6　被调查人员个人情况统计表

个人特征	类别	人数	占总被调查人数比例
学科	理工科	53	62%
	社科	32	38%
性别	男	62	73%
	女	23	27%
学历	博士研究生	65	76%
	硕士研究生	20	24%

表2－7　手机、网络使用情况及希望图书馆开展数字移动情报服务需求情况调查

手机及网络使用情况	选项	人数	占表调查人数的比例
使用网络情况	经常使用	85	100%
	不经常使用	0	0
使用手机情况	智能	85	100%
	非智能	0	0%
每天上网时间超过2小时	是	72	85%
	否	13	15%
希望开展数字移动情报服务	是	62	72%
	否	23	28%

（二）被调查者的手机、网络使用情况及对图书馆开展使数字移动情报服务的需求

从表2－7可以看到，所有被调查者均拥有智能手机及经常使用网络。该结果说明高校教师中智能手机与网络使用已经普及，利用手机获得网络信息是高校教师日常生活与工作的重要内容。此外，被调查者中每天上网时间超过2小时的人数占被调查者85%，比例较高。这与高校教师的工作性质有关，在高校的教学科研中，教师为了满足上课和科研需求，需要经常上网查找数据库及网络资源，大量使用网络为高校教

师日常行为的一大特征。再者，被调查者中希望图书馆开展数字移动情报服务人数比例为72%，说明绝大部分的高校教师希望图书馆开展数字移动情报服务。在72%教师群体中，博士研究生学历人数较多，占75%，硕士研究生占25%，自科教师人数较多，占85%，社科教师人数占25%。自科高校教师支持图书馆开展数字移动情报服务的人数比社科高校教师人数要高60%，说明自科的教师对情报服务的需求更强烈。目前高校馆开展的情报服务主要为科技查新、论文查收查引、专利分析、数据库导航等。自科研究中较多牵涉到科技查新、数据库使用，同时经常要申报专利，对专利信息较为关心，对自己论文的Ei、SCI收录、分区、影响因子等变化较为关注，而社科教师基本不牵涉到这些问题，所涉及的期刊论文、科研项目等进度状态变化较慢，故对情报服务需求较低。同时，自科知识更新较快，而社科的知识较为稳定，也造成他们对情报服务需求不同。第三，在调查中发现，男性高校教师每天上网时间及对数字移动情报服务需求都高于女性高校教师，其原因在于是女性普遍承担了较多的家务工作，没有更多时间进行长时间的网络浏览。

（三）被调查者对图书馆开展数字移动情报服务内容需求

根据表2-8中内容和结果可以发现，全部的被调查者希望学校图书馆开展数字移动情报服务。关于数字移动情报服务的内容，希望开展电话、邮箱服务的占100%，希望通过微博、微信公众号及工作微信群进行情报服务的占94%。可以看到，传统的电话、邮箱通讯方式仍是开展情报服务的重要方式，其原因在于使用方便、沟通清晰。但随着微博、微信使用的普及，越来越多的用户倾向利用微信平台、工作群进行交流，调查中有97%的教师希望图书馆通过微信公众号、微博、微信群开展情报服务。此外，95%以上的被调查者希望开展在线查新、查收、专利分析业务及线上随时查看情报服务信息（时间、收费、格式及办理进度）。目前高校馆浅层次情报服务包括：论文收录、数据库检索方法、学科专门信息发布等，深层次的服务包括：查新、专利分析、ESI学科服务等。这些服务平时都是用户到馆办理，由于受到工作人员熟练程度及业务数量的影响，并非即来即走。例如，高校的教育部科技查新站大部分站的业务不能在线办理。从调查情况可知，高教教师对此服务模式并不满意，希望利用专业平台进行相关业务线上办理。通过本调查可知，启动情报服务线上服务已是高校馆刻不容缓工作任务。

表2－8　高校教师对图书馆开展数字移动情报服务途径与内容需求

开展数字移动情报服务途径与内容	人数	占总被调查人数比例
开展数字移动情报服务	85	100%
电话、邮箱服务	85	100%
微信公众号、微博、情报工作微信群	83	97%
查新、查收、专利分析业务在线办理	80	94%
线上查看情报信息服务信息（时间、收费、格式、办理进度等）	81	95%
手机在线数据库检索	80	94%
数据库信息线上发布、咨询	85	100%
专业学科情报线上推送	60	71%

同时，从表2－8可以看到，100%被调查者希望开展数据库信息线上发布、咨询，94%被调查者希望开展手机在线数据库检索，60%被调查者希望开展专业学科情报线上推送。随着电子文献在馆藏文献中比例的不断增高，数据库服务已成为高校馆一大业务构成。高校师生，特别是教师群体在科研工作中对数据库有着巨大依赖性，他们希望通过微博、微信群及时接收到数据库开通信息及使用方法也在情理之中。目前，部分高校图书馆主页上经常推出数据库相关信息，但一些高校图书馆对此工作重视不够，一些新购买数据库缺乏及时开通通知和使用方法介绍，读者很长时间无法知晓或无法使用，造成资源浪费。为避免这个问题产生，图书馆可以利用现代通信工具和平台，如手机图书馆、微信平台进行信息发布，使数字资源能被充分使用。关于专业学科情报推送，高校教师希望利用数字移动形式开展服务的人数占被调查者人数的60%，说明该服务虽有一定需求，但与其他情报服务相比，并不强烈。其原因在于，目前高校教师普遍学历较高，经过了较长时间的专业教育，各自拥有较为固定的学术圈和情报源，对其他渠道推送的专业知识

及信息需求不高。同时，目前国内高校馆，除几所一流高校外，大多数高校馆学科服务开展力度不足，与校内科研团队业务契合度不足，所提供学科情报服务层次较低，无法满足科研人员的需求。学科服务为高校馆重要工作内容，其服务水平的高低标志了一个馆的业务水平和整体实力。新技术发展为高校馆此领域工作提升提供了有利的条件，高校馆可以利用手机图书馆、微信图书馆开展学科导航、专业文献网上搜集与推送，为教师科研工作提供更多的支撑。

第三节　社会用户数字移动情报服务需求调查（以中小企业为例）

国家工业和信息化部最新制定的《中小企业划型标准规定》中规定（中小工业企业标准）："职工人数 1000 人以下，或营业收入 40000 万元以下。其中。从业人员 300 人及以上，且营业收入 2000 万元及以上的为中型企业；从业人员 20 人及以上，且营业收入 300 万元及以上的为小型企业。从业人员 20 人以下或营业收入 300 万元以下的为微型企业。"① 中小企业与大型企业及科研院所不同，后者规模庞大、实力雄厚，基本都有自己的信息机构或与本行业的研究机构关系紧密，可依靠自身或行业的信息研究获取技术信息情报服务。而中小企业因财力、规模所限，本身不具备专门的情报信息部门，或成立较晚，与行业研究机构关系疏远，缺乏系统、持续获得技术信息的服务支撑。企业的技术竞争情报信息源相对孤立、封闭散乱，面对激烈的市场竞争，处于不利地位。高校馆依托高校丰富人力和文献资源，拥有较高知识层次的服务人员和情报服务能力，具有开展面向中小企业情报服务优势与条件。为探求中小企业对高校馆开展数字移动情报服务需求，笔者对洛阳市 50 家中小企业进行了调查问卷。

---

① 国家统计局：《关于印发统计大中小微型企业划分办法（2017）的通知》，国家统计局网站（2018 年 1 月 3 日），http：//www. stats. gov. cn/tjgz/tzgb/201801/t20180103_1569254. html，2019 年 2 月 11 日。

一 调查方案设计

（一）调查对象：选取洛阳市中小企业50家，所属范围包括：机械、电气电子、化工制药、材料、建筑、农林园艺等。产业范围基本涵盖国民经济制造业主要领域。其中，机械、电子类用户较多，占全部被调查用户数量60%。

（二）调查时间及形式：2019—2020年，随机发放问卷作答。发放问卷70份，收回50份。

（三）调查内容：1. 企业产业类型；2. 企业情报需求；3. 企业对高校馆开展数字移动情报服务内容的需求；4. 企业对高校馆数字移动情报服务的建议。

二 调查结果统计与分析

（一）企业产业类型

工作团队对洛阳市中小企业50家就“高校馆开展数字移动情报服务”需求情况进行了调查，调查结果见表2－9。本次调查选取调查对象50家，其中20家为机械设备厂家，占40%。10家为电子电气厂家，占20%，8家为化工制药厂家，占16%，7家为材料专业厂家，占14%，食品3家，占6%，其余为建筑、农林园艺等厂家。

表2－9　中小企业科技情报服务需求调查结果

问卷框架	问卷内容	勾选用户数量	勾选用户与调查用户百分比（%）
产业类型	机械、	20	40
	电气、电子	10	20
	化工、生物制药	8	16
	材料	7	14
	食品	3	6
	农林园艺	2	4

续表

问卷框架	问卷内容	勾选用户数量	勾选用户与调查用户百分比（%）
情报服务需求（可多选）	政策信息	15	30
	科技信息	50	100
	融资信息	20	40
	市场	10	20
	人才	25	50
数字移动情报服务	需要	50	100
	不需要	0	0
数字移动情报服务内容（可多选）	科技查新	45	90
	论文查收	20	40
	专利咨询服务	45	90
	行业技术信息调研	50	100
	其他	20	40
数字移动情报服务收费	接受	50	100
	不接受	0	0
高校馆开展数字移动情报工作工具或途径	APP	10	20
	微信	50	100
	电话	50	100
	专业平台	30	60
目前高校馆数字移动情报服务需要改进的是	服务内容	20	40
	工作制度	40	85
	时效性	45	90
	工作态度	10	20

（二）企业情报需求

从企业情报需求调查结果可以看到，希望获取产业政策类信息的企业占被调查企业的30%，全部被调查企业均希望获取科技情报类信息，希望获取融资信息的企业占被调查企业的40%，希望获取市场信息的企业占被调查企业的20%，希望获取人才类信息的企业占被调查企业的50%。可以看到，100%被调查用户希望获求科技情报类信息，希望获取人才信息的用户占被调查用户一半。其原因应为：非技术情报信息，如政策、市场和融资，可通过销售人员获得，或上网获得。如目前网络上有众多咨询公司，进行产品销售、政策等统计。如网上有信息咨询公司定制电缆、手机等多种产品和行业销售统计信息，内容包括：企业概况、销售产能、价格成本等等。但是，对于某种行业技术及产品情报信息，例如专利情报信息，或很少有咨询公司提供，或者价格较高。

关于企业对数字移动情报服务内容需求（可多选），从统计结果可以看到，希望开展科技查新的用户占全部被调查用户的90%，希望开展论文查收的用户占全部被调查用户的40%，希望开展专利分析的用户占全部被调查用户的90%，希望开展行业技术调研的用户占全部被调查用户的100%，希望开展其他服务的用户占全部被调查用户的40%。可以看到，希望开展科技查新和专利分析的用户比例较大。其原因在于，每年地方政府和各类高新开发区为了鼓励中小企业技术创新，均会启动一些创新基金项目、高新技术企业、高新技术产品的申报评审工作。评审中，为评估企业的技术创新能力，要求在申报材料中附有科技查新报告。同时，产品未动，专利先行。截至2018年底，我国发明专利申请量已连续8年居世界首位，当年通过《专利合作条约》（PCT）提交的国际专利申请量居世界第二位①。可以看到，近年来全民专利意识在迅速提高，专利申请和保护已成为促进国家科技创新的重要支撑，企业为了保护自身利益和加快技术更新，对专利文献的获取都较为重视。

（三）企业对高校馆开展数字移动情报服务内容的需求

从调查中可知，关于高校馆开展数字移动情报服务的需求，全部用户赞成，从中可看到中小企业对情报服务的重视和渴望。目前国内制造业实体经济竞争激烈，缺乏科技情报和品牌产品是其重要原因。中小企业自身缺乏资金和人力，没有专门的情报部门，而市场上信息情报机构

---

① 国家统计局：《中国研发人员总量连续六年居世界首位，经费投入仅次于美国》，科技日报社数字版（2019年7月23日），http：//www.kjrb.com/kjrb/html/2019-07/23/node_2.htm，2021年2月12日。

的费用较高，一份普通市场销售调研报告已超过万元，企业很难承受。高校馆为全民财政供应单位，创收不是它们的目的，收取的情报费用很低廉，一份报告不到千元，对中小企业不构成负担。故被调查用户对于收费的选项，全部支持的占了100%。再者，网络时代信息获得十分便捷，企业希望通过便捷的数字移动方式获得情报服务，可节省大量的人力与财力。

此外，从调查中可以看到，全部被调查用户赞成开展微信服务和电话服务。可以看到，传统的通信工具仍被青睐，其原因在于它方便快捷，费用较低。微信平台作为高校馆“数字移动情报服务”重要平台，服务功能非常齐全，公众号除可充分发挥微信功能，还可以固定栏目和菜单，定期推送工作资讯、情报服务宣传、工作制度、在线情报资讯、用户互动、数据库链接等一系列服务，内容丰富、形式多样，可较好满足用户的各种情报信息需求，该形式将成为未来高校馆开展“数字移动情报服务”的重要途径。

（四）企业对高校馆数字移动情报服务的建议

从以上调研结果可知，希望改变时效性的用户占全部被调查用户的90%，要求改变工作制度的用户占全部被调查用户的85%，要求改变服务内容的用户占全部被调查用户的40%，要求改变工作态度的用户占全部被调查用户的20%。可以看到，要求改变时效性和改变工作制度用户比例较多。其原因在于，高校馆目前的数字移动情报服务中存在一些问题。首先，人员不足，工作量大，服务做不到随到随办，难以满足用户的时间要求。另一方面，由于高校体制原因，交费要到学校财务部门办理，用户需要在查新站和学校财务之间走动，很不方便。调查中可以看到，较多用户赞成开展数字移动情报业务，原因在于此业务模式能快捷办理业务，省时省力。今天手机支付、网络技术发展飞速，实现上述用户的需求不存在技术障碍。在此方面，高校馆应引起重视，应尽快实行情报服务线上办理，为用户营造一个良好的服务氛围。

第三章　高校图书馆移动服务研究

图书馆移动服务是图书馆开展的一种数字资源利用服务，通过该服务，用户利用平板电脑、手机等移动终端设备及通信网络，可获取图书馆馆藏资源，进行文献检索、阅读、借阅等。图书馆移动服务可以使用户在任何时间和地点获取所需要的知识和信息，是一种方便灵活的新兴图书馆信息提供服务①。

图书馆移动服务形式多样，有“移动图书馆”、“手机图书馆”、“微信公众平台图书馆”等。其中，微信平台图书馆出现较晚，在服务内容和形式上与普通的移动服务形式存在较大差别，本书将另设专章论述，此处不予包括。

图书馆移动服务最早出现于20世纪90年代，2000年之后高校馆陆续开展了移动服务，服务内容为借阅短信服务及馆藏书目的查询。之后随着通信技术的发展，高校移动图书馆的服务功能不断增多，目前图书馆移动系统功能包括了馆藏书目查询、在移动终端上直接阅读资源全文、个人借阅查询、续借、文献订阅与收藏、阅读空间管理、社交互动等。可以说通过移动图书馆，校内用户可以完成文献自助服务、获取数字资源，进行信息社交。由于方便快捷，十余年来移动图书馆服务已经成为高校图书馆进行线上服务的重要途径。

至2011年4月，我国已有9亿移动通信用户，手机上网用户已达

---

① 姜海峰：《引领图书馆服务新潮流——书生移动图书馆上线周年纪》，新浪博客（2011年7月6日），http：//blog. sina. com. cn/s/blog_7db078c20100sm4h. html，2021年11月2日。

3.03 亿。到 2020 年移动电话用户总数达到 15.94 亿户。其中，4G 用户总数达到 12.89 亿户，全年净增 679 万户，占移动电话用户数的 80.8%，手机上网流量达到 1568 亿 GB，比上年增长了 29.6%，百兆宽带已近九成，加快向千兆宽带接入升级①。在此技术背景下，通过手机、PAD 等移动上网进行线上信息获取和知识阅读已成为人们生活、工作的主要方式。高校馆的服务对象为师生群体，他们是新技术运用较快的人群之一，在通信技术快速发展的今天，传统的到馆借阅服务方式已无法满足他们的知识信息服务需求，数字化、移动化服务是目前及未来图书馆发展的必然趋势，利用移动网络和手机、PAD 等终端为用户提供借阅、文献检索、全文阅读及学习互动是高校图书馆新时期重要的工作内容。

第一节　高校图书馆移动服务开展的实践与研究

自 20 世纪 90 年代图书馆移动服务出现后，国内高校图书馆纷纷开展了各种形式的移动服务，从借阅到期、预约短信服务到新闻消息浏览、书目在线检索和全文阅读，服务内容不断增多，为用户提供了方便快捷的服务。

一　国内外高校图书馆移动服务开展实践

（一）国外高校馆移动服务发展状况

国外最早开始移动服务的高校馆为日本富山大学图书馆，该馆 2000 年基于 NTT DoCoMo 公司移动上网系统“I – mode”，开发了一个手机用馆藏书目查询软件“I – Book Service”②。后来日本高校馆依据

① 工业和信息化部运行监测协调局：《2020 年通信业运行情况如何？工信部统计公报来了》，光明网（2021 年 1 月 23 日），https：//m. gmw. cn/baijia/2021 – 01/23/1302064014. html，2021 年 11 月 2 日。

② Negishi. M，“Mobile access to libraries：Librarians and users experience for ‘i – mode’ applications in libraries”，paper delivered to Proceedings of 68th IFLA Council and General Conference，sponsored by Management of Library Associations，Glasgow，Scotland，August 18 – 24，2002.

"I－mode"软件开展了短信借阅业务提醒和书目查询服务，如东京大学图书馆提供手机书目检索、预约、续借等。2001 年芬兰的赫尔辛基理工大学图书馆开发了移动服务系统 Liblet，开展了借阅到期提醒、预约通知、馆藏书目检索的移动服务短信服务①。2001 年韩国亚洲大学图书馆开通了移动图书馆系统，不但提供馆藏书目查询、手机短信服务，还提供电子书下载和在线阅读②。2000 年之后美国高校图书馆在移动服务领域有较大进展。一些高校馆建立了移动版网站，进行了较为完备的移动信息服务。2010 年，ARL（the Association of Research Libraries，美国研究图书馆协会）111 个英语成员馆中有 39 所大学图书馆建立了移动网站③。如美国波尔州立大学图书馆移动版网站用户可以检索书目信息，观看导引视频，还能浏览网站提供的天气、新闻等信息。弗吉尼亚大学图书馆移动网站上提供图书馆基础信息，如开关时间、使用指南、图书馆新闻等。加州大学洛杉矶分校图书馆开展 iPhone /iTouch、Android三种类型移动图书馆 APP 服务，进行馆藏查询、文献阅读下载及信息推送。哈佛大学移动图书馆除提供馆藏查询外，还提供 google 搜索、EBSCO 数据库和其他一些网络数据库检索④。俄勒冈大学移动图书馆为用户提供历史定位（Historical Location）和步行导览（Walking Tour)⑤ 等服务。哈佛大学、宾夕法尼亚大学移动图书馆可查询教职工名录，哥伦比亚大学移动图书馆可提供阅览室和课程视频预定⑥，密歇根大学移动图书馆提供学科研究指南，标注学科馆员信息，并提供 Blogs、Facebook、YouTube、Twitter⑦ 链接服务。麻省理工学院移动图书

---

① 南俐：《国内外移动图书馆的应用发展综述》，《现代经济信息》，2015 年第 20 期。

② 南俐：《国内外移动图书馆的应用发展综述》，《现代经济信息》，2015 年第 20 期。

③ 李睿：《高校手机图书馆系统研究》，硕士学位论文，辽宁师范大学，2013 年第 6 页。

④ Library of Harvard，"Mobile Library"，Library of Harvard（2012－04－15），http：//m. harvard. Edu/1ibraries.

⑤ Griggs，Kim，"Geotagging digital collections：beaver tracks mobile project"，*Computers in Libraries*，Vol. 31，No. 2，Mar2011，p. 16.

⑥ 龙泉、谢春枝、申艳：《国外高校移动图书馆应用现状调查及启示》，《图书馆论坛》2013 年第 3 期。

⑦ University of Michigan，"OUR COMMUNITY"，University of Michigan（2022－04－8），https：//lib. umich. edu.

馆提供学习和研究支持（Research support），用户的意见及咨询可以通过“Ask Us”、“Request a research consultation”链接进行发送，并可约见相关专家①。此外，杜克大学图书馆、西蒙斯学院图书馆、南加州大学图书馆等开展了移动音频之旅服务②，美国高校医学专业图书馆目前已拥有较完善的手机馆藏检索系统，系统允许用户通过症状、疾病、条件和处理流程等关键字查找美国国家医学图书馆 MEDLINE 数据库中所保存的案例报告或报告摘要，手机版网站还提供 MEDLINE 数据库检索。

总的来说，国外高校图书馆移动数字服务方式主要有：短信服务、WAP 网站服务、客户端程序及移动设备借阅，可以提供 IEEE Mobile、ACSMobile、RSC Mobile 等客户端程序、平板电脑、电子书等，服务方式灵活，操作简单。同时，国外高校移动图书馆的服务内容除短信提醒、借还预约、馆藏目录查询、读者个人读书账户建立这些业务外，还提供馆藏资源之外的网络文献资源链接、地图定位、多媒体导航、移动预约、移动打印、博客或者社交网络链接、学科咨询等服务③，读者体验良好，移动服务页面设计美观，易于操作，有其标志性色彩和结构④，富有个性化服务特点。

（二）国内高校图书馆移动服务开展进程

国内高校图书馆自 2000 年起陆续开展了“移动图书馆”服务，在数字移动服务领域进行一系列实践探索，取得了较大成绩。如北京理工大学图书馆 2003 年推出“移动图书馆”服务，开展定制手机短信服务，进行借书预约、到期提醒等服务。2005 年北京大学图书馆推出了“短信提醒”服务，包括图书催还和预约到书提醒。2006 年 7 月，湖南

---

① MIT Libraries，“Using the libraries”，MIT Library（2022 - 04 - 18），http：//libraries. mit. edu.

② Library Tchnology Reports，“Library Mobile Initiatives”，*Library Technology Reports*，Vol. 44，No. 5，July2008，p. 33.

③ 叶莎莎、杜杏叶：《国内外移动图书馆的应用发展综述》，《图书情报工作》2013 年第 6 期。

④ 龙泉、谢春枝、申艳：《国外高校移动图书馆应用现状调查及启示》，《图书馆论坛》2013 年第 3 期。

理工学院开通国内第一家图书馆 WAP 网站服务，内容包含馆藏查询、到期提醒、续借预约等。2007 年清华大学图书馆推出移动短信服务，2009 年开发了基于 WAP 的手机数字图书馆系统（见下图 3－1），提供用户管理、馆藏书目查询、个人借阅信息查阅、续借图书、电子资源跨库检索等服务，其用户分为校内用户、校外用户和未注册用户，校内用户可以享受全部服务，其他用户只能享受部分服务。2008 年重庆大学图书馆开通“手机图书馆”服务，系统接到师生短信后，根据短信不同的代码，以无线接入方式为师生提供不同的图书馆服务，如图书到期通知、续借、预约、查询等。2009 年上海交通大学图书馆引入中国移动通信“企业短信”，利用本校提供的 Web Sen 服务接口，推出了基于统一认证和个性化短信服务。

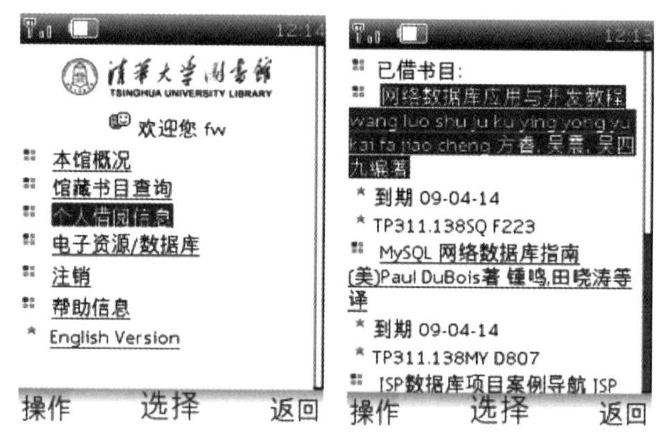

图 3－1　清华大学手机图书馆页面

2010 年之后国内高校图书馆移动服务发展呈快速发展势态。北京大学 2011 年推出了“书生移动图书馆”服务，师生可以在移动设备浏览器中输入网址（http：//wap. lib. pku. edu. cn），也可以使用 APP，进行图书及电子资源检索、查找借阅状态、短信预约、全文阅读等。2011 年 11 月清华大学图书馆正式引进“书生移动图书馆”系统平台，该平台支持客户检索图书资源，提供不同格式文档的全文阅读，具有公告信息查询、预约等功能。2011 年 9 月复旦大学开通了“书生移动图书馆”，该平台能及时发布新书资讯、借阅信息及个人阅览信息，用户在移动设备上可阅读馆藏资源，还可以个性定制，利用学术微博功能和原迹手写批注，进行学习分享和互动。2012 年 3 月中国科学技术大学开通了汇文“掌上图书馆”，读者手机内安装客户端或进行 WAP 访问，可以查询馆藏、办理续借手续等。

2012 年 10 月西工大、哈工大、同济大学、北京理工大学和东南大学等 10 所“卓越联盟”高校，开通了“卓越联盟移动图书馆”。这种“移动图书馆”将各校图书馆数据库在联盟内部共享，“移动图书馆”可通过手机、电脑访问，输入校内一卡通账号后，即可检索、下载图书及期刊。联盟学校师生可通过该平台，查询各校馆内藏书、期刊、学位论文等文献资源，并即时调阅部分电子版文档，或预约借阅相关纸质资料①。2021 年 3 月卓越联盟图书馆知识共享服务平台移动端升级，升级版加强了文献资源建设，整合超星名师讲坛、歌德每日新书、添加四史专题等模块，页面布局被重新调整，提升了阅读体验。另外，用户可以下载“超星”、“书香同济”等数据库读书 APP，或者登录图书馆微信，输入统一认证账号和密码，进行无障碍阅读。

到 2012 年底，国内 110 所“211 工程”院校（不含第二军医大学和第四军医大学）图书馆中已有 41 所开通手机图书馆服务，开通比例为 37.3%，其中 38 家拥有 WAP 服务②。到 2012 年 4 月，39 所“985”高校图书馆中有 20 所开通了移动图书馆服务，占总数的 51.3%③。

2013 年之后，国内大量高校馆纷纷引进超星公司和书生公司的移动图书馆服务。如西安交通大学图书馆与超星公司联手合作，建立了移动图书馆。该移动系统包括移动图书馆 WAP 版和苹果 IOS 版、安卓版，可进行“查询个人借阅信息；在线查阅各种资源信息；全文阅读；阅读图书馆最新资讯、图书到期催还短信提醒等”④。武汉大学图书馆引进“超星移动图书馆”系统，其 PC 端访问入口为 http：//yz. chaoxing.

① 彭德倩：《卓越联盟图书馆共享平台开通》，同济大学新闻网（2012 - 10 - 23），https：//news. tongji. edu. cn/info/1006/26830. htm，2022 年 4 月 2 日。

② 李睿：《高校手机图书馆系统研究》，硕士学位论文，辽宁师范大学，2013 年第 3 页。

③ 魏群义、侯桂楠、霍然等：《国内移动图书馆应用与发展现状研究——以“985”高校和省级公共图书馆为调研对象》，《图书馆》2013 年第 1 期。

④ 西安交通大学图书馆：《移动图书馆》，西安交通大学图书馆官网（2021 - 10 - 15），http://www. lib. xjtu. edu. cn/fw/ydtsg. htm，2022 年 4 月 2 日。

com，移动端可以扫描二维码下载客户端（客户端名称为“学习通”）。这些移动图书馆“不仅整合了电子图书、期刊、报纸、视频等传统资源，更有新型专题形式资源，同时还会为读者推荐大量关注的、热门的、流行的学术前沿专题，且支持下载后离线查看。”① 同时，读者可以查看好友书房，与好友共享笔记、小组讨论，进行读者与读者之间、读者与作者之间的学习交流。山东大学图书馆也与超星公司合作建立移动图书馆，系统接入了区域与行业联盟文献共享云服务系统（联盟加入的图书馆已有723家），其网站有网页版和APP版，提供3万多本e-pub电子图书和7800多万篇报纸全文供手机用户阅读使用②，开展24小时云图书馆文献传递服务，其文献传递请求的满足率：中文文献96%以上，外文文献90%以上③。

可以看到，自2011年后国内外高校馆的移动图书馆服务发展较快，重点高校发展步伐尤其迅速，到2015年4月，39所“985工程”高校馆开展移动服务的已有38所④，至2018年12月，42所“双一流”高校均开展了移动图书馆服务⑤。

2000年以后国内高校馆的移动服务系统建设方式，主要有三种形式：一、高校图书馆自主研发。如清华大学图书馆研发了基于WAP的移动数字图书馆；复旦大学图书馆开发了“i复旦”移动系统。二、与专业通讯公司合作研发。如华南理工大学图书馆与中国移动共同研发了“掌上图书馆”，重庆大学图书馆与重庆亚德科技股份有限公司共同研发了“手机图书馆”。三、高校图书馆购买数据库公司专业产品。大多数高校图书馆购买了超星、书生、汇文公司的“超星移动图书馆”、

---

① 武汉大学图书馆：《移动图书馆》，武汉大学图书馆官网（2021-10-15），http://www.lib.whu.edu.cn/web/index.asp，2022年4月2日。

② 山东大学图书馆：《移动图书馆》，山东大学图书馆官网（2021-10-15），http://www.lib.sdu.edu.cn/page/id-250.html，2022年4月2日。

③ 山东大学图书馆：《移动图书馆》，山东大学图书馆官网（2021-10-15），http://www.lib.sdu.edu.cn/page/id-250.html，2022年4月2日。

④ 宋恩梅、袁琳：《移动的书海：国内移动图书馆现状及发展趋势》，《中国图书馆学报》2010年第5期。

⑤ 许天才、潘雨亭、冯婷婷等：《高校移动图书馆服务模式现状调研与发展策略研究》，《图书情报工作》2020年第3期。

“书生移动图书馆”和“汇文系统”。2012 年 9 月有 26 所高校图书馆开通“超星移动图书馆”，有 8 所高校图书馆开通了“汇文掌上图书馆”。同济大学同时提供掌上汇文图书馆、书生移动图书馆、超星移动图书馆服务①。对于这三种建设方式，大多数高校馆通常选择一种，而一些重点大学实力较强，会同时选择 2 种或 3 种。如清华大学图书馆除有自主研发的移动数字图书馆系统外，还购买有书生移动图书馆服务、超星手机图书馆服务、IEEE 手机图书馆服务、IEEE Xplore Mobile、JS— TOR 手机图书馆、JSTOR mobile Beta site、MEDIUNE PLus 手机图书馆等，供有不同需要的用户使用②。目前大部分高校馆的移动服务系统为购买专业数据库公司产品，购买量较大的系统有“超星移动图书馆系统”和“书生移动图书馆系统”。“超星移动图书馆系统”用户众多，其移动图书馆功能强大，该系统拥有短信、书目检索、全文阅读等功能。书生系统在移动阅读时可以选择文字和原版两种方式，可以并且进行文献推荐、评论以及原迹手写批注和分享。

可以看到，高校馆移动服务在服务内容上从最初的短信服务和书目检索发展到全文阅读、文献传递、借阅业务的线上办理等。其服务形式主要有三种：一、短信服务；二、WAP 网站访问；三、客户端 APP 下载。2012 年以前以短信服务和 WAP 模式为主，2013 年后客户端模式发展迅速，逐渐成为主流方式。到 2014 年 6 月，59 所江苏高校图书馆开通了 APP 客户端，占开通移动服务总数的 50%③。

可以看到，经过十余年的发展，国内高校馆移动服务内容越来越丰富多样，用户使用方式越来越简单快捷。移动服务已经成为高校知识信息服务的重要方式，较好满足了师生的知识信息需求。

---

① 张爱科：《现阶段我国高校移动图书馆服务调查探析——以“211 工程”院校图书馆为例》，《高校图书馆工作》2013 年第 5 期。

② 张爱科：《现阶段我国高校移动图书馆服务调查探析——以“211 工程”院校图书馆为例》，《高校图书馆工作》2013 年第 5 期。

③ 刘爱华：《江苏省高校图书馆智能移动服务应用分析》，《高校图书馆工作》2015 年第 4 期。

二　国内高校图书馆移动服务研究

随着高校馆移动服务的发展，相关研究也在不断深入。为理清学界对高校馆移动服务研究状况，笔者对 2008 至 2020 年间的研究进程进行了回顾。

（一）研究方法：

在知网中键入检索式：TI =（高校 + 大学）*（移动图书馆 + 手机图书馆），同时利用百度学术、万方数据库进行辅助检索，得到相关结果 400 余条，对相关文献进行整理分析。检索时间：2021 年 10 月 10 日。

（二）研究趋势

从检索结果可以看到国内高校移动图书馆的研究最早从 2008 年开始。2008 至 2020 年研究成果数量变化如表 3－1、图 3－2 所示。

表 3－1　　2008—2020 年期刊发文状态

年份	2008	2009	2010	2011	2012	2013	2014	2015	2016	2017	2018	2019	2020
数量（篇）	3	2	4	17	29	60	62	52	63	51	33	15	10

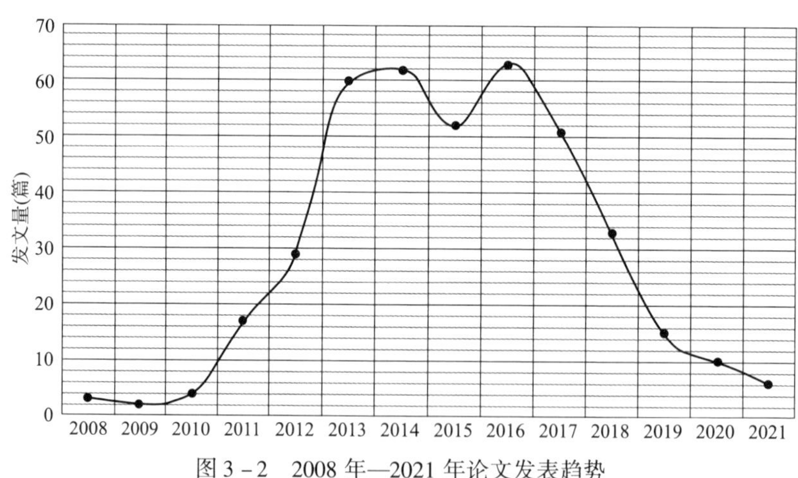

图 3－2　2008 年—2021 年论文发表趋势

可以看到，2008—2011 年之间，研究成果十分稀少，为研究的萌芽期。期间，2008 年论文数量为 3 篇，2009 年为 2 篇，2019 年及 2010 年各 4 篇。2011—2016 年间为研究高速发展期，期间论文数量从 2011 年的 17

篇增长到2016年的63篇。2018年后研究进入衰退期，研究成果数量开始走低，2018年论文为33篇，2019年为15篇，2020年仅为10篇。

（三）研究历程

在2008—2011年之间的研究萌芽期，研究内容集中在移动图书馆介绍及发展意义阐述方面。如2008年曹阳《浅论高校移动图书馆服务》一文论述了高校移动图书馆服务的几种形式，如短信息服务、WAP、电子图书获取服务等，并阐述了高校开展移动图书馆服务意义。2009年赵晓晔《3G将给高校移动图书馆带来巨大生机》一文阐述了3G给高校移动图书馆带来的发展机遇。2011年《借力3G技术构建高校移动图书馆在线服务体系》《基于3G技术的高校手机移动图书馆泛在化信息服务前景分析》《高校图书馆移动信息服务系统的构建——北京航空航天大学移动图书馆实践》等文论述了高校移动图书馆发展机遇及服务途径。张国栋、孙杨《高校图书馆移动信息服务系统的构建——北京航空航天大学移动图书馆实践》介绍了短信平台、WAP平台和移动客户端三种移动服务方式。张成昱、王茜、远红亮《清华大学：手机图书馆聚焦用户体验》一文介绍了清华大学研究和开发的手机图书馆系统构成和使用方法。

2012年以后，研究进入发展期，成果数量快速增多，研究内容和深度不断扩大。除了对移动图书馆服务开展意义、价值的研究外，一些论文对高校馆移动服务的现状进行调研，如《高校移动图书馆服务状况调查与分析——以“211工程”院校为例》《成都地区高校开展移动图书馆服务的调查与分析》《江苏省高校移动图书馆服务开展情况调查与分析》等，文中对某一群体、地区的高校馆移动服务发展状况进行了调查，探析存在问题，并提出发展建议。此外，学界还对该领域服务技术、质量把控方法、移动服务系统设置、用户使用心理特点、读者行为特征等进行了专门探讨。如《高校学生使用移动图书馆的行为意向研究》《高校移动图书馆与个性化信息服务》两文从读者角度对高校馆移动服务提出发展建议。《高校移动图书馆APP建设探析》《高校移动图书馆服务读者认证模式的构造》《高校学生使用移动图书馆的行为意愿影响因素研究》《基于情境感知的高校移动图书馆个性化推荐模型研究》《基于 UTAUT 的高校学生移动图书馆使用影响因素分析》等文运用建模方法，对移动服务中存在技术性问题，如 APP 建设、个性化推荐模型进行了较为深入的研究。

2018 年以后高校图书馆移动服务研究进入衰退期，研究成果数量大幅度下降。研究主题除延续之前的服务调研、技术探讨，新的主题有所增加。如《微信为媒体的高校移动图书馆服务研究》《“985 工程”高校图书馆微信公众号研究》等文对高校馆移动微信平台服务进行了较好的探讨。

（四）研究内容

2008—2020 年国内高校馆移动服务的研究在内容上可分为五个部分，分别为：服务开展意义、服务状况调研、服务评价研究、系统功能技术设计、用户行为特征研究。具体如下：

1. 开展移动图书馆服务的价值及意义论述

如 2011 年朱俊卿《从移动图书馆的兴起看高校图书馆发展的机遇和挑战》一文以“书生移动图书馆系统”为例，从为用户带来的便利角度出发，阐发了移动图书馆发展的优势。2012 年梁欣《移动图书馆联盟：高校图书馆信息资源共享未来的发展趋势》一文，论述了移动图书馆联盟的特点，指出数字联盟是我国高校图书馆信息资源共享的发展趋势。

2. 高校移动图书馆服务现状调查

2011 年余世英、明均仁《国内高校手机图书馆移动信息服务调查与分析》一文，对国内 797 所本科院校手机图书馆运行状况进行调查，总结了这些院校服务模式为“SMS 模式和 WAP 模式”，文中提出了国内高校馆手机图书馆服务中存在诸如“开通比率低，地区分布不均衡、栏目设置不一，推广和普及力度不够、服务内容简单，难以满足读者需要、手机图书馆系统访问不稳定”① 问题。龙泉、谢春枝、申艳《国外

① 余世英、明均仁：《国内高校手机图书馆移动信息服务调查与分析》，《图书馆杂志》2011 年第 9 期。

高校移动图书馆应用现状调查及启示》一文在 2012 年 3 月对 USNews—QS2011 世界大学排名前 30 位的国外高校馆移动服务进行了调研，发现有 25 所馆开展了移动服务，占调研高校 86.2%。文中根据国外高校移动图书馆服务的经验，提出了“移动服务方式和内容须多样化、扩充移动资源、做好基础咨询，提高信息服务深度①”的建议。张爱科《现阶段我国高校移动图书馆服务调查探析——以“211 工程”院校图书馆为例》一文调查了 114 所“211 工程”院校截止到 2012 年图书馆移动系统的开通状况、服务模式及服务内容，提出移动图书馆发展的建议，如“加大移动图书馆服务的推广宣传力度、整合学习资源，构建移动学习平台、建立移动数字图书馆联盟，促进移动数字图书馆的发展。”②赵林、赵川宝《长三角地区高校移动图书馆调查与研究》一文从移动图书馆的平台名称、开发方式、网站标识、服务模式、业务功能等方面，对比分析了 2014 年长三角高校移动图书馆的现状，指出移动图书馆发展存在问题有：“平台名称不统一、网站标识不明朗、微信平台有待开发”③。张军《高校移动图书馆发展现状与改进建议探究——以武汉大学图书馆为例》一文对 2017 年武汉大学移动图书馆系统进行了解析，指出所使用的超星读书移动系统存在问题，如“资源查询缺乏高级查询功能；电子资源类型单一，存在重复；自带的浏览阅读器功能欠佳④”等，并提出了改进建议，如：“与其他移动终端应用融合；提供个性化服务”等。许天才、潘雨亭、冯婷婷《高校移动图书馆服务模式现状调研与发展策略研究》一文对 2018 年 42 所“双一流”高校移动图书馆 APP 客户端、移动网页版和微信平台三种服务模式进行调研，发现“移动图书馆片面追求大而全的发展思路，APP 客户端和手机网页普遍使用固定模板，内容和功能同质化现象严重，用户体验较差，微

① 龙泉、谢春枝、申艳：《国外高校移动图书馆应用现状调查及启示》，《图书馆论坛》2013 年第 3 期。

② 张爱科：《现阶段我国高校移动图书馆服务调查探析——以“211 工程”院校图书馆为例》，《高校图书馆工作》2013 年第 5 期。

③ 赵林、赵川宝：《长三角地区高校移动图书馆调查与研究》，《图书馆建设》2014 年第 6 期。

④ 张军：《高校移动图书馆发展现状与改进建议探究——以武汉大学图书馆为例》，《出版广角》2017 年第 2 期。

信公众号维护情况参差不齐，小程序普及率不高。”①

3. 高校移动图书馆服务评价研究

明均仁、张俊《高校移动图书馆 APP 用户满意度的影响因素》一文采用访谈法、问卷调查法，构建了高校移动图书馆 APP 用户满意度影响因素模型，并提出改进建议，如“增强移动图书馆 APP 的导航性，完善移动图书馆 APP 的屏幕设计”② 等。黄晓斌、付跃安的《基于用户体验的移动阅读终端可用性评价》一文建立了移动阅读终端的评价指标体系。贾欢学位论文《移动图书馆可用性研究》一文对“985”高校移动图书馆的“WAP 资源检索服务、数字资源阅读及文献传递服务、新闻通知公告、订阅服务”四种服务服务模式及重庆大学移动图书馆的 WAP 和客户端两种服务模式进行可用性测试，发现 39 所“985”高校中，开通移动图书馆 WAP 业务模式服务的图书馆有 29 家；开通率为 74.36%，文中指出所调查高校馆移动服务有效性存在“权限限制太多、阅读体验效果不好、新闻通知公告信息滞后等问题。”③ 李浩君、冉金亭《高校移动图书馆服务系统评价模型与实证研究》一文通过对高校移动图书馆服务系统实证研究，认为“移动图书馆服务系统的服务质量对用户系统使用和满意度没有显著性影响④”。《高校移动图书馆服务质量影响因素探究——基于 ANP - 模糊综合评判法》一文研究了移动图书馆服务质量评价系统内部各元素之间的相互关系，构建了高校移动图书馆服务质量评价指标的 ANP 模型。《高校移动图书馆服务系统评价模型与实证研究》一文基于 SVC 构建了的高校移动图书馆服务质量评价模型。《基于相关——主成分分析的高校移动图书馆服务质量评价指标体系构建》一文精选出 16 个影响高校移动图书馆服务质量评价指标，

---

① 许天才、潘雨亭、冯婷婷等：《高校移动图书馆服务模式现状调研与发展策略研究》，《图书情报工作》2020 年第 3 期。

② 明均仁、张俊：《高校移动图书馆 APP 用户满意度的影响因素》，《新世纪图书馆》2014 年第 2 期。

③ 贾欢：《移动图书馆可用性研究》，硕士学位论文，重庆大学，2014 年，第 19 页。

④ 李浩君、冉金亭：《高校移动图书馆服务系统评价模型与实证研究》，《图书馆学研究》2017 年第 10 期。

构建了高校图书馆服务质量评价指标体系。

4. 移动图书馆系统功能设计与使用技术研究

如李睿《高校手机图书馆系统研究》设计了一个包含 Web App、Native App 和 WAP 网站三种服务模式。覃燕梅《高校移动图书馆 APP 功能优化及拓展探究》研究了我国高校移动图书馆的 APP 服务在标识性体现、功能设计等方面存在不足之处，提出“国内图书馆 APP 服务所存在标识性和文化性、缺乏结合读者需求深入细致的设计、缺失个性化订制功能设计”[①] 的问题。张潇璐、赵学敏、刘璇《基于情境感知的高校移动图书馆知识资源推荐研究》一文通过改进受限玻尔兹曼的协同过滤算法，建立了一种基于情境感知的知识资源推荐模型，有效解决移动环境下高校读者个性化知识资源推荐问题。《清华大学手机图书馆用户体验调研及可用性设计》一文基于用户体验调研结果，提出了诸如“页面内容简单化、减轻用户的经济负担、提高屏幕空间的利用率[②]”等 10 条手机图书馆网站设计原则。《可寻性视角下高校移动图书馆 WAP 网站设计方法探析》一文对国外一流大学图书馆 WAP 网站设计模式进行详细介绍，提出了国内高校馆 WAP 网站建设的建议。《高校移动图书馆内容个性化实证研究》一文用问卷调查获得的有关数据，采用因子分析和多元回归分析方法对高校移动图书馆内容个性化的构成维度进行了分析，提出“内容推荐是最关键的内容个性化维度、内容检索对移动图书馆内容个性化的用户满意度有显著影响、内容优化是移动图书馆内容个性化的关键维度之一、内容扩展正向影响移动图书馆内容个性化的用户满意度、内容安全对移动图书馆内容个性化用户满意度影响不显著，但也存在着一定的正向影响。”[③]

---

① 覃燕梅：《高校移动图书馆 APP 功能优化及拓展探究》，《图书与情报》2015 年第 6 期。

② 王茜、张成昱：《清华大学手机图书馆用户体验调研及可用性设计》，《图书情报工作》2013 年第 4 期。

③ 李韬奋、郭鹏、杨水利：《高校移动图书馆内容个性化实证研究》，《图书情报工作》，2016 年第 16 期。

5. 移动图书馆服务中用户行为特征研究

朱多刚《高校学生使用移动图书馆的行为意向研究》一文建立了高校学生对移动图书馆使用行为意向的影响因素概念模型，明均仁、张俊《基于尖点剧变模型与TTF的高校移动图书馆用户使用行为研究》一文利用尖点剧变模型对高校移动图书馆用户使用行为影响因素模型的影响机理进行动态分析，发现“任务—技术匹配和绩效期望正向显著影响高校移动图书馆用户使用行为。”① 《高校移动图书馆服务质量影响因素探究——基于ANP－模糊综合评判法》一文利用TAM模型、UTAUT模型、多维多尺度模型研究了高校师生使用高校移动图书馆行为意愿的影响因素，认为“环境质量、信息质量、交互质量、服务效果均对高校移动图书馆服务的用户采纳意愿有不同影响。其中，移动设备、有用性以及实时性的影响最为显著。此外，地区因素对高校用户采纳移动图书馆服务的调节作用是显著的。”②《高校移动图书馆用户画像构建实证》一文提出了一种构建特定业务情境下用户画像的分析方法，该方法可呈现高校移动图书馆用户群体差异化行为特征，该研究为高校移动图书馆进行用户定位、开展差异化服务提供了有益方法。

综合以上，可以看到十余年来高校馆移动服务领域研究成果较为丰富。众多学者对我国高校图书馆移动系统发展状况进行了调查，对其中存在问题进行了较为深入的探析，提出了自己的改进建议。另一些研究针对移动服务系统技术问题和用户体验度提出了系统平台改进提升的方法和路径。但大量的研究为针对某专项APP、用户体验、服务质量评价模型及微信服务技术的分析探讨，对国内高校馆移动服务内容、途径进行较为全面总结的较少。同时，较为全面的调研均进行在2018年以前，目前国内高校馆移动服务变化状况在学界尚未得到较为全面的

① 明均仁、张俊：《基于尖点剧变模型与TTF的高校移动图书馆用户使用行为研究》，《情报科学》2019年第1期。

② 李恩科、许强、郭路杰：《高校移动图书馆用户采纳意愿影响因素的实证研究》，《图书馆论坛》2016年第1期。

调查研究。由于通讯及计算机技术的迅猛发展及用户习惯的改变，图书馆移动服务内容和形式在2018年之后的几年间发生了较大变化，如一些高校馆放慢了传统移动图书馆发展步伐，转战微信平台、B站、快手等自媒体领域。原来的短信服务基本被舍弃，书籍定位、音频导读等服务发展迅速。这些变化促使当今图情学界要重新调查、审视高校馆移动服务的现状、问题，探寻在新技术环境下该领域工作的发展思路和办法。

第二节　“双一流”高校图书馆移动服务调查与研究

国际图联主席艾伦·泰塞曾言：“图书馆一直是技术的受益者”①，近年来通讯和计算机技术更新换代的速度越来越快，知识和信息的传播方式不断发生变化，图书馆移动服务的手段和内容也随之发生着改变。在2012年前后，图书馆移动服务路径是以短信、WAP为主，到2013年后大量使用APP，服务内容也从借阅信息通知、书目检索发展为网络文献获取、馆藏全文阅读，服务方式从单向图书馆信息推送发展到个性化空间建立、双向线上阅读分享、交流等。此外，随着微信公众号的兴起，一些高校馆纷纷把服务兴趣转向微信公众平台的建立。目前传统移动服务的WAP、APP链接在一些图书馆网页中的标识和位置也从一级菜单的位置变为二级、三级菜单，有的图书馆甚至删去了这些服务。为了理清目前高校馆移动服务的实际状况，有必要对高校馆开展移动服务的情况进行较为详细的调研。

2015年10月国务院印发《统筹推进世界一流大学和一流学科建设总体方案》，提出坚持“以一流为目标、以学科为基础、以绩效为杠杆、以改革为动力”的原则，加快建成国内一批世界一流大学和一流学科。这是我国高等教育继“211工程”、“985工程”之后的又一国家

① 王夏斐：《未来，公共图书馆将会什么样》，杭州网（2010－08－26），https：//hznews.hangzhou.com.cn/chengshi/content/2010－08/26/content_3403641.htm，2022年4月2日。

发展战略。2017 年教育部遴选出了 42 所高校作为首批“双一流”建设高校。这些高校由原“985”高校和“211”高校组成，在国内高校中处于第一方阵，具有良好的办学条件及培养质量。

42 所“双一流”建设高校图书馆凭借所在高校优良场馆条件、高素质人力资源及丰富的文献资源，在服务内容和手段上一直引领国内高校馆的发展，是移动服务开展的领军团队。为较好把握我国高校馆移动服务发展最新发展动向，本章以 42 所“双一流”建设高校①图书馆为例，进行国内高校移动图书馆服务现状调研，以期有益于国内高校图书馆移动服务发展。

一 “双一流”高校图书馆移动服务调查

（一）调研方案

本调研方式为浏览 42 所“双一流”高校图书馆官方网站，“双一流”高校名单依据教育部发布名单为准②。调查内容包括移动服务链接存在情况、移动图书馆系统名称、移动服务途径及内容。正如上文所言，此处调研不包括图书馆微信公众平台和 VPN 服务。调研时间为 2021 年 10 月 30 到 2021 年 11 月 10 日。

（二）调研过程与结果

1. 调研过程

本次调研对 42 所“双一流”高校馆开展移动服务的现状进行了逐一调查。在调查中，图书馆主页页面有移动服务标识（图标、链接、二维码，且可以打开），认定为开展有移动服务。如无该标识或在各级链接无法找到服务链接，则认定为无此服务。但一些高校馆在调研时间段没有显现有此服务，但网络检索到之前曾有过该服务，对此本调查认

---

① 以下简称为“双一流”高校。

② 中华人民共和国教育部：《“双一流”建设高校名单》，中华人民共和国教育部官网（2017 - 12 - 06），http：//www. moe. gov. cn/s78/A22/A22 _ ztzl/ztzl _ tjsylpt/sylpt _ jsgx/201712/t20171206_320667. html，2022 年 4 月 3 日。

定为无，之前移动服务信息，文中作注标出。调查中不同高校馆如使用同一种移动服务系统，对其服务内容及途径说明不重复出现，如多数高校图书馆使用了“超星移动图书馆”和“学习通”，那么对两个系统服务途径和内容说明只在一家馆调研结果中注出。

2. 调研结果

从调研结果可以看到，42 所“双一流”高校馆的官网中有 2 所官网无法打开，故实际统计高校馆为 40 所。

40 所高校馆中，33 家开展有移动服务，占比 83%。7 所在调查期内没有检索到移动图书馆服务。

在 33 所开展移动服务的高校馆中，使用超星移动系统的为 27 家，占比 82%。其中 20 家使用“超星移动图书馆”，7 家使用“超星学习通”，在 27 家中占比分别为：74%、26%。

在 33 所高校馆中，4 家使用了自己研制的移动系统，该 4 家馆分别为：大连理工大学图书馆、浙江大学图书馆、中国科学技术大学图书、新疆大学图书馆。

在 33 所开展移动服务的高校馆中，8 家馆（北京理工大学图书馆、同济大学图书馆、天津大学图书馆、华南理工大学图书馆、重庆大学图书馆、大连理工大学图书馆、东南大学图书馆、湖南大学图书馆）使用了两种移动系统。其中，7 家使用超星移动系统和卓越联盟移动系统，1 家（大连理工馆）使用的是“大连理工图书馆移动系统”和“卓越联盟移动系统”。

“双一流”高校馆中，10 家卓越联盟高校馆使用了“卓越联盟移动图书馆”系统。这 10 家馆中，有 8 家（北京理工大学图书馆、同济大学图书馆、天津大学图书馆、华南理工大学图书馆、重庆大学图书馆、大连理工大学图书馆、东南大学图书馆、湖南大学图书馆）除使用“卓越联盟移动系统”外，还使用了另一种移动系统，如超星移动系统或自己研制移动系统。只有哈工大馆和西工大馆使用 1 种移动系统。

表3－2　“双一流”高校图书馆开展移动服务状况调查结果统计表

序号	高校馆名称	目前开展移动图书馆服务（是、否）	服务链接所在位置	所用系统	使用路径	服务内容
1	北京大学图书馆	否①	图书馆主页页面有此链接，但无法打开			
2	清华大学图书馆	否②	图书馆主页页面及各级栏目无此链接			
3	北京师范大学图书馆	是	图书馆主页页面	超星学习通	客户端	馆藏查询、图书借阅、电子资源搜索下载、图书馆资讯浏览、课程学习、小组讨论③
4	人民大学图书馆	是	图书馆主页页面	超星移动图书馆	客户端	馆藏查询及借阅、文献传递、个性化信息服务、电子资源搜索、导航和全文获取④

① 该馆主页页面的底端有“手机访问”标识，无法打开。馆各级栏目无此服务链接。但据魏群义《国内移动图书馆应用与发展现状研究——以“985”高校和省级公众图书馆为调研对象》调研结果，可知2006年北大馆已开通移动服务，为“书生移动”系统，可提供WAP服务。另据北大图书馆2011年7月1日馆消息“‘北京大学移动图书馆’正式上线”、覃凤兰《‘211’工程高校图书馆移动服务调查分析与对策研究》一文内容，可知2013年该馆仍有移动服务。

② 据魏群义《国内移动图书馆应用与发展现状研究——以“985”高校和省级公众图书馆为调研对象》的调研结果，可知清华馆在2007年已经开展了移动服务，为“书生移动”系统，有SMS、Wap功能。据覃凤兰《“211”工程高校图书馆移动服务调查分析与对策研究》一文内容，可知2013年该馆仍有移动服务。

③ 超星公司：《学习通》，超星公司官网（2021－1－06），http：//apps. chaoxing. com/d/app/4. html，2022年3月2日。以下“学习通”系统服务，同此内容。

④ 超星公司移动图书馆：《超星移动图书馆》，超星公司官网（2021－11－06），http：//m. 5read. com/app. html，2022年3月1日。以下“超星移动图书馆”系统服务，同此内容。

续表

序号	高校馆名称	目前开展移动图书馆服务（是、否）	服务链接所在位置	所用系统	使用路径	服务内容
5	北京理工大学图书馆	是	两种系统的链接均位于图书馆主页页面	1. 超星移动图书馆；2. 卓越联盟移动图书馆系统①	“卓越联盟移动图书馆系统”的使用途径为客户端下载②	馆藏查询、借阅信息查看、联盟馆文献资源共享③
6	北京航空航天图书馆	未知④				
7	中国农业大学图书馆	是	图书馆主页页面	超星移动图书馆		
8	中央民族大学图书馆	否⑤				
9	复旦大学图书馆	否⑥				

---

① IP 受限，链接无法打开。

② 以下“卓越联盟知识共享平台手机版”的使用途径和服务内容同此内容。

③ 黄辛：《“卓越联盟”图书馆知识共享服务平台开通》，科学网（2012－10－24），https://news.sciencenet.cn/htmlnews/2012/11/271923.shtm，2022 年 3 月 2 日。

④ 该校图书馆网站无法打开，百度检索可见“北京航空航天大学移动图书馆”为“超星移动图书馆”。据魏群义《国内移动图书馆应用与发展现状研究——以“985”高校和省级公众图书馆为调研对象》调研结果，可知北航馆在 2012 年已经开展了移动服务，为汇文移动系统。据覃凤兰《“211”工程高校图书馆移动服务调查分析与对策研究》一文内容，可知 2013 年该馆仍有移动服务。

⑤ 百度检索“中央民族大学移动图书馆”，可以发现“中央民族大学读者服务指南”PDF 文件，中有超星移动图书馆的使用指南。

⑥ 在复旦大学图书馆页面搜索“移动图书馆”，可知 2011 年复旦图书馆正式启用“书生移动”系统。据魏群义《国内移动图书馆应用与发展现状研究——以“985”高校和省级公众图书馆为调研对象》调研结果，可知 2012 年该馆开通了“汇文”移动系统。据覃凤兰《“211”工程高校图书馆移动服务调查分析与对策研究》一文内容，可知该馆 2013 年仍有移动服务。另据 2015 年 5 月 22 日复旦大学研究生招生网报道，复旦大学师生可用手机获取图书馆信息服务，据此可知，在此时间点，该馆有移动服务开展。

续表

序号	高校馆名称	目前开展移动图书馆服务（是、否）	服务链接所在位置	所用系统	使用路径	服务内容
10	同济大学图书馆	是	“超星移动图书馆”在图书馆主页页面“服务指南”一级菜单下；“卓越联盟移动系统”在图书馆主页页面“图书馆概况”下“新闻动态”中	1. 超星移动图书馆；2. 卓越联盟移动图书馆系统		
11	上海交通大学图书馆	否①				
12	华东师范大学图书馆	是	图书馆主页页面	超星移动图书馆		
13	天津大学图书馆	是	“超星移动图书馆”位于图书馆主页页面	1. 超星移动图书馆；2. 卓越联盟移动图书馆系统②		
14	南开大学图书馆	是	图书馆主页页面	超星移动图书馆系统		
15	武汉大学图书馆	是	图书馆主页页面	超星学习通		
16	华中科技大学图书馆	是	图书馆主页页面	超星移动图书馆		
17	西北工业大学图书馆	是	图书馆主页页面	卓越联盟移动图书馆系统		

① 据魏群义《国内移动图书馆应用与发展现状研究——以“985”高校和省级公众图书馆为调研对象》调研结果，可知上交馆在2009年已经开展了移动服务，具有SMS、WAP功能。另据孙翌《上海交通大学：手机图书馆承载移动服务》、覃凤兰《“211”工程高校图书馆移动服务调查分析与对策研究》两文可知2011、2013年该馆仍有手机图书馆服务。

② 该馆主页页面及各级菜单中未见“卓越联盟移动图书馆”链接。但据2012年10月23日新浪网（https：//tech. sina. com. cn/i/2012－10－23/17597730910. shtml）报道“卓越联盟学生可通过手机查各校图书”及联盟协议内容，可知该馆享有该服务权限。

续表

序号	高校馆名称	目前开展移动图书馆服务（是、否）	服务链接所在位置	所用系统	使用路径	服务内容
18	西北农林大学图书馆	是	图书馆主页页面	超星学习通		
19	中山大学图书馆	是	图书馆主页页面	超星移动图书馆		
20	华南理工大学图书馆	是	2种系统链接均位于图书馆主页页面	1. 卓越联盟移动图书馆系统； 2. 超星移动图书馆		
21	四川大学图书馆	是	图书馆主页页面	超星移动图书馆		
22	重庆大学图书馆	是	两种系统链接均位于图书馆主页页面	1. 卓越联盟移动图书馆系统； 2. 超星移动图书馆		
23	哈工大图书馆	是①	链接位于主页页面的“资源”下“数据库”中	卓越联盟移动图书馆系统		
24	吉林大学图书馆	是	图书馆主页页面	超星移动图书馆		
25	大连理工大学图书馆	是	“大连理工大学图书馆手机版”在图书馆主页页面	1. 大连理工大学图书馆主页手机版； 2. 卓越联盟移动图书馆系统②	Web、二维码；	

① 2020年1月31日哈工大图书馆的校内快讯中有“资源在手，假期不停学”报道，中有“图书馆联合超星公司提供超星学习通资源服务”内容。

② 该馆主页页面及各级菜单中未见“卓越联盟移动图书馆”链接。但据2012年10月23日新浪网（https://tech.sina.com.cn/i/2012-10-23/17597730910.shtml）报道“卓越联盟学生可通过手机查各校图书”及联盟协议内容，可知该馆享有该服务权限。

续表

序号	高校馆名称	目前开展移动图书馆服务（是、否）	服务链接所在位置	所用系统	使用路径	服务内容
26	云南大学图书馆	否				
27	郑州大学图书馆	是	图书馆主页页面	超星学习通		
28	新疆大学图书馆	是	图书馆主页页面	新疆大学图书馆移动系统	二维码	与图书馆主页一致
29	中南大学图书馆	否①				
30	电子科技大学图书馆	是	图书馆主页页面	超星移动图书馆		
31	中国科学技术大学图书馆	是	图书馆主页页面	中国科学技术大学手机图书馆	二维码	与图书馆主页一致
32	国防科技大学图书馆	是	图书馆主页页面	超星学习通	二维码	
33	南京大学图书馆	是	图书馆主页页面	超星学习通	二维码	
34	浙江大学图书馆	是	图书馆主页页面	浙大图书馆②	APP	借阅查询、馆藏查询、图书馆最新咨询浏览、电子文献阅读、空间预约

① 2019年12月12日中南大学图书馆有消息：“根据信息安全管理的相关要求，从即日起暂停使用‘移动图书馆’馆藏检索、借阅查询等功能，读者可关注‘中南大学图书馆’微信公众号使用相关功能”。可知该校有移动图书馆服务，2019年12月12日该服务停止。

② 该系统为浙大图书馆研发。

续表

序号	高校馆名称	目前开展移动图书馆服务（是、否）	服务链接所在位置	所用系统	使用路径	服务内容
35	中国海洋大学图书馆	是	图书馆主页页面	超星移动图书馆		
36	兰州大学图书馆	是	图书馆主页页面	兰州大学移动图书馆超星版		
37	东南大学图书馆	是	“超星移动图书馆”位于图书馆主页页面；“卓越联盟移动图书馆”位于主页页面“动态信息”下“新闻资讯”中	1. 超星移动图书馆； 2. 卓越联盟移动图书馆系统		
38	湖南大学图书馆	是	“卓越联盟移动图书馆”位于图书馆主页页面；“卓越联盟移动图书馆”位于主页页面“资源”下的“数字资源”中	1. 超星学习通； 2. 卓越联盟移动图书馆		
39	厦门大学图书馆	是	图书馆主页栏目二级菜单	超星移动图书馆		
40	山东大学图书馆	是	图书馆主页页面	超星移动图书馆		
41	东北大学图书馆	未知①				
42	西安交通大学图书馆	是	图书馆主页页面	超星移动数字图书馆		

① 该图书馆网站无法打开。

二 “双一流”高校图书馆移动服务调查结果分析

从以上调研数据可以看到“双一流”高校馆目前开展移动服务的基本状况。可以看到，移动服务在“双一流”高校馆中已经普及，一些高校馆同时有2种移动服务系统，移动服务链接一般设置在馆网的主页页面中，方便用户查找使用。但是调研中也发现，这些高校馆移动服务中也存在一些问题，如所使用的平台系统类型严重雷同，个性化服务不足。同时一些著名高校目前暂停了该服务，把移动服务的重心转移到微信平台领域。

（一）“双一流”高校馆移动服务已基本普及

从表1可以看到，目前40家统计结果中，83%馆目前正在开展该项服务。2家没有打开网站的高校馆中，北京航空航天大学图书馆在2012年曾开展了移动服务，为汇文移动系统①。

调查中没有开展移动服务的7家高校馆中，有6家馆在本次调查之前曾开通过移动服务。如北京大学图书馆2005年推出了“短信提醒”服务，2011年7月其移动图书馆WAP网站已正式上线②。其服务包括：“资源/书目查询、借阅状态查看、续借/预约办理、查看全文、短信提醒、云笔记、读者建议评论、文献下载、个人收藏订阅等。”③ 清华馆在2007年已经开展了移动服务，为“书生移动”系统④。2010年清华大学图书馆开发、运行了手机图书馆系统TWIMS⑤，颁布有《清华大学手机图书

---

① 据孙杨《高校移动图书馆服务模式探析——以北京航空航天大学移动图书馆为例》、魏群义《国内移动图书馆应用与发展现状研究——以“985”高校和省级公众图书馆为调研对象》两文内容，可知在2012年该馆已经推出了移动手机图书馆服务。据覃凤兰《“211”工程高校图书馆移动服务调查分析与对策研究》一文内容，可知该馆2013年仍有移动服务。

② 北京大学图书馆：《“移动图书馆”正式上线》，北京大学图书馆官网（2011－07－01），https://www.lib.pku.edu.cn/portal/cn/news/0000000375，2022年3月2日。

③ 宋恩梅、袁琳：《移动的书海：国内移动图书馆现状及发展趋势》，《中国图书馆学报》2010第5期。

④ 据魏群义《国内移动图书馆应用与发展现状研究——以“985”高校和省级公众图书馆为调研对象》一文的调研成果。

⑤ 张成昱、王茜、远红亮：《清华大学：手机图书馆聚焦用户体验》，中国教育网络（2011－05－18），https://www.edu.cn/info/zyyyy/.szzy/201503/t20150331_1242632_2.shtml，2022年3月2日。

馆系统说明》，用户可以手持设备对各类数据库资源进行统一检索和全文访问，文献传递、收藏及分享①。2011 年复旦图书馆启用书生移动图书馆系统②，其服务内容为：移动 OPAC、短信服务、书目检索、通过统一检索平台检索阅读图书馆电子文献、查阅借阅信息和历史借阅信息、图书续借、催还提醒、预约到书提醒、查看图书馆资源动态、最新消息等③。哈工大图书馆于 2020 年 1 月联合超星公司开展了学习通 APP 移动终端资源服务④。中南大学图书馆曾经开通了“超星移动图书馆”，在 2019 年 12 月 12 日“移动图书馆服务”停止⑤。百度检索“中央民族大学移动图书馆”可以发现，该馆 2018 年 9 月开始使用过超星移动图书馆系统⑥。

从以上分析可以看到，“双一流”高校馆的移动服务目前已经基本普及，40 所高校馆曾经或正在开展移动服务。

（二）“双一流”高校馆对移动服务开展较为重视

除普遍开展有移动服务外，“双一流”高校馆对移动服务开展均较为重视。33 家正开展移动服务的高校馆中，31 家的移动服务链接或二维码放在主页页面的显著位置，方便用户发现使用。2 家没有放在主页的高校馆为厦门大学图书馆和同济大学图书馆。其中，厦门大学图书馆在主页页面的“超星资源中心”菜单下设置有“超星移动图书馆”二

---

① 曾祥瑞：《基于数字图书馆的移动服务调研分析》，湖北省图书馆学会 2012 年年会论文集，武汉，2012 年，第 427 页。

② 复旦大学图书馆：《移动图书馆，注册就有礼》，复旦大学图书馆官网（2012－11－12），http：//www. library. fudan. edu. cn/2012/1112/c155a1037/page. htm，2022 年 3 月 2 日。又据魏群义《国内移动图书馆应用与发展现状研究——以“985”高校和省级公众图书馆为调研对象》一文调研结果。

③ 覃凤兰：《“211 工程”高校图书馆移动服务调查分析与对策研究》，《国家图书馆学刊》2013 年第 1 期。

④ 哈工大图书馆：《校内快讯》，哈工大图书馆官网（2020－01－31），http：//today. hit. edu. cn/article/2021/09/14/74476，2022 年 3 月 2 日。

⑤ 中南大学图书馆：《根据信息安全管理的相关要求，从即日起暂停使用‘移动图书馆’馆藏检索、借阅查询等功能，读者可关注“中南大学图书馆”微信公众号使用相关功能》，中南大学图书馆官网（2019－12－12），https：//lib. csu. edu. cn/info/1002/2544. htm，2022 年 3 月 2 日。

⑥ 中央民族大学历史文化学院：《中央民族大学移动图书馆简介》，中央民族大学历史文化学院官网（2018－09－11），https：//history. muc. edu. cn/info/1091/1165. htm，2022 年 3 月 2 日。

级菜单。同济大学图书馆在主页面的“服务指南”一级菜单下设有“超星移动图书馆”链接。这两家馆的移动图书服务链接虽没有直接在主页页面显示，但所在一级菜单标识度强，较容易被发现。此外，在调研中发现，目前“双一流”高校馆中有8家馆同时使用了2种移动服务系统。如北京理工大学图书馆、同济大学图书馆、天津大学图书馆、华南理工大学图书馆、重庆大学图书馆、大连理工大学图书馆、东南大学图书馆、湖南大学图书馆同时使用了超星移动系统和“卓越联盟移动图书馆”，大连理工馆同时使用了“大连理工图书馆移动系统”和“卓越联盟移动图书馆”两个服务系统。

三 “双一流”高校图书馆移动服务存在问题与发展建议

（一）各馆服务系统严重雷同，应建设具有个性化特色的服务平台

据调研结果可知，在33所开展移动服务的高校馆中，使用“超星移动系统”的为27家，占比82%。10家图书馆使用“卓越联盟移动图书馆”系统，4家馆使用自己的移动系统。可以看到，目前高校馆移动服务平台存在严重雷同。2021年3月11日“卓越联盟图书馆知识共享服务平台”移动端完成升级①，旧版仍可以使用，升级后的平台为超星移动系统。可以发现，目前“超星”移动服务几乎涵盖了整个高校馆移动服务领域。“超星移动图书馆”和“学习通”两个平台均具有强大的服务功能和便捷的服务途径，平台不但可无缝挂接图书馆馆藏系统、各种学术平台和社交移动平台，还具有馆藏查询、在线获取电子文献资源、文献传递、借阅业务办理、查看借阅记录、浏览馆务信息、阅读收藏、分享和评论等功能。“学习通”平台还具有学习学校课程、师生线上线下交流、小组讨论、查看本校通讯录等功能模块。可以说，超星公司作为移动系统领军者，为图书馆移动服务普及及水平提升贡献良多。目前高校馆的“超星”移动系统可较好地完成馆藏查寻、借阅办理、

① 同济大学图书馆：《卓越联盟图书馆知识共享服务平台移动端升级》，同济大学图书馆官网（2021－03－11），http：//www. lib. tongji. edu. cn/newlib/index. php? classid = 11979&newsid = 31644&t = show，2022年3月2日。

线上阅读、阅读分享等业务需求，可提供教学科研基础知识信息服务，但纵观各馆移动服务系统，基本为千人一面，除了学校名称外，架构、服务内容、形式高度雷同，无法体现各馆资源和服务特色。

“双一流”高校馆普遍具有较为雄厚的文献资源，所在高校具有较强科研研发实力，有条件开发出自己的移动图书馆服务系统。这些高校馆的移动服务即是使用专业数据开发公司的产品，也应尽可能把学校的校名、馆徽、校训、标志性建筑物等标识嵌入到移动图书馆平台的页面、APP 中，使移动系统具有较为显著的学校标识。其次，在文献资源方面，可以在移动平台页面中建立专门模块，把馆藏特色资源链接进入，也可以建立本校特色学科导航专门链接，内容包括特色学科介绍、相关课程、研究方向、数据库导航、学科发展最新资讯汇集等。第三，各馆的移动服务系统除把讲座、展览、会议的通知及时发布外，可把线下的展览、讲座进行线上实况播出，方便师生观看学习。同时，可将相关学科的核心期刊、外文数据库等作为特色资源放置于平台之上。第四，在阅读服务方面，高校馆应制作自己的阅读方案，定期、不定期推出馆制阅读内容。形式或是全文阅读，或是名家讲座、名言警句；或是好书推荐、经典电影、名曲推送；或是结合线下读者开展读书活动、征文比赛、读书评论等活动。如北京大学利用“手机图书馆”，曾推出了“视频百科”、“音乐下午茶”、“图书馆好书”、“一小时讲座栏目”活动，清华大学“手机图书馆”曾推出了“新书放送”、“图影书声”等栏目，利用移动平台进行阅读推广。第五，在服务内容和途径方面，高校馆应向其他行业的服务理念学习，积极吸收它们服务模式中有益的部分。如国内淘宝、京东在 App 中使用语音、图片搜索功能，并有自己开发的“阿里旺旺”沟通软件，可进行文本、图片和语音的线上咨询、交流，能非常快地解决用户遇到的问题。该模式值得高校馆借鉴学习，以便使用户享受到较好的使用体验。

目前通信技术发展迅速，文献信息传播技术已经足以支撑各类资源的上传、共享，各馆应尽可能把资源、活动及咨询服务转移至线上，使移动系统服务平台在服务内容上更为充实、多样，更富有鲜明的个性化服务特点。

（二）高校馆移动服务各自为战，资源利用率较低，建设成本高，应积极推进高校馆移动服务联盟的开展

在调查开通移动服务的 33 所高校馆中，10 家卓越联盟高校均使用了“卓越联盟移动图书馆”系统。2012 年卓越联盟图书馆知识共享服务平台开通，10 所高校图书馆进行资源共建共享，联盟覆盖资源包括图书书目 330 万种，期刊 85621 种，中文期刊 7155 万篇，外文期刊 10872 万篇，开放学术资源 3700 万篇，数据库 503 种①。该联盟方式提高了各馆资源的使用率，由于资源互通，大大降低了采购数据库成本支出。除了此联盟外，其他高校馆基本各自为战，购买同一家公司移动服务平台，服务方式及内容基本相同。除各馆文献资源互不相通，造成浪费外，重复购买相同的移动服务平台也加重了学校财务压力。

目前高校馆联盟体众多，有全国范围的 Calis，地区范围的有北京地区高校网络图书馆、广州高校联盟、长三角高校图书馆联盟、江西高校图书馆联盟、云南高校图书馆联盟文献共享服务平台等。如果这些联盟体能积极开展移动服务，或者根据地区、学科分布建立新的移动联盟服务共同体，可给众多高校馆用户提供广阔的文献数据池，各成员馆之间能共享学科资源。同时，在目前高校数据库采购成本不断增多的情况下，互相合作共享将会较大程度降低数据库采购费用，使高校馆有机会把有限的资金用于提升服务硬件和人员培训方面，促使移动服务更快更好发展。

（三）缺少专业团队，应建立专门机构、积聚专业人才促进移动服务发展

目前高校馆的业务架构较之传统纸质服务模式有所变化，多数馆建立了信息技术专业服务部门。如清华大学图书馆成立有“发展研究部”和“信息技术部”，前者承担“图书馆基础理论和管理发展、服务创新研究任务。承担品牌建设与推广具体任务。”后者“负责拟定并组织实施图书馆信息服务支撑环境建设计划。负责拟定并组织实施清华学术产出数据管理计划。负责图书馆系统与校园信息化系统的集成和数据交

---

① 西北工业大学图书馆：《卓越联盟图书馆知识共享服务平台开通仪式在西工大举行》，西北工业大学图书馆官网（2012－12－14），https：//news. nwpu. edu. cn/info/1002/22026. htm，2022 年 3 月 2 日。

换。承担相关设备采购及系统运行支持具体工作。”① 北京大学图书馆设立有“计算服务中心”和“数据资源服务中心”，前者职责为：“以图书馆服务转型为牵引，统筹推进图书馆信息化架构建设，改进和完善信息化基础设施，研发、引进新一代信息资源管理系统、业务应用系统、融媒体服务系统和知识计算系统等信息系统，紧跟信息化前沿，建立健全在线图书馆和机器智能服务体系，为用户学习、教学、科研活动和信息文化培育做出有效的融合及贡献。”后者的职责为“建立健全数据资源管理及其开放和网络服务体系。全面加强可用数据汇聚和资源化工作，搭建数据仓储和交换平台；提供数字加工、数字出版和开放获取、长期保存等数据服务；为用户学习、教学、科研活动和信息文化培育提供有力的支撑及保障。”② 如图 3－3、图 3－4 可以看到，在我国两所顶尖高校馆中，计算机、网络、电子资源的相关业务有各自管理机构支撑，但专门的移动服务部门尚未设立。

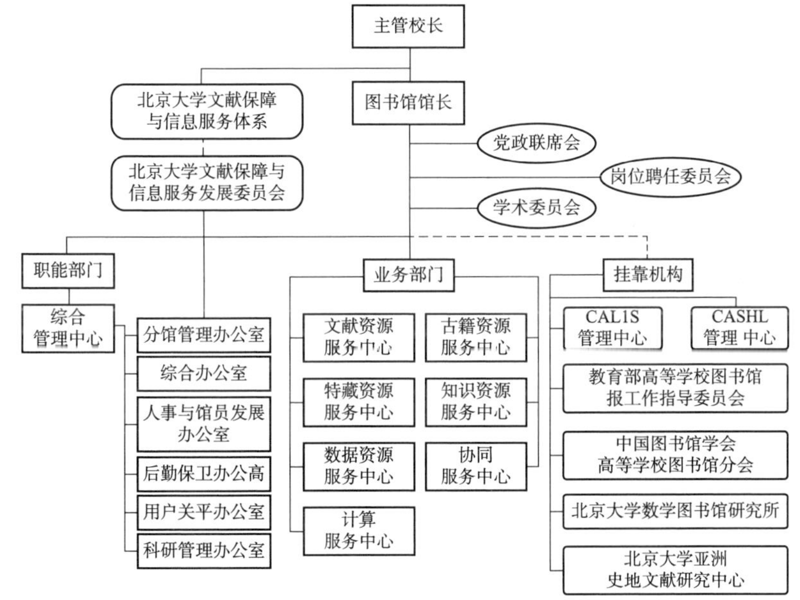

图 3－3 北京大学图书馆组织机构

① 清华大学图书馆：《组织机构》，清华大学图书馆官网（2021－11－10），https：//lib. tsinghua. edu. cn/gk/zzjg. htm，2022 年 3 月 2 日。

② 北京大学图书馆：《组织机构》，北京大学图书馆（2021－11－10），https：//www. lib. pku. edu. cn/portal/cn/bggk/zuzhijigou，2022 年 3 月 2 日。

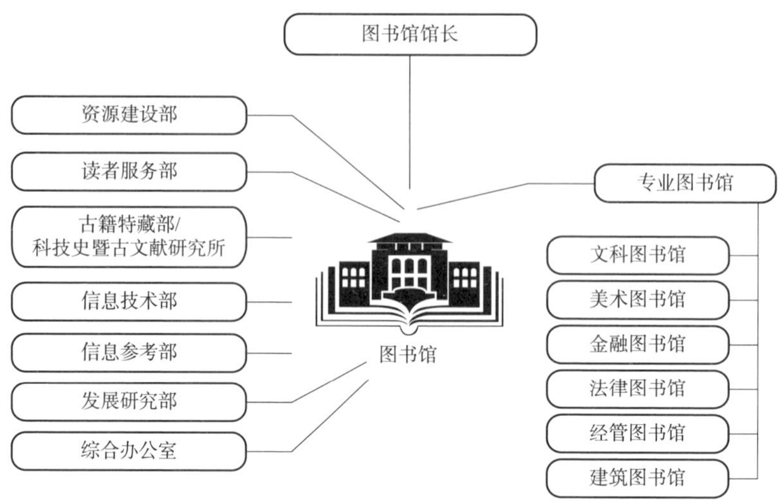

图 3－4　清华大学图书馆机构组织

目前移动服务已经成为高校馆重要工作内容，需要专门的工作团队进行服务内容的规划、实施，只有专门人力的投入，方能真正推动这项工作的快速发展。随着技术进步，未来数字化的移动服务将成为图书馆服务核心业务和体现各馆业务水平、服务能力的新标尺。为此，从现在开始建立专门移动服务部门，培养、积聚专业技术人才，不但有利于目前该业务的拓展和提升，也将给未来图书馆发展奠定较好的人才基础。

第三节　国内高校图书馆移动服务的内容与方式

国内高校馆移动服务开始于 2000 年后，2003 年北京理工大学图书馆开通手机了短信服务，拉开了移动服务的序幕。2006 年北大馆开展了 WAP 服务，2007 年清华馆开展了 SMS、WAP 服务。2011 年移动服务在高校馆发展迅速，到 2012 年 4 月，“985” 高校馆有 20 所开展了移动服务①，服务内容有短信定制、馆藏查询、个人借阅信息、部分资源的移动阅读，服务方式以 SMS、WAP 为主。至 2013 年 6 月，已有 62 家

① 魏群义、侯桂楠、霍然等：《国内移动图书馆应用与发展现状研究——以“985”高校和省级公共图书馆为调研对象》，《图书馆》2013 年第 1 期。

“211”高校馆开通了移动服务，比例达 56.4%。到 2015 年 4 月“985 工程”高校馆有 38 所提供移动服务①。服务内容扩展到了个性化定制、文献收藏、分享领域，客户端服务方式得到普及。2015 年之后高校馆移动服务高潮不在，其发展势头已逐渐被微信公众平台所代替，但服务内容仍在扩大，如出现了线上教学、小组讨论、未购电子文献传递、文献推荐、评论、批注及分享等，APP 服务方式成为主流。纵观十余年的发展，结合本次的调研，国内高校馆移动服务的主要内容和途径如下所述。

一　国内高校图书馆移动服务内容

自 2003 年国内高校馆移动服务开始后，移动服务系统功能不断强大，服务内容不断增多，由简单的短信服务扩展到馆藏检索、全文阅读、云服务、个性化定制等。另外，各馆所用的服务系统不同，具体的服务形式不同。但总的来说，服务内容大体有以下几个方面：

（一）信息推送

信息推送是高校馆最早开始的移动服务，2009 年前国内手机图书馆的移动服务主要内容为短信推送服务，占开通服务的 73.3%②。服务方式是图书馆与移动、联通等通讯公司合作，通过专门软件向读者发送手机短信，向用户提供借书到期、预约借书等提醒服务。该服务分为定制性短信服务和请求应答性服务。定制性短信服务为根据读者定制需求，发送出诸如图书到期提醒、书籍到馆通知等信息。请求应答性服务为读者发送一定格式短信到特定服务号码，提交查询请求，图书馆接受后，用短信形式进行应答信息回复，因需要读者熟记口令、编写短信、并要等待回复和支付主发短信费用，该种服务形式显得烦琐和不便。

① 宋恩梅、袁琳：《移动的书海：国内移动图书馆现状及发展趋势》，《中国图书馆学报》2010 年第 5 期。

② 张爱科：《现阶段我国高校移动图书馆服务调查探析——以“211 工程”院校图书馆为例》，《高校图书馆工作》2013 年第 5 期。

2009之后随着图书馆短信平台和手机图书馆的建设，信息推送范围不断增加，根据读者服务订制情况，图书馆能够向读者实时发送新书通报、馆公告、最新资讯、数据库订购动态等信息，用户利用短信实现信息浏览、检索和主动推送。目前，移动服务系统中有个性化定制服务，可以定制、提交自己喜好的图书，系统可以给用户发送相关的多媒体短信。

（二）馆藏检索（OPAC）及借阅预约

该项服务为图书馆的传统业务，图书馆建设了移动互联网站后，移动系统和图书馆OPAC系统可以无缝对接，进行馆藏检索。有学者调查统计，截到2014年1月，“985”高校移动图书馆中已开通WAP服务模式的有24家，这些馆均提供了资源检索服务[①]。目前通用的几个移动服务系统都可以和各馆的馆藏平台对接，读者进入到移动图书馆页面后，可以键入检索词查询本馆图书、期刊、学位论文等资源的基本情况，也可通过图书条码扫描的方式或按照ISBN查询馆藏状况。可得到的题录信息包括：书名、作者、出版项、馆藏地、借出状况等。读者可以根据图书的在馆状况进行预约借阅，同时可以浏览馆情、通知、个人借阅状况等信息。系统中的“图书预约”栏目，可为读者提供第一时间借阅图书的机会，方便读者归还、续借图书。下图为超星移动图书馆的馆藏检索页面（图3－5、图3－6[②]）。

图3－5 超星移动图书馆的馆藏检索

① 贾欢：《移动图书馆可用性研究》，硕士学位论文，重庆大学，2014年，第19页。

② 中国科技大学图书馆：《超星移动图书馆客户端使用说明》，中国科技大学图书馆官网（2021－11－10），http：//lib. ustc. edu. cn/，2022年3月2日。

图3－6　超星移动图书馆馆藏信息

（三）基于元数据的一站式检索及文献传递

随着移动服务技术的进步，目前移动服务系统具有文献检索、云服务功能，读者登录进入页面后，可以进行关键词检索，获得图书、期刊、报纸的文本、音频、视频等图籍题录信息，包括书名、作者、分类号、出版项、内容简介、全国馆藏信息等。如“超星移动图书馆”平台在检索图籍后，读者可以进行全文阅读、下载，可以获取该书籍的全国馆藏信息，提出文献传递服务请求，如下图3－7。此外，系统平台还可提供24小时云传递服务，通过邮箱给读者发送电子文献全文，如下图3－8。如在卓越联盟移动系统页面中，读者可查阅同盟馆馆藏信息。

主页　返回

《世界是平的》全国馆藏信息

浙江省

广东省

江苏省

北京市

四川省

湖南省

上海市

图3－7　国内馆藏信息

图3－8　文献传递

（四）全文阅读

阅读服务是大学图书馆移动服务中最为重要、最受欢迎的一项服务，是移动服务的核心内容。如美国耶鲁大学可提供移动阅读服务，图书馆 84% 的电子图书可以通过移动设备进行阅读。国内早期的移动服务无此功能，目前该功能已经普及。读者登录进入移动服务系统，检索到目标图书后，可以进行文献的在线阅读，也可点击下载，离线阅读文献。目前，超星公司“移动图书馆”可在线阅读超 100 万册电子图书、7800 万篇报纸文章①，可提供纯文本形式和图片形式两种阅读选择，文献可以收藏、点赞、评论和转发，系统支持下载后离线查看。超星公司的“学习通”系统除提供电子图书、期刊、报纸、视频等传统资源外，还会为读者推荐大量热门学术前沿专题。

（五）个人借阅信息查询、阅读交流互动和文献订阅

大多数高校移动图书馆开展有实时参考咨询服务。如美国哈佛大学、普林斯顿大学、加州大学洛杉矶分校、芝加哥大学、哥伦比亚大学等提供了“手机图书馆”实时参考咨询服务，哈佛大学还承诺 24 小时内回复咨询，并显示用户评论。在国内高校馆移动服务中，用户可以订阅自己感兴趣的文献，在线阅读。如“超星移动图书馆”，用户进入移动图书馆后，点击“我的”，可以查看自己借阅记录、收藏及通讯录。该系统中用户可以建立自己的学习交流圈，把阅读文献分享至微信、QQ、小组。同时，在页面点击“书架”，可以阅读收藏书籍，可以设置明度、纸张、书签等（图 3－9）。如“学习通”系统为每位读者提供了一个知识空间，用户根据自己的需求进行专题订阅，系统可以根据读者订阅，推送相应的专题文献。在该系统中，读者还可以查看好友书房、好友共享的笔记，可以通过小组讨论、发消息等方式进行读者之间、读者与作者之间的交流互动（图 3－10）。

---

① 山东大学图书馆：《移动图书馆》，山东大学图书馆官网（201－11－3），http://www.lib.wh.sdu.edu.cn/cn/mLib.html，2022 年 3 月 2 日。

图 3－9　用户书架

图 3－10　读书好友共享

二　国内高校图书馆移动服务方式

国内移动图书馆的服务形式较为固定，自 2000 年以来，有 SMS、WAP 和客户端三种方式，分述如下：

（一）SMS（Short Message Service）模式

SMS 短信服务是图书馆最早利用移动技术为读者提供的服务方式。2003 年北京理工大学图书馆最早建设了手机图书馆短信服务平台，开启了移动图书馆国内发展的序幕。2009 年前国内手机图书馆服务主要以手机短信服务为主，占开通服务的 73.3%①。该服务的方式为：用户为了查询自己的图书借阅情况，按照一定格式编辑手机短信，短信由代码和文本组合而成，之后发送到图书馆特定服务号码上，系统接收短信后，给用户进行短信信息回复。

① 张爱科：《现阶段我国高校移动图书馆服务调查探析——以“211 工程”院校图书馆为例》，《高校图书馆工作》2013 年第 5 期。

在移动服务初期，SMS 服务发挥了较大作用，但随着用户服务要求的增多，阅读服务势在必行，而要实现“阅读”方式就必须建立手机版图书馆网站。2012 年之后随着 WAP 和 APP 服务的普及，该服务模式已基本退出了移动图书馆服务序列。

（二）WAP（Wireless Application Protocol）网站服务

WAP 于 1997 年由 Motorola、Nokia、Ericsson 和无线星球（Unwired Planet）在共同组成的论坛推出，是一种向移动终端提供互联网内容和先进增值服务的全球统一的开放式协议标准，是简化了的无线 Intemet 协议[①]。利用 WAP 技术，大量 Internet 的信息可以引入移动终端中。

WAP 通信模型结构由 WAP 网关、WAP 手机、WAP 内容服务器三部分组成。通过该项技术，图书馆资源和服务可以通过移动互联网而被移动用户获取。用户通过手机访问移动图书馆 WAP 网站，通过身份认证后，可以进行馆藏查询、个人借阅历史查询、图书预约续借、浏览历史记录、资源一站式搜索、全文获取、RSS 订阅、文献共享服务、文献传递、接收邮件、文献收藏、阅读分享、评论等。

2006 年一些高校图书馆开通了 WAP 网站手机图书馆服务，但发展缓慢，在 2009 年前“211”院校中仅有 6 所开通此服务[②]，到 2012 年 9 月有 57 所高校图书馆开通此服务[③]，到 2014 年 1 月，“985”高校移动图书馆中 24 家图书馆已开通 WAP 服务[④]。作为移动图书馆主流服务模式，目前多数高校馆所使用 WAP 移动服务系统，如“超星移动图书馆”“卓越联盟移动图书馆”都具有 WAP 服务路径（如下图 3 – 11、图 3 – 12）。

① 钱丽丹、杨凌云：《基于 WAP 的移动电子商务系统的设计与实现》，《商场现代化》2009 年第 12 期。

② 张爱科：《现阶段我国高校移动图书馆服务调查探析——以“211 工程”院校图书馆为例》，《高校图书馆工作》2013 年第 5 期。

③ 张爱科：《现阶段我国高校移动图书馆服务调查探析——以“211 工程”院校图书馆为例》，《高校图书馆工作》2013 年第 5 期。

④ 贾欢：《移动图书馆可用性研究》，硕士学位论文，重庆大学，2014 年，第 19 页。

图 3－11　超星移动图书馆 WAP 版

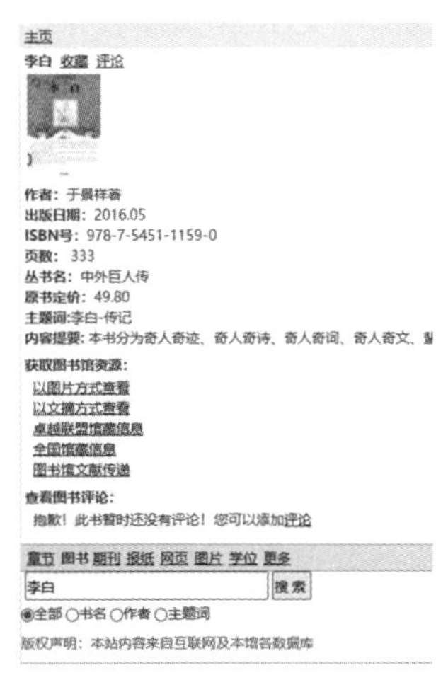

图 3－12　卓越联盟移动图书馆 WAP 版操作页面

（三）移动客户端（Client）

客户端（Client）也称为用户端、工作站（Workstation），是指与服务器相对应，为客户提供本地服务的软件程序，用户通过客户端可以便捷登入移动互联网。手机客户端是指可安装在读者智能手机中，可独立使用的应用程序，扫描二维码是其下载方式。

随着智能手机功能的增强，用户利用客户端可提高网络响应速度，降低网络通信费用。在图书馆的移动服务中，专业的数据库公司会开发自己的客户端，用户手机下载后即可登录移动图书馆。目前国内高校馆常用的移动客户端为超星移动图书馆客户端、书生移动图书馆客户端等。利用移动图书馆的手机客户端，用户可以完成馆藏查询、在线阅读、图书预约、续借、个人借阅信息查询、分享、收藏等业务操作，还可使用多媒体阅读、空间预约、资源导航等服务。目前高校馆移动服务中，WAP 和客户端共同存在，但客户端使用模式逐渐增多。高校馆常用的“超星移动图书馆”“汇文掌上图书馆”均支持基于苹果 IOS、基于 Android 的移动终端等各种手持设备，提供有两种格式的客户端下载，可满足大多数用户的需求。

据学者调查，WAP 和客户端各有优点。在图书馆移动服务中，

WAP 接入受网络状况影响，速度较慢，适合在 Wi - Fi 的情境下使用。APP 方式则多出现在移动状态中，更多地被用来检索馆藏图书，WAP 方式则更适合查询学术资源。”① 目前多数高校馆移动服务中 WAP 和客户端两种使用方式并存，如下图 3 - 13、图 3 - 14。

图 3 - 13 “超星移动图书馆”客户端及 Wap 访问页面

图 3 - 14 “汇文掌上图书馆”客户端及 WAP 访问页面

① 孙浩东、吴丹：《移动图书馆 WAP 和 APP 接入方式用户使用偏好及影响因素研究》，《图书馆》2019 年第 2 期。

第四章 “双一流”高校图书馆微信公众平台服务状况调查

2017 年 9 月教育部、财政部及国家发展改革委通过专家委员会遴选认定，并报国务院批准，联合公布了我国世界一流大学和一流学科建设高校及建设学科名单①，42 所高校进入榜单，其中 A 类 36 所，B 类 6 所。这些高校多为“985”和“211”建设高校，综合办学水平居于国内高校前列，是我国高等教育事业发展的领跑者。

“微信”作为一款为智能终端提供即时通讯服务的免费应用程序，于 2011 年 1 月推出，该软件由于具有文字、图片、语音、视频的全方位沟通、互动功能，受到广大用户的欢迎。到 2018 年第三季度，微信及 Wechat 月合并活跃用户数达 10.82 亿②。微信公众平台又称微信公众号（简称微平台）2012 年由腾讯公司研制推出后，由于其操作便利、功能强大，被广大微信用户接受，各行各业也纷纷推出自己的微信公众号，利用微平台进行宣传和业务办理。国内高校图书馆于 2013 年开始进军此领域，到目前为止，各大高校图书馆微信业务已基本普及，微信平台已成为图书馆为师生提供知识和信息服务的又一阵地。据《第十六次全国国民阅读调查报告》的统计，2018 年我国成年国民人均每天

① 教育部、财政部、国家发展改革委：《关于公布世界一流大学和一流学科建设高校及建设学科名单的通知》，教育部官网（2017-09-21），http://www.moe.gov.cn/srcsite/A22/moe_843/201709/t20170921_314942.html，2022 年 3 月 2 日。

② 腾讯公司：《腾讯 2018 年第三季度净利润 197 亿元，同比增长 15%》，腾讯网（2018-11-14），http://tech.ifeng.com/a/20181114/45224039_0.shtml，2022 年 3 月 2 日。

手机接触时间为 84.87 分钟①。据《第十七次全国国民阅读调查报告》显示，2019 年我国成年国民人均每天手机接触时长为 100.41 分钟，比 2018 年增加了 15.54 分钟②。由于手机使用的普及，近年来微信已成为国民使用的一种重要移动通信工具，截至 2018 年 9 月，每天登录微信的用户达 10.1 亿，每天微信信息发送量为 450 亿条，语音、视频通话次数达 4.1 亿次③。在国内外的智能通讯使用者中，青年人无疑占比最大。随着当今信息技术快速发展及用户阅读习惯的改变，以青年学生为服务主体的高校图书馆服务内容与形式应尽快进行转型、更新，以满足用户新的阅读习惯和信息接收方式。利用微信平台为师生提供丰富、便捷的知识信息服务是当今图书馆人必须面对的问题，而学界对高校图书馆微信公众平台的研究是此项工作开展的前提和基础。

第一节　国内高校图书馆微信公众平台服务的开展及相关研究

一　国内高校图书馆微信公众平台服务开展概况

2011 年在腾讯公司推出“微信”程序以来，该平台的用户不断增多。微信平台由于其功能强大，使用便捷，各种机构、个人纷纷利用微信平台推出订阅号、服务号进行业务推广和资讯传播。各级政府和各种公共服务机构纷纷开通微信平台进行信息发布和在线业务办理。在我国高校领域，最早开始微信平台服务的高校馆为北京师范大学和北京航空航天大学图书馆，两馆于 2012 年 11 月开始进行微信服务。2013 年

① 中国新闻出版研究院全国国民阅读调查课题组：《第十六次全国国民阅读调查报告》，《新阅读》2019 年第 5 期。

② 孙山：《第十七次全国国民阅读调查显示：2019 年我国成年国民人均每天读纸质书不到 20 分钟》，百度网（2020－04－22），https：//baijiahao. baidu. com/s? id = 1664674143082487886&wfr = spider&for = pc，2022 年 3 月 2 日。

③ 腾讯：《2018 微信年度数据报告》，搜狐网（2019－01－11），https：//www. sohu. com/a/287836727_288347，2022 年 3 月 2 日。

“985”高校馆中有15所建立微信平台[①]，到2018年7月，“985”高校图书馆微信公众号开通率达82%，“211”高校图书馆开通率为74%[②]。到2017年6月，江苏省46所公办本科高校图书馆微信公众号开通率为95.65%[③]，到2017年4月天津市55所高校图书馆中开设微信的院校有26所，占比47.3%[④]。到2019年6月1日上海市38所本科高校已有30所[⑤]图书馆建立、开通了微信公众号。据笔者调查，到2021年3月，42所“双一流”高校图书馆全部开通微信平台服务渠道。可以看到，高校图书馆微信平台使用率较高，特别是“双一流”高校馆微平台服务目前基本到位。

二 国内高校图书馆微信公众平台服务研究概况

伴随着高校图书馆微平台的建立，相关的研究亦开始出现。截至2021年7月，相关研究论文已达800余篇，其内容为高校图书馆开展微信服务优势、价值意义、微平台搭建思路与技术路线，以及高校图书馆微信公众平台服务发展现状的研究。其中，关于高校图书馆微信公众平台服务发展现状调查分析的论文近300篇。这些论文在内容可分为两类：一、对某一类或某一地区高校图书馆微平台服务状况进行调研，如公众号开通情况、栏目设置、服务内容等。如《高校图书馆微信公众号服务发展现状及对策研究——基于42所“双一流”建设高校的调研》一文，对2017年8月1日至2018年7月31日期间42所“双一流”高校馆微信公众号的运营状况进行调研，文中统计了所调研高校馆开展“信息服务、借阅服务、阅读推广、资源推介、个性预约、信

① 张丹丹、杨思洛、邢文明：《基于微信平台的图书馆服务研究——以省级公共图书馆和“985”高校图书馆为例》，《山东图书馆学刊》2016年第1期。

② 徐春、张静：《高校图书馆微信公众号服务发展现状及对策研究——基于42所“双一流”建设高校的调研》，《图书馆学研究》2018年第24期。

③ 杨明：《江苏省公办本科高校图书馆微信公众号推文应用调查与对策分析》，《图书馆学研究》2018年第23期。

④ 李改良：《天津市高校图书馆微信公众平台信息服务研究》，《图书馆工作与研究》2017年第11期。

⑤ 王梦涵：《上海市本科高校图书馆微信公众号推文运营情况调查分析》，《图书馆学刊》2019年第11期。

息素养、学科支撑、专利信息、信息条数、推送次数”[①] 的状况，其中列举了15所高校开展书目推荐的代表性栏目。《安徽省高校图书馆微信平台使用调查研究》一文对安徽省内20所高校馆开通微信公众号的情况进行统计，同时对安徽大学图书馆、安徽农业大学图书馆、中国科学技术大学图书馆三家高校馆微信平台的页面设置和服务内容进行了调研。《上海市本科高校图书馆微信公众号推文运营情况调查分析》、《天津市高校图书馆微信公众平台信息服务研究》与《江苏省公办本科高校图书馆微信公众号推文应用调查与对策分析》等文对上海、天津和江苏高校图书馆微平台服务状况进行了调研，文中对这些地区高校馆微平台开通时间、开通数量、公众号认证、公众号类型、信息推送次数、频率情况进行了统计，并按照微信传播指数（WCI参数），对地区高校馆微平台的影响力进行了排名，同时对微平台信息推送内容进行分析归类。这些研究者就调查中发现的问题提出了改进措施和方法，如提高推送内容的创新性、加强平台与读者的互动性、丰富平台的宣传方式，增强宣传力度等。二、对某一地区或某一类型高校馆的微信公众平台的某一项业务运转状况进行调研，如阅读推广服务、栏目设置状况、影响力、消息内容等。例如，《基于微信公众号的高校图书馆寒暑假阅读推广情况调查——以“985”院校为例》一文对2017年1月1日至2017年8月31日期间国内39所“985”院校图书馆微信公众号在寒暑假期间开展阅读推广的形式进行调研，发现寒暑假期间的阅读推广形式以推荐书单占绝大多数[②]。《新常态下高校图书馆微信公众号调查与反思——基于特殊时期北上广“双一流”高校图书馆的实践》一文基于WCI指数排名，对北上广10所“双一流”建设高校图书馆公众号传播情况进行调查，文中对微平台推文内容进行了分析，并按照WCI指数，对2019年1月21日至2月28日期间北上广“双一流”建设高校微信公众号传播力指数进行了排序，作者最后提出高校馆微平台应进行

① 张丹：《基于微信公众号的高校图书馆寒暑假阅读推广情况调查——以“985”院校为例》，《科教文汇》2018年第25期。

② 张丹：《基于微信公众号的高校图书馆寒暑假阅读推广情况调查——以“985”院校为例》，《科教文汇》2018年第25期。

“创新模式，拓展阅读体验；立足教研，确保服务学科建设‘不掉线’、面向社会，兼顾校内外服务公益性”① 的发展思路。《湖南省高校图书馆微信公众号服务调查分析》一文对湖南地区 26 所高校图书馆微信传播指数（WCI）及发文内容进行统计分析。《基于推送消息调查的高校图书馆微信平台运营策略研究》一文对 20 所高校微信平台在 2015 年 4 月份推送的消息内容进行统计分析，对平台基本情况、消息标题、消息内容进行分析研究。《运维视角下的图书馆微信公众号管理状况分析及启示——基于江苏省 25 所高校图书馆的调查》一文对江苏 25 所高校图书馆微平台的运维情况进行统计，发现 8% 的图书馆能做到每日推送，每周推送 1 条的只有 5 家，80% 的高校馆没有制定微信公众号相关管理制度，92% 高校馆没有建立管理操作的培训机制。基于该种情况，作者提出了 4 条发展思路“通过团队建设提高运维质量、以制度建设引导常态化工作、因地制宜地做好定位与布局、多层次的宣传落实推广本质”。②

可以看到，近年来高校图书馆微平台的实证研究产生了较多的成果。但上述研究中大多是按照一定指标对某一群体高校图书馆的微信平台运营状况进行调查和分析，虽然这些成果一定程度上很好地揭示了我国高校图书馆微平台服务的状况，但这些研究均为以某项指标为主线进行统计，文中缺乏从各馆微平台个体面貌调查出发，去详述各馆平台外部特征、栏目设置、推广方式及服务内容等，故当前我国高校图书馆微平台的整体发展面貌尚未不清晰。此外，一些实证分析论文中虽涉及对高校图书馆微平台的个案调查，但涵盖高校馆的数量较少，不足以反映出目前高校图书馆微平台服务的普遍状况。

目前国内大部分高校图书馆已开通了微平台服务，如 42 所“双一流”高校图书馆全部开通该服务。但学界对高校图书馆微平台在栏目设置及服务内容方面的个体调研较为缺乏。由于基础资料不全，大量高校馆，如“双一流”高校馆的微平台运行面貌尚未得到清晰展示，无

① 易兰：《新常态下高校图书馆微信公众号调查与反思—基于特殊时期北上广“双一流”高校图书馆的实践》，《图书馆研究》2000 年第 2 期。

② 宋爱林：《运维视角下的图书馆微信公众号管理状况分析与启示——基于江苏省 25 所高校图书馆的调查》，《新世纪图书馆》2017 年第 11 期。

法对其取得的成绩、运行的特点及存在问题进行归纳和分析，一定程度上阻碍了高校图书馆微平台服务水平的提升。为此，本研究在吸取众多研究成果的基础上，采取个案调查法，对42所“双一流”高校图书馆微平台服务状况进行逐一调研，在展示各馆服务面貌的基础上，总结出这一群体馆的微平台在页面结构、服务栏目、推文内容等方面的共性及个性特征，并以大量的样本、案例总结其取得的成绩和存在的问题，尝试提出其提升服务水平的思路和办法，以期对国内高校图书馆微平台总体服务水平的提升有所裨益。

第二节 “双一流”高校图书馆微信公众平台服务调查

在图书馆微平台服务领域，“双一流”高校走在了国内高校的前列。目前42所“双一流”高校图书馆的微信公众号已全部开通，服务内容和方式丰富多样，成为图书馆服务领域的一道靓丽风景线，其平台推文内容、栏目设置成为国内众多高校馆学习的对象。为全面呈现“双一流”高校图书馆微平台服务面貌、服务广度与深度，本文于2021年3月至10月对42所“双一流”高校图书馆官方微信公众服务平台（简称“微平台”）栏目设置、服务途径、服务内容进行了逐一调研、统计及分析。

一 调查方案设计

本研究调查方法为：首先在微信程序中查找“双一流”高校图书馆官方微信公众号，打开所关注的微信平台界面，查看其页面设置情况。其次，点击打开各滚动消息，对其内容进行阅读。第三，点击页面中服务模块，逐层打开其链接，进行功能的试用。为了统计方便，文中把馆务信息、新闻报道、馆办活动、展览、会议、观影、讲座、比赛等预告通知内容归结为“新闻公告、活动通知”，把平台自己制作或转引其他媒体的知识、情报推送归类为“馆制文献”；把新书推送、图书推介、导读归为“书目推荐”；把可使用的馆藏及数据库文献的全文阅读归类为“全文阅读”。

本文调查项为：图书馆名称、图书馆微信公众号名称、微平台页面模块构成、各模块下的结构及内容。为清晰直观展示各馆微平台的具体面貌，调研中对平台页面进行了较多截图，截图放置于各馆的调查结果文中，和文中表述内容相对应。

调查中高校馆的排名先后以教育部2017年9月发布的“双一流”高校名单先后为序。由于各馆微平台建立已有较长时间，滚动消息数量巨大，统计中可能存在一些缺失，敬请读者谅解。

二 调查结果统计

（一）北京大学图书馆

该馆微信公众号名称为“北京大学图书馆”，微平台界面设置两个模块：消息+服务，如图4-1、图4-2。

图4-1 北京大学图书馆微平台主页

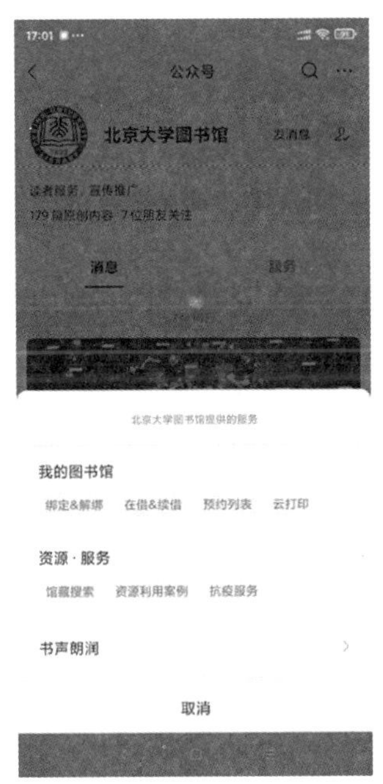

图4-2 北京大学图书馆微平台“服务”栏目

1. 消息：该模块内容包括：（1）新闻公告、活动通知及工作动态；（2）书目推荐：设立“共展书卷，再染墨香”“阅读马拉松”等栏目，如下图 4－3；（3）馆制文献：设立“学科情报订阅”栏目，内容为学科研究前沿信息通报，另有学校科研成果分析报告，如“文献计量分析北京大学在 QS 世界大学排名中的表现”、“经济学院院系发文分析”、“北京大学专利信息年报”（如图 4－4）等。此外，有“身边榜样”栏目，对图书馆先进人物事迹进行记述。另有“沙龙回顾”栏目，对所举办沙龙活动的内容进行复盘回顾。

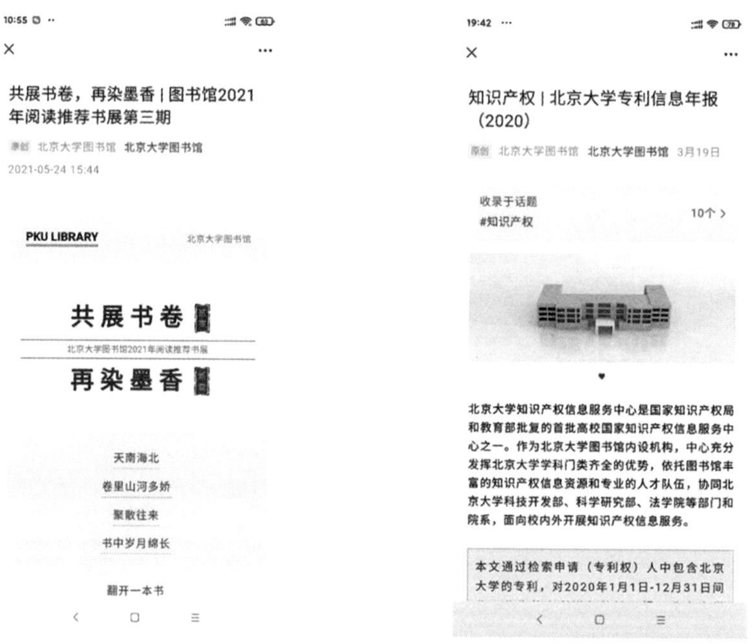

图 4－3　北京大学图书馆微平台书目推荐“共展书卷，再染墨香”栏目

图 4－4　北京大学图书馆微平台馆制文献“知识产权”系列

2. 服务：该模块内容包括 3 个一级菜单：“我的图书馆”“资源、服务”“书声朗润”。

（1）我的图书馆：下设“绑定 & 解绑”“在借 & 续借”“预约列表”“云打印”4 个二级菜单。

（2）资源、服务：下设“馆藏搜索”“资源利用案例”“抗疫服务”3 个二级菜单。其中，“资源利用案例”讲解了珍稀史料库在做研究时的应用知识，如图4－5。“抗疫服务”下设5个栏目：“创新服务”“电子资源”“资源使用指南”“讲座通知”“阅读”。其中，“创新服务”为图书馆服务动态介绍，“电子资源”为学校中外文数据库访问链接。“阅读”为书展通知、好书推荐、年度阅读报告及经典电影推介平台。

（3）书声朗润：为朗读平台。

（二）中国人民大学图书馆

该馆微信公众号为“中国人民大学图书馆”，微平台界面有两个模块组成：消息＋服务，如图4－6、图4－7。

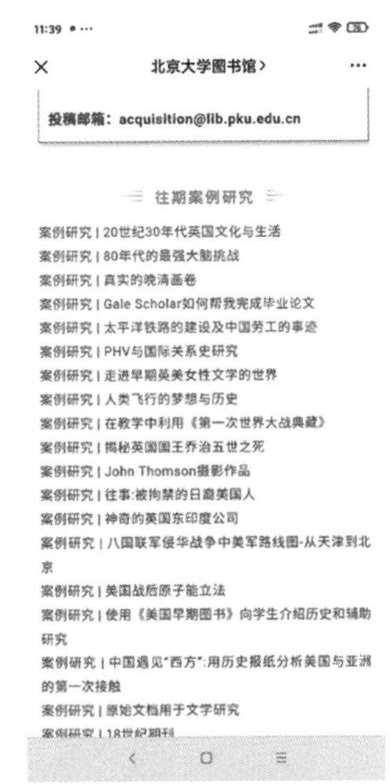

图4－5 北京大学图书馆微平台资源服务“资源利用案例”系列

图4－6 人民大学图书馆微平台主页

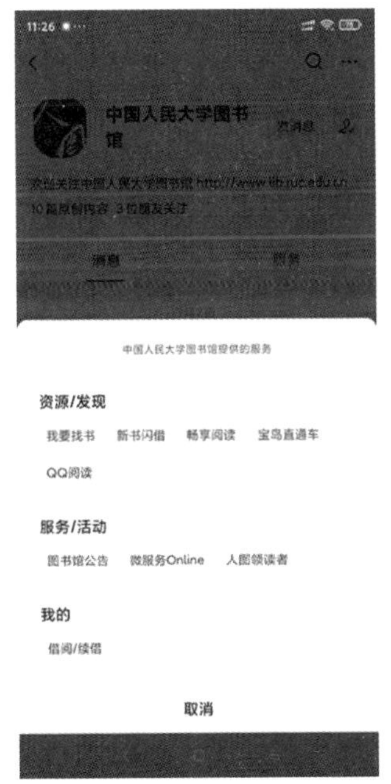

图4－7 人民大学图书馆微平台“服务”栏目

1. 消息：该模块内容包括：（1）新闻公告、活动通知；（2）书目推荐：设立有“党史党政专题书目”“QQ 阅读”“读本好书”“人图上新”“畅想书单”等专栏进行书目推荐，如图 4－8；（3）馆制文献：有“图苑拾珍”系列推文，介绍校内著名学者的学术贡献，如图 4－9。

图 4－8　人民大学图书馆微平台书目推荐“人图上新”栏目

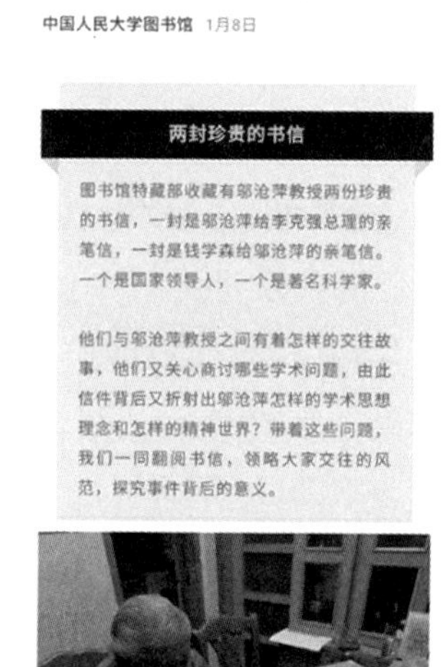

图 4－9　人民大学图书馆微平台馆制文献“图苑拾珍”栏目

2. 服务：该模块包括 3 个一级菜单：“资源发现”“服务、活动”“我的”。

（1）资源发现：下设“我要找书”“新书闪借”“畅享阅读”“宝岛直通车”“QQ 阅读”5 个二级菜单。其中，点击“畅享阅读”，可进行各学科馆藏电子资源阅读。“宝岛直通车”为“知识宝台湾电子书”阅读平台。

（2）服务、活动：下设“图书馆公告”“微服务 Online”“人图领读者”3 个二级菜单。其中，“微服务 Online”点击后认证登陆图书馆主页，进行馆藏电子资源阅读，如图 4－10。

（3）我的：下设“借阅/续借”一个二级菜单，用户点击可办理线上借阅业务。

图 4－10 人民大学图书馆微平台“微服务 Online”栏目

（三）清华大学图书馆

该馆微信公众号为“清华大学图书馆”，微平台界面有两个模块组成：消息＋服务，如下图 4－11、图 4－12。

1. 消息：该模块内容包括：（1）新闻公告、活动消息、数据库使用通知；（2）书目推荐：栏目有“新书放送”“清华书单”“小美上新”“新书放送”“节日书单”等，如图 4－13；（3）馆制文献：设置“挖矿”栏目，推文内容为文献资料的查找方法，如图 4－14；另有“党史回顾”栏目，中有如“战斗在清华大学图书馆的地下党组织”等文。

2. 服务：该模块内容包括 3 个一级菜单：“动态”“资源”“服务”。

（1）动态：下设“最新消息”及“资源动态”2 个二级菜单。

（2）资源：下设“图书馆网站”“水木搜索”“未图 We Library”“培训讲座及通知”4 个二级菜单。其中，“图书馆网站”登陆后可访问馆藏电子资源，进行全文阅读，如图 4－15。“未图 We Library”点击后可校外访问电子资源。

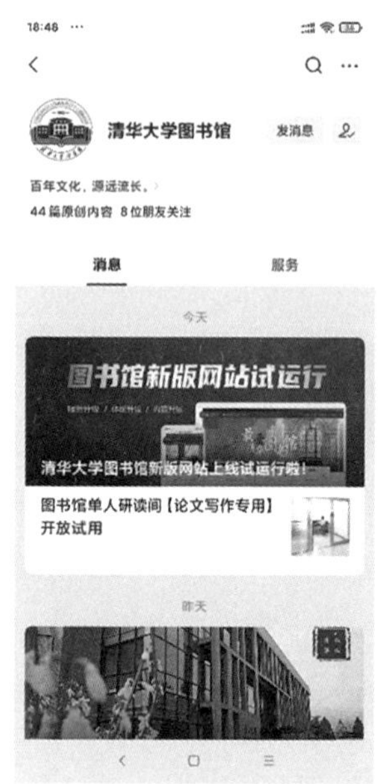

图4-11　清华大学图书馆微平台主页

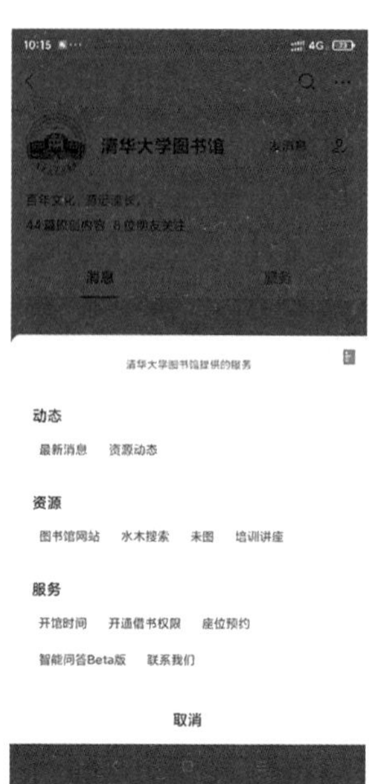

图4-12　清华大学图书馆微平台“服务”栏目

图4-13　清华大学图书馆微平台书目推荐“小美上新”栏目

图4-14　清华大学图书馆微平台馆制文献“挖矿”栏目

图 4 – 15　清华大学图书馆微平台“图书馆门户”

3. 服务：下设“开馆时间”“开通借书权限”“座位预约”“智能问答 Beta 版”“联系我们”5 个二级菜单。

（四）北京航空航天大学图书馆

该馆微信公众号为“北航图书馆”，微平台界面有两个模块组成：消息 + 服务，如图 4 – 16、图 4 – 17。

1. 消息：该模块内容包括：（1）消息：内容为新闻公告、通知消息、资源动态；（2）书目推荐：设置“世界好书”“百年风华”“航图推荐书单”等栏目，如图 4 – 18；（3）馆制文献：内容包括对科研前沿信息的报道，及对科研工作者故事介绍。设置有“图书馆说”栏目，介绍高被引和热点论文知识，如“小高和小热的故事”一文，见图 4 – 19。

2. 服务：该模块内容包括 3 个一级菜单：“微图书馆”“服务动态”“专题书柜”。

（1）微图书馆：无法打开。

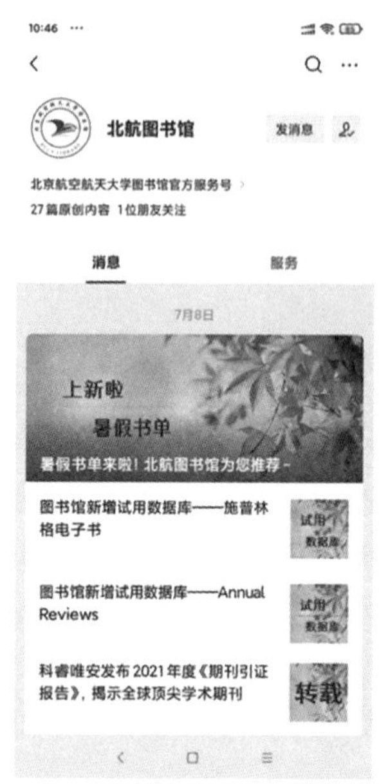

图4－16　北京航空航天大学图书馆微平台主页

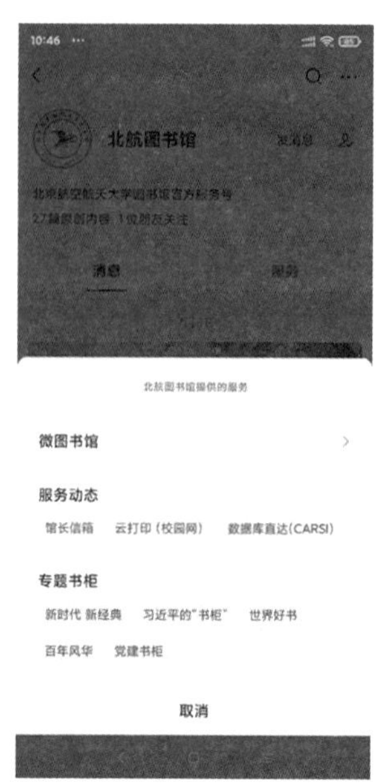

图4－17　北京航空航天大学图书馆微平台“服务”栏目

图4－18　北京航空航天大学图书馆微平台书目推荐“航图推荐书单”栏目

图4－19　北京航空航天大学图书馆微平台馆制文献“图书馆说”栏目

（2）服务动态：下设“馆长信箱”“云打印”“数据库直达 CARSI”3 个二级菜单。其中，“数据库直达 CARS”在认证登录后可访问馆藏电子资源。

（3）专题书柜：下设“新时代经典”、“习近平的书柜”、“世界好书”“百年风华”“党建书柜”5 个二级菜单，如图 4 – 20。该 5 个栏目均为书目题录信息。

图 4 – 20　北京航空航天大学图书馆微平台书目推荐“世界好书”栏目

（五）北京理工大学图书馆

该馆微信公众号为“北京理工大学图书馆”，微平台界面设置只有 1 个模块：消息，如图 4 – 21。

1. 消息：该模块下内容包括：（1）新闻公告、活动通知；（2）书目推荐，下设栏目有“阅读峥嵘，风华正茂”“党建书单”等，如图 4 – 22；（3）馆制文献：推文有年度阅读报告、校内专家纪念性文章，如“永远的怀念：中国核潜艇首任总设计师彭士禄院士逝世”（如下图 4 – 23）、学校专利信息年度报告，如图 4 – 24。

图4－21　北京理工大学图书馆微平台主页

图4－22　北京理工大学图书馆微平台书目推荐“悦读峥嵘风华正茂”栏目

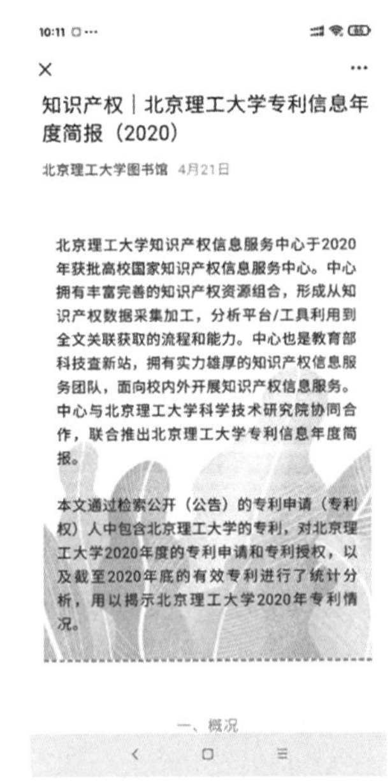

图4－23　北京理工大学图书馆微平台馆制文献“永远的怀念”

图4－24　北京理工大学图书馆微平台馆制文献“知识产权”栏目

（六）中国农业大学图书馆

该馆微信公众号为“中国农业大学图书馆”，微平台界面有两个模块组成：消息＋服务，如图4－25、图4－26。

图4－25 中国农业大学图书馆微平台主页

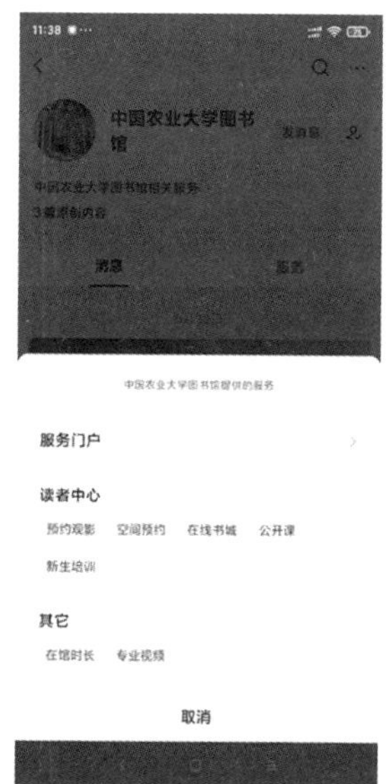

图4－26 中国农业大学图书馆微平台“服务”栏目

1. 消息：该模块内容包括：（1）新闻公告、活动通知；（2）书目推荐：有“精读百年党史，传承民族精神”栏目，如图4－27；（3）馆制文献：推文内容为学校学科发展报告，如2019年11月28日推出了“数见/从ESI2019数据看我农学科”，如图4－28。另转载有其他媒体的学科信息，如转载“科睿唯安公司”公众号的“ESI2019中国农业大学农学科数据”等文。

2. 服务：该模块内容包括3个一级菜单：“服务门户”“读者中心”“其他”。

（1）服务门户，下设“热门借阅”“高级检索”“读者荐购”“借阅历史”“证件挂失”“绑定证件”“密码重置”“已借续借”“违章欠款”9个二级菜单。

（2）读者中心：下有“预约观影”“空间预约”“在线书城”“公开课”“新生培训”5个二级菜单。其中，“在线书城”登录后可以全文阅读，如图 4－28，“公开课”为专业课视频播放平台。

(3) 其他：下设“在馆时长”“专业视频”2 个二级菜单。其中，“专业视频”为各科教学视频，点击即看，如图 4－29。

图 4－27　中国农业大学图书馆微平台书目推荐“党史”栏目

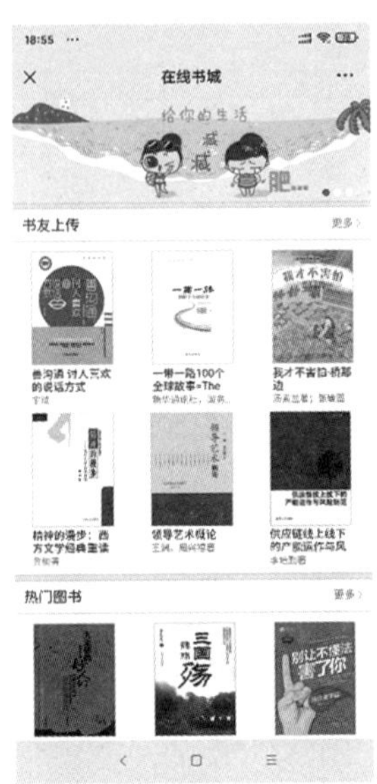

图 4－28　中国农业大学图书馆微平台“在线书城”

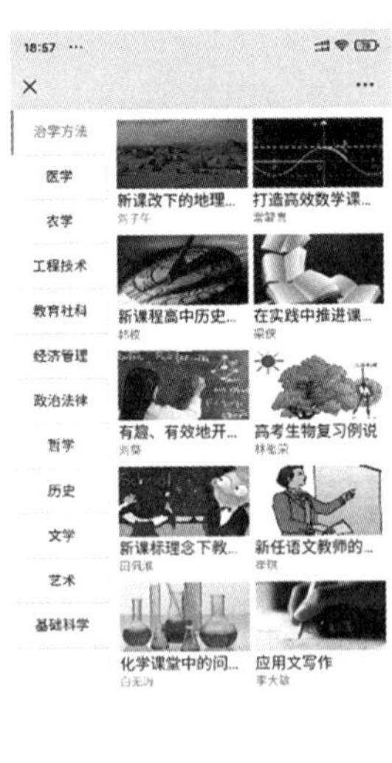

图 4－29　中国农业大学图书馆微平台“视频”资源

（七）北京师范大学图书馆

该馆微信公众号为“北京师范大学图书馆”，微平台界面有两个模块组成：消息＋服务，如图4－30、图4－31。

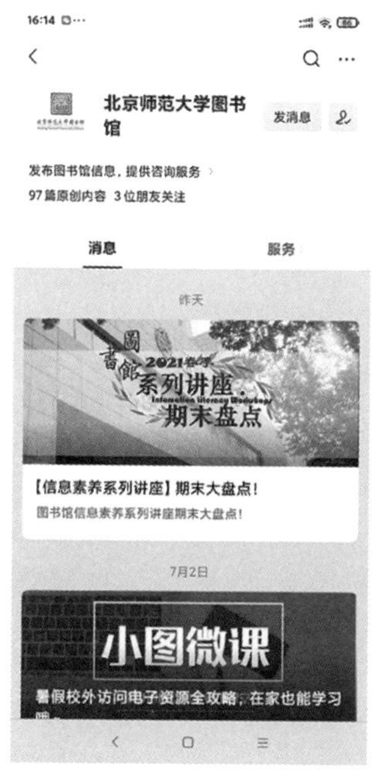

图4－30 北京师范大学图书馆微平台主页

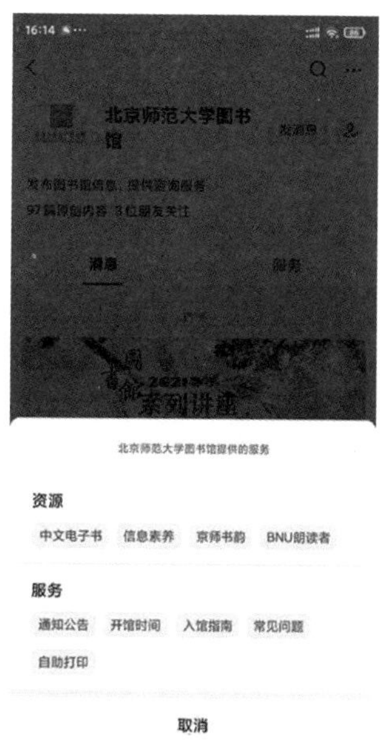

图4－31 北京师范大学图书馆微平台“服务”栏目

1. 消息：该模块包括：（1）新闻公告、活动通知；（2）书目推荐：设置有“京师书韵”“名师导读”“宅家暖贴”等栏日，如下图4－32；（3）馆制文献：推文内容有外文赏读、毕业季及“小图微课”栏目，该栏目下为文献资源利用的系列文章，如图4－33。

2. 服务：该模块内容包括“资源”及“服务”2个一级菜单：

（1）“资源”：下设“中文电子书”、“信息素养”、“京师书韵”、“BNU朗读者”4个二级菜单。其中，“中文电子书”无法打开。“信息素养”栏目下设“小图微课”和“系列讲座”2个分栏目，分别为电子文献的检索知识推送及《信息素养系列讲课》课程内容链接。“京师书韵”下设“专家讲座”“京师书韵”“传统文化”“京师珍藏”4个分栏目，对专家讲座、名家作品、外国名著、经典电影进行推介，对传统文化、馆藏古籍、文化大家进行介绍。

(2) 服务：下设“通知公告”“开馆时间”“入馆指南”“常见问题”“自助打印”5 个二级菜单。

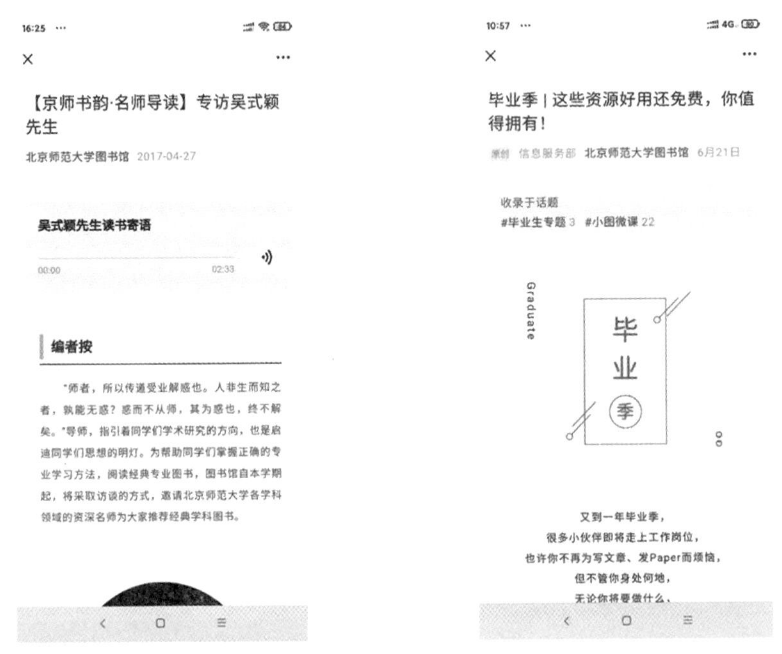

图 4－32 北京师范大学图书馆微平台书目推荐“京师书韵”栏目

图 4－33 北京师范大学图书馆微平台主页“小图微课”系列

(八) 中央民族大学图书馆

该馆微信公众号为“中央民族大学图书馆”，微平台界面有两个模块组成：消息＋服务，如图 4－34、图 4－35。

1. 消息模块：该模块包括：(1) 新闻公告、活动通知；(2) 书目推荐，设置有“书海拾穗”“经典书目推荐”“豆瓣高评图书推荐”等栏目，如下图 4－36；(3) 馆制文献：推文内容有“如何提高古籍阅读能力”“古籍资源”系列，文中对古籍文献常识及进行介绍，如下图 4－37。

2. 服务模块：该模块设置有“服务门户”“服务指南”“预约选座”3 个一级菜单。

(1) 服务门户：下设“高级检索”“热门借阅”“图书推荐”“绑定证件”“读者荐购”“已借续借”“借阅历史”“预约信息”“委托信息”

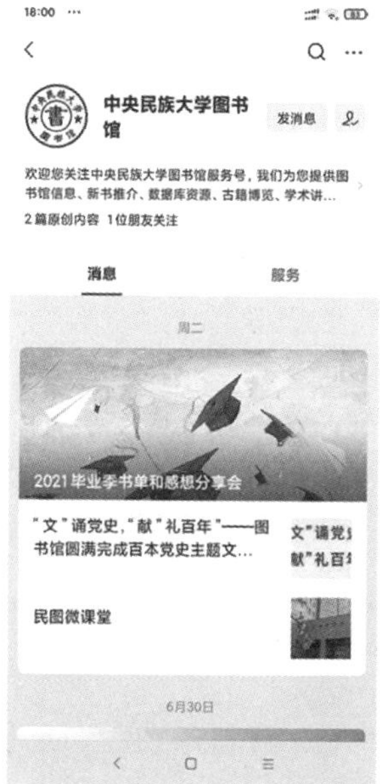

图4－34 中央民族大学图书馆微平台主页

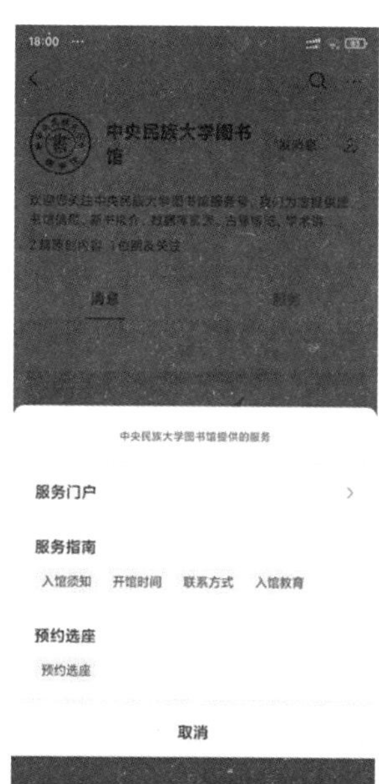

图4－35 中央民族大学图书馆微平台服务栏目

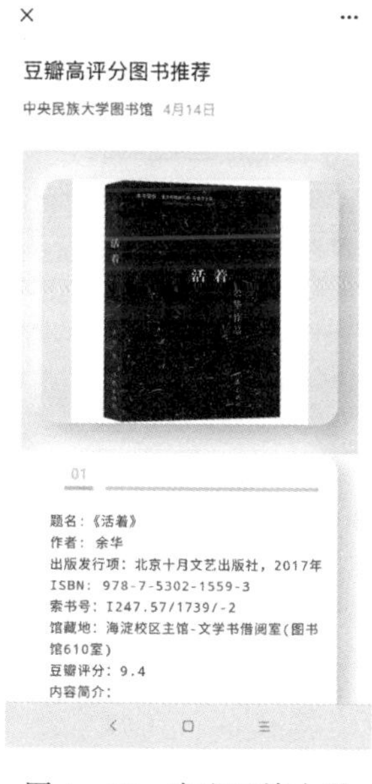

图4－36 中央民族大学图书馆微平台书目推荐

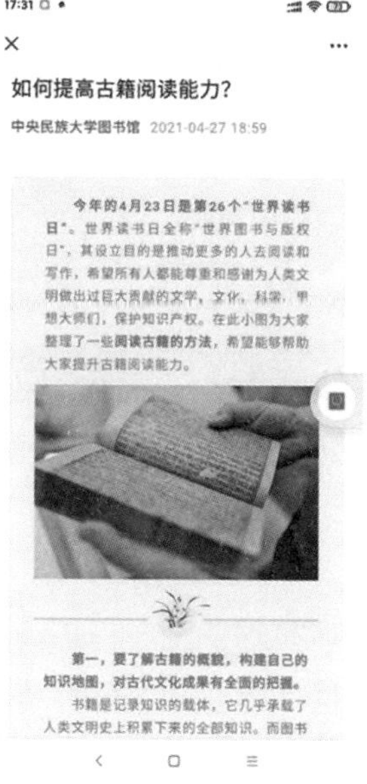

图4－37 中央民族大学图书馆微平台馆制文献

“违章欠款”“我的书架”“证件挂失”“荐购历史”“我的评论”“密码重置”“活动预约”“预约选座”“远程访问”“讲座信息”19 个二级菜单。

（2）“服务指南”下设“入馆须知”“开馆时间”“联系方式”“入馆教育”4 个二级菜单。

（3）预约选座：下设 1 个“预约选座”二级菜单。

（九）南开大学图书馆

该馆微信公众号为“南开大学图书馆”，微平台界面有两个模块组成：消息 + 服务，如下图 4 – 38、图 4 – 39。

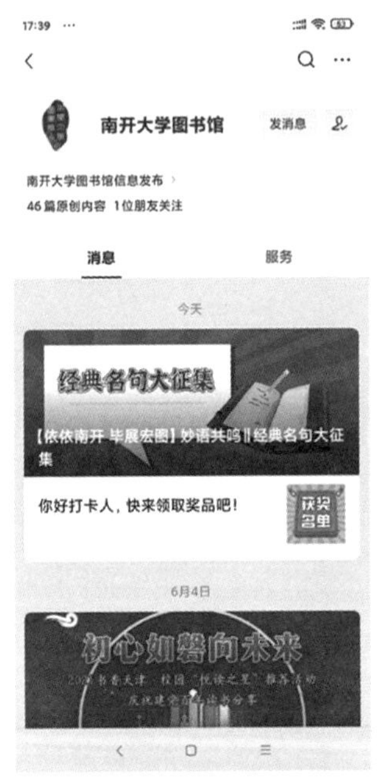

图 4 – 38　南开大学图书馆微平台主页

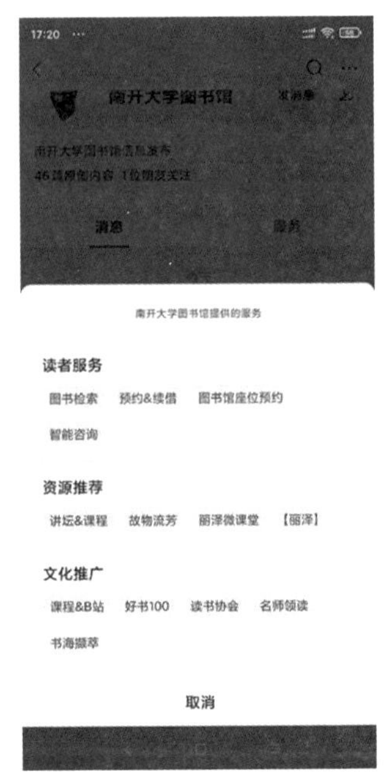

图 4 – 39　南开大学图书馆微平台“服务”栏目

1. 消息模块：（1）新闻公告、活动通知、数据库开通通知等；（2）书目推荐，设置有“好书 100”“丽泽—书粹”等栏目。如下图 4 – 40；（3）馆制文献：推文内容有外文赏读类文章、文献资源利用的“小图微课”“丽泽微课堂”系列推文（图 4 – 41）以及图书馆借阅报告。

图4-40 南开大学图书馆微平台书目推荐“好书100”栏目

图4-41 南开大学图书馆微平台馆制文献“小图微课”系列

2. 服务模块：该模块内容包括3个一级菜单：“读者服务”“资源推荐”及“文化推广”。

（1）读者服务：下设“图书检索”“借阅服务”“座位预约”“智能咨询”4个二级菜单，分别进行书目检索、线上借阅、阅览座位预约和服务咨询。

（2）资源推荐：下设“讲坛 & 课程”“故物流芳”“丽泽微课堂”“丽泽”4个二级菜单。其中，“讲坛 & 课程”为讲座预告，“故物流芳”为古籍编目故事讲述，介绍馆藏古籍，“丽泽微课堂”为资源导航，“丽泽”为系列经典图籍导读。

（3）文化推广：下设“课程 & B站”“好书100”“读书协会”“名师领读视频”“书海撷萃”5个二级菜单。其中，“课程 & B站”为名家经典导读预告，“好书100”为系列书目推荐，“名师领读视频”可观看名师领读经典图书的视频，“书海撷萃”为“丽泽读书协会”活动预告及回顾。

（十）天津大学图书馆

该馆微信公众号为“天津大学图书馆”，微平台界面有两个模块组成：消息 + 服务，如下图 4 – 42、4 – 43。

图 4 – 42　天津大学图书馆微平台主页

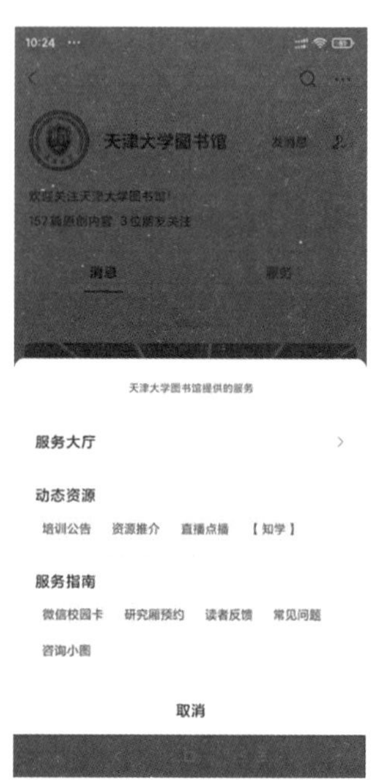

图 4 – 43　天津大学图书馆微平台主“服务”栏目

1. 消息模块：该模块下包括：（1）新闻公告、活动通知；（2）书目推荐：设立有“知学书香”“视听驿站”“知学音赏”“知学影赏”等栏目，如图 4 – 44；（3）馆制文献：中有科技情报专题推文及投稿指南系列文章（图 4 – 45）。

2. 服务模块：该模块下包括 3 个一级菜单：“服务大厅”“动态资源”及“服务指南”。

（1）服务大厅：设立有 10 个二级菜单，包括：“新闻公告”“借阅服务”“图书借阅排行榜”“书目检索”“个人中心”“读者证绑定”“图书续借”“新闻公告”“学术资源”“新书通报”。其中，“学术资源”栏目下有“手机图书馆”，登录后可进行馆藏文献阅读。

（2）动态资源：设立“培训公告”“资源推介”“直播点播”“知

学”4个二级菜单。其中“直播点播”登录后可观看超星名师讲坛视频，“知学”为书评比赛通知和经典诵读平台。

(3) 服务指南：设立“微信校园卡”“研究厢预约”“读者反馈”“常见问题”“咨询小蜜”5个二级菜单。

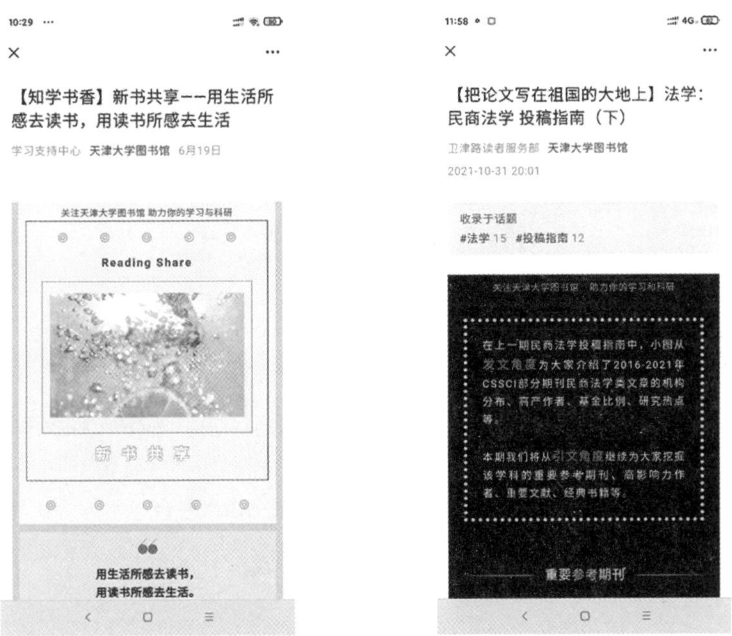

图4－44 天津大学图书馆微平台书目推荐“知学书香”栏目

图4－45 天津大学图书馆微平台馆制文献“把论文写在祖国的大地上”系列推文

（十一）大连理工大学图书馆

该馆微信公众号为“大连理工大学图书馆”，微平台界面有两个模块组成：消息＋服务，如下图4－46、4－47。

1. 消息模块：该模块内容包括：(1) 新闻公告、活动通知；(2) 书目推荐：设立有“教师荐书”“遇见一书”等栏目，如下图4－48；(3) 馆制文献：馆藏资源推介、影片介绍及从其他媒体上摘录的科技、生活类专题文章。

2. 服务模块：该模块包括“资源服务”和“常用服务”2个一级菜单。

图4－46　大连理工大学图书馆微平台主页

图4－47　大连理工大学图书馆微平台"服务"栏目

图4－48　大连理工大学图书馆微平台书目推荐"遇见—书"栏目

（1）“资源服务”下设“图书检索”“资源发现”2个二级菜单，为书目检索平台。

（2）“常用服务”下设“预约入馆”“通知公告”“联系方式”“更多”4个二级菜单。其中，“更多”点击后可链接到移动图书馆，进行馆藏电子资源访问、阅读。

（十二）吉林大学图书馆

该馆微信公众号为“吉林大学图书馆”，微平台界面有两个模块组成：消息+服务，如下图4－49、图4－50。

图4－49 吉林大学图书馆微平台主页

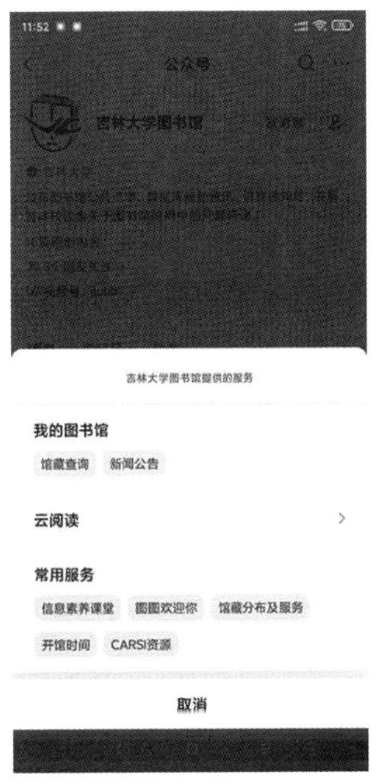

图4－50 吉林大学图书馆微平台“服务”栏目

1. 消息模块：该模块内容包括：（1）新闻公告、活动通知及馆藏介绍；（2）书目推荐：设立有“阅读导师荐书”“吉大珍藏”“馆员荐书”“校长荐书”“白桦书声校园阅读”“七天打卡”等栏目，如图4－51；（3）馆制文献：推出有ESI学校学科动态、古籍保护知识等推文，如下图4－52。

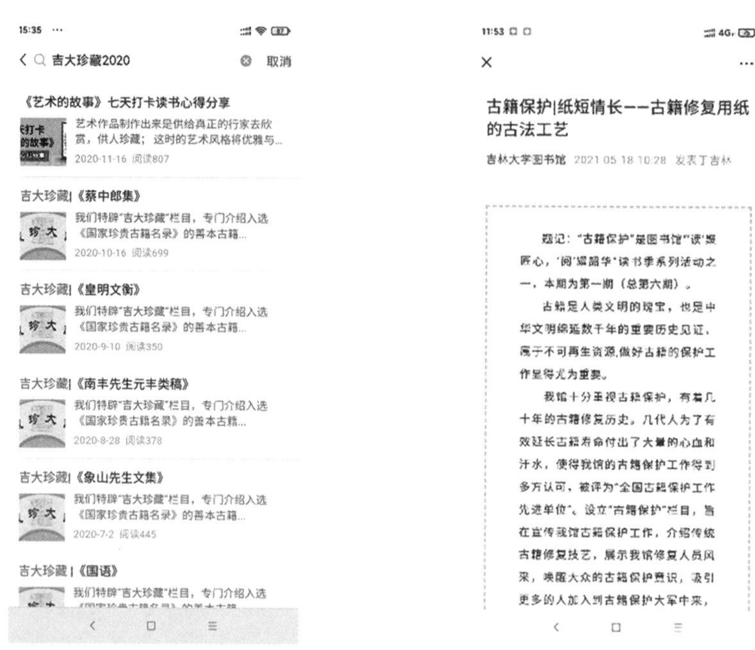

图4－51　吉林大学图书馆微平台书目推荐“吉大珍藏”栏目

图4－52　吉林大学图书馆微平台馆制文献“古籍保护”系列

2. 服务模块：该模块下包括“我的图书馆”“云阅读”“常用服务”3个一级菜单。

（1）“我的图书馆”：设立“馆藏查询”“新闻公告”2个二级菜单。

（2）“云阅读”：点击验证后可进行“QQ阅读”“京东阅读”“博看期刊”“博看有声”“超星公开课”“畅想之星”“国图荐书”“新语有声”8个数据库二级菜单。

（3）“常用服务”下设立“信息素养课堂”“开馆时间”“图图欢迎你”“馆藏分布”“CARSI资源”5个二级菜单，分别为信息素养课的回看、图书馆业务和馆藏介绍等。

（十三）哈尔滨工业大学图书馆

该馆微信公众号为“哈工大图书馆”，微平台界面设置两个模块：消息＋服务，如图4－53、图4－54。

图4－53 哈工大图书馆微平台主页

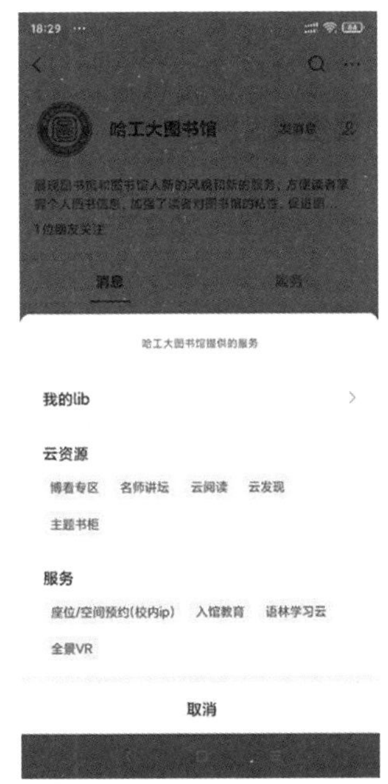

图4－54 哈工大图书馆微平台“服务”栏目

1. 消息模块：该模块内容包括：（1）图书馆新闻、活动通知、数据库开通提示；（2）书目推荐：下设立“馆长荐书”栏目，如图4－55；（3）馆制文献：推出有生活、读书类散文和转引自网络的社会新闻，如“季羡林：对我影响最大的十本书”“2014诺贝尔文学奖揭晓，法国作家莫迪亚获奖”等文。

2. 服务模块：该模块包括3个一级菜单：“我的Lib”“云资源”及“服务”。

（1）“我的Lib”：身份证件登录后可进入10个二级菜单，如“书目检索”“热门借阅”“图书推荐”“续借”“借阅历史”“我的书架”“证件挂失”“活动预约”“通知公告”“讲座信息”，可进行书目检索、线上借阅等。

（2）“云资源”：设立“博看专区”“名师讲坛”“云阅读”“云发现”“主题书柜”5个二级菜单。其中“云阅读”中包括“书香哈工大”“听书”2个子栏目，可进行馆藏期刊和图书的全文阅读及收听。“主题书柜”收录疫情、人文、心理等专题书籍，可进行全文阅读。

（3）“服务”：下设立“座位预约”“入馆教育”“语林学习云”和“全景 VR”4 个二级菜单。其中，“语林学习云”包括有：青青写、青青听、深度阅读、开心活动、有知、NRCA、视频讲座、意见反馈等内容，如图 4－56。

图 4－55　哈工大图书馆微平台书目推荐“馆长荐书”栏目

图 4－56　哈工大图书馆微平台服务栏目“语林学习云”

（十四）复旦大学图书馆

该馆微信公众号为“复旦大学图书馆”，微平台界面设置 3 个模块：消息＋视频＋服务，如图 4－57、图 4－58。

1. 消息模块：该模块内容包括：（1）新闻公告、活动通知；（2）书目推荐：设立“新书推荐”“旦旦悦读”等栏目，其中有外文图书推荐专题，如图 4－59；（3）馆制文献，推出有学校科研动态，如复旦大学 ESI 学科报告。另有音乐放送系列推文，如下图 4－60。

2. 服务模块：该模块设立 3 个一级菜单：“服务”“看历史”及“活动”。

图 4－57 复旦大学图书馆微平台主页

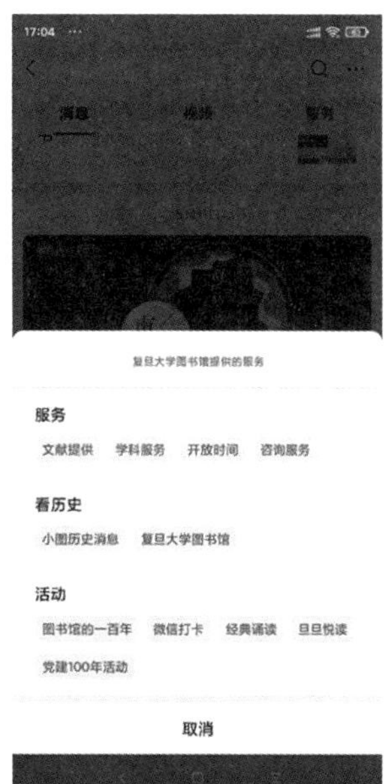

图 4－58 复旦大学图书馆微平台“服务”栏目

图 4－59 复旦大学图书馆微平台书目推荐“新书推荐”栏目

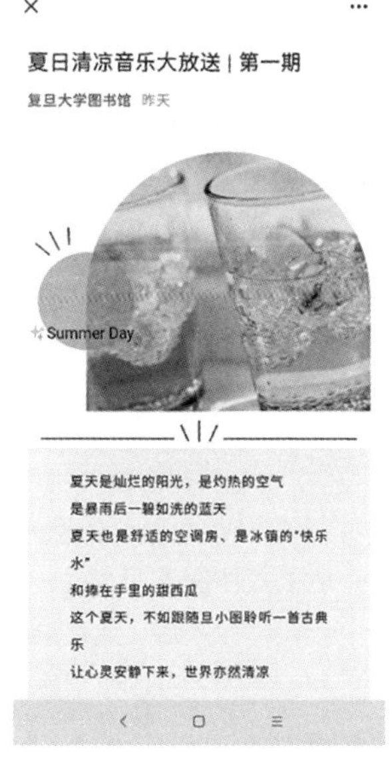

图 4－60 复旦大学图书馆微平台馆制文献“夏日清凉音乐大放送”系列

（1）服务：设立“文献提供”“学科服务”“开放时间”“咨询服务”4个二级菜单。其中，“文献提供”点击后可进行馆际互借、文献传递。

（2）“看历史”：下设“历史消息”“复旦大学图书馆”2个二级菜单。其中点击“复旦大学图书馆”，可利用该校手机图书馆，登录认证后查看馆藏文献，如下图4－61。

（3）“活动”：下设“图书馆的一百年”“微信打卡”“经典诵读”“旦旦悦读”“党建100周年活动”5个二级菜单。其中，“图书馆的一百年”为特藏文献宣传，“旦旦悦读”为阅读推广平台。

3. 视频：内容为复旦红歌视频，如下图4－62。

图4－61　复旦大学图书馆微平台电子资源服务页面

图4－62　复旦大学图书馆微平台“微视频”

（十五）同济大学图书馆

该馆微信公众号为“同济大学图书馆”，微平台界面设置两个模块：消息＋服务，如图4－63、图4－64。

图 4－63 同济大学图书馆微平台主页

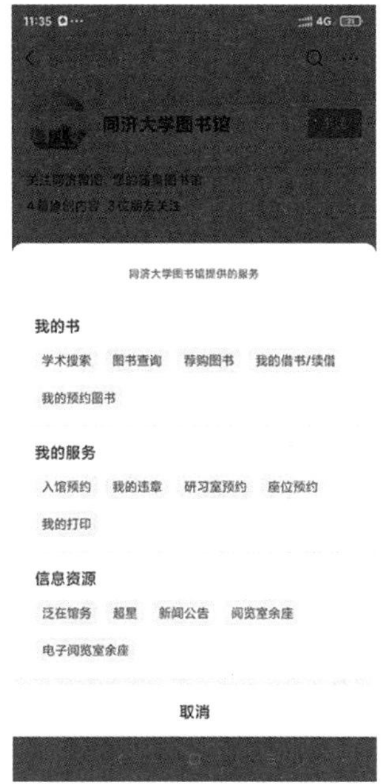

图 4－64 同济大学图书馆微平台“服务”栏目

1. 消息：该模块下内容包括：（1）新闻公告、活动通知、数据库试用通知；（2）书目推荐：设立的栏目有“红色经典，百年奋斗”党史学习图书推荐系列，如图 4－65；（3）馆制文献：有学校 ESI 学科发展报告、“德图微课”科研知识系列及“最新资源”数据库使用信息，如下图 4－66。

2. 服务模块包括 3 个一级菜单：“我的书”“我的服务”“信息资源”。

（1）我的书：下设有“学术搜索”“图书查询”“荐购图书”“我的借书/续借”“我的预约图书”5 个二级菜单。

（2）我的服务：下设有“入馆预约”“我的违章”“研习室预约”“座位预约”“我的打印”5 个二级菜单。

（3）信息资源：下设有“泛在馆务”“超星”“新闻公告”“阅览室余座”“电子阅览室余座”5 个二级菜单。其中。“泛在馆务”和“超星”栏目需要身份认证后方可登录使用，如下图 4－67。

图4－65　同济大学图书馆微平台书目推荐页面

图4－66　同济大学图书馆微平台馆制文献

图4－67　同济大学图书馆微平台泛在馆务管理平台

（十六）上海交通大学图书馆

该馆微信公众号为“上海交通大学图书馆”，微平台界面设置两个模块：消息＋服务，如4－68、图4－69。

图4－68 上海交通大学图书馆微平台主页

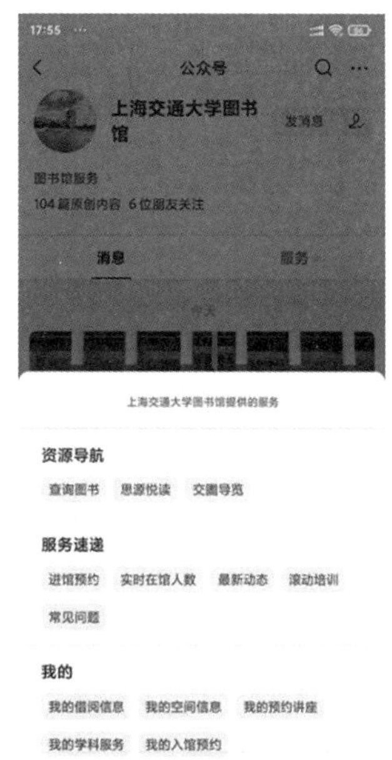

图4－69 上海交通大学图书馆微平台“服务”栏目

1. 消息：该模块内容包括：（1）新闻公告、活动通知；（2）书目推荐；设立学科书目推荐推文，如“能源与动力学科资源宝藏揭秘”，如图4－70；（3）馆制文献：设立有“思源微课”数据库使用方法讲解系列推文、“交图FM”（讲述党史故事系列，如图4－71）及转载其他媒体的科学和生活知识。

2. 服务模块内容包括3个一级菜单：“资源导航”“服务速递”“我的”。

（1）资源导航：下设“查询图书”“思源悦读”“交图导览”3个二级菜单。其中“思源悦读”需认证、下载客户端后方可进行该平台文献资源全文阅读。

（2）服务速递：下设“进馆预约”“实时在馆人数”“最新动态”

“滚动培训”“常见问题”5个二级菜单。

（3）我的：下设“我的借阅信息”“我的空间信息”“我的预约讲座”“我的学科服务”“我的入馆预约”5个二级菜单。

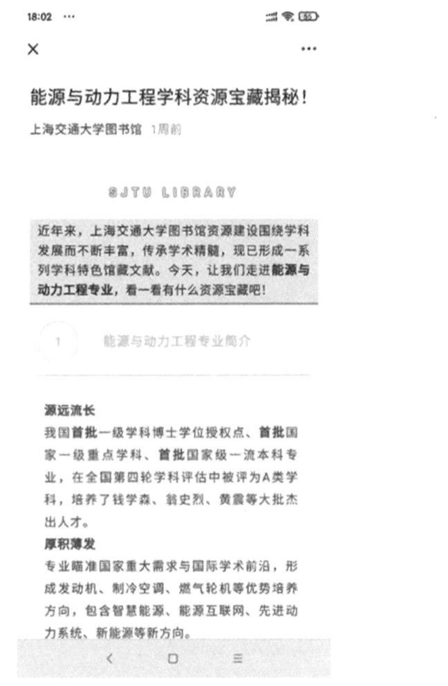

图4－70 上海交通大学图书馆微平台书目推荐

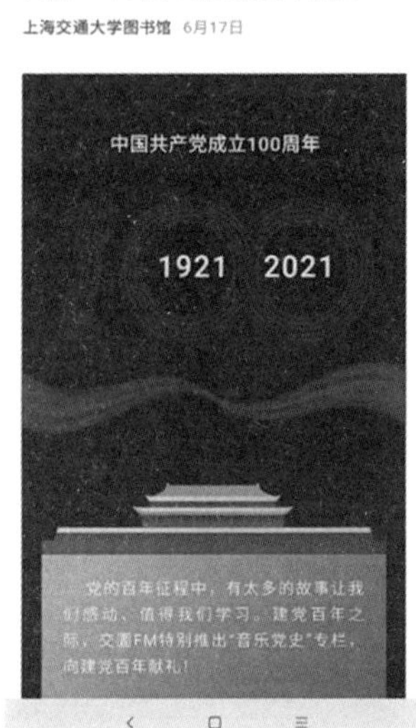

图4－71 上海交通大学图书馆微平台馆制文献“交图FM”栏目

（十七）华东师范大学图书馆

该馆微信公众号为“华东师范大学图书馆”，微平台界面设置3个模块：消息＋视频＋服务，如图4－72、图4－73。

1. 消息：该模块内容包括：（1）新闻公告、活动通知；（2）书目推荐：设立了“函韵句华”主题书目推荐栏目、“献礼建党100周年”专题栏目等，如图4－74；（3）馆制文献：推出“授渔小讲堂”栏目，进行文献、数据库检索知识介绍，如图4－75。

2. 服务：模块内容包括3个一级菜单：“读者服务”“资源推荐”及“活动推广”。

（1）读者服务：设立“查询＆预约续借”“作为预约”“自助文印”“研修间预约”4个二级菜单，可以进行线上借阅。

图 4－72 华东师范大学图书馆微平台主页

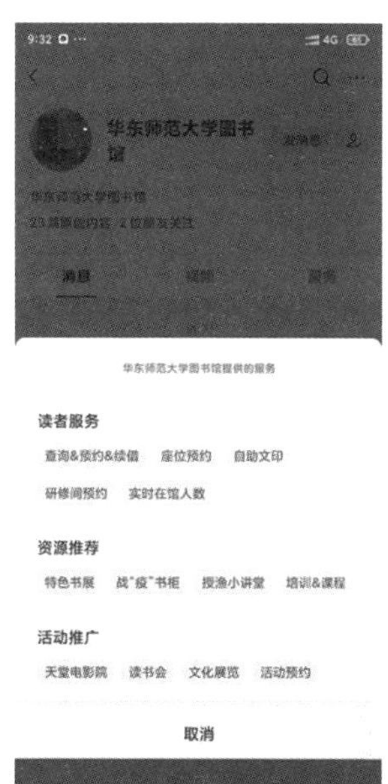

图 4－73 华东师范大学图书馆微平台“服务”栏目

图 4－74 华东师范大学图书馆微平台书目推荐“函音句华”栏目

图 4－75 华东师范大学图书馆微平台馆制文献“授渔小讲堂”栏目

（2）资源推荐：设立有4个二级菜单，分别为“书目推介”“战疫书柜”“授渔小讲堂”和“培训 & 课堂”。其中，“书目推介”栏目下内容丰富，设了5个荐书栏目，分别为“微书展系列”“视频荐书”“主题书展”“最潮书展”及“函韵句华”音频荐书系列。“战疫书柜”下包括中华传统书柜、马克思书柜、党建书柜、习近平书柜、百年风华书柜、青少年书柜等11个栏目。“授渔小讲堂”为文献检索与利用知识介绍。

（3）活动推广：下设“天堂电影院”“读书会”“文化展览”3个二级菜单，分别进行电影预告，读书会介绍及展讯预告与活动预约。

三、音频：为图书馆B站开播的宣传片播放。

（十八）南京大学图书馆

该馆微信公众号为“南京大学图书馆”，微平台界面设置两个模块：消息+服务，如图4－76、图4－77。

图4－76 南京大学图书馆微平台主页

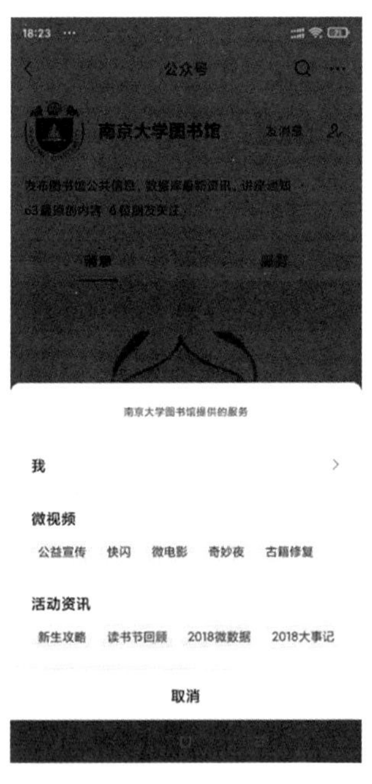

图4－77 南京大学图书馆微平台“服务”栏目

1. 消息：模块内容包括：（1）消息：新闻公告、活动通知；（2）书目推荐：设置有“新书速递”“新书通报”栏目，如图4－78；（3）馆制

文献：内容包括转自其他媒体的文献资源使用推文、数据库馆藏介绍、科研工具使用方法及“上书房行走”等专题系列。其中“上书房行走”内容为对学校学人的采访和事迹介绍，如图 4－79。

图 4－78 南京大学图书馆微平台书目推荐“新书速递”栏目

图 4－79 南京大学图书馆微平台馆制文献“上书房行走”系列

2. 服务：模块下设立 3 个一级菜单：“我”“微视频”及“活动资讯”。

（1）我：下设立“账号绑定”“资源荐购”“个人信息”“我的借阅”“我的请求”“修改密码”“新书通报”“分类浏览”8 个二级菜单。其中，“分类浏览”为馆藏书目检索。

（2）微视频：下设“快闪”“微电影”“奇妙夜”“古籍修复”4 个二级菜单。其中，“快闪”为图书馆活动与宣传视频，“微电影”为图书馆自己制作电影《那年秋天》播放，“奇妙夜”为馆活动总结，“古籍修复”为“指尖上的记忆”系列文章。

（3）活动资讯：下设立“新生攻略”“读书节回顾”“2018 微数据”“2018 大事记”4 个二级菜单。其中，“2018 微数据”为图书馆介绍，“2018 大事记”为图书馆年度大事记。

（十九）东南大学图书馆

该馆微信公众号为“东南大学图书馆”，微平台界面设置 3 个模块：消息 + 视频 + 服务，如图 4 – 80、图 4 – 81、图 4 – 82。

图 4 – 80　东南大学图书馆微平台主页

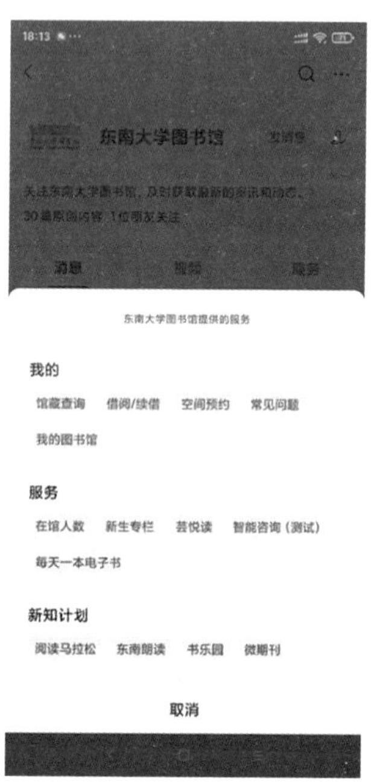

图 4 – 81　东南大学图书馆微平台“服务”栏目

1. 消息：模块内容包括：（1）新闻公告、活动通知、电子资源介绍；（2）书目推荐，设立有“外文电子书推荐系列”、“100 本红色电子图书”等，如图 4 – 83；（3）馆制文献：有“知识产权科普小故事”系列推文，介绍知识产权基础，另有学校学科发展报告等推文，如图 4 – 84。

2. 服务：模块下设立 3 个一级菜单：“我的”“服务”及“新知计划”。

（1）我的：下设立“馆藏查询”“空间预约”“借阅续借”“常见问题”“我的图书馆”5 个栏目。其中，“我的图书馆”为图书检索系统。

（2）服务：下设立“在馆人数”“新生专栏”“芸悦读”“智能咨询”“每天一本电子书”5 个二级菜单。其中，“芸阅读”和“每天一本电子书”为文献阅读平台，认证后可全文阅读，如图 4 – 85。

图4-82 东南大学图书馆微平台“视频”页面

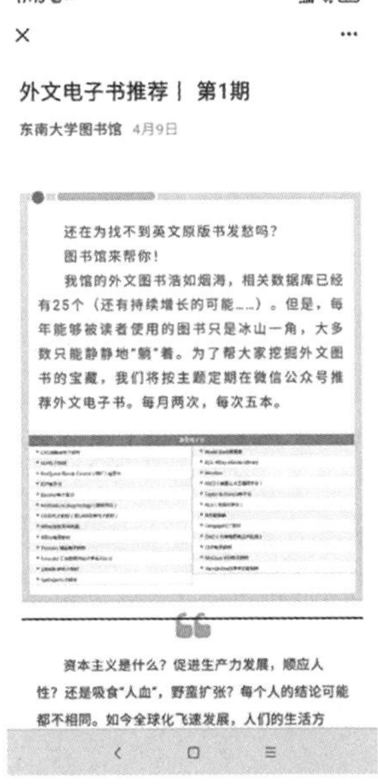

图4-83 东南大学微平台书目推荐栏目

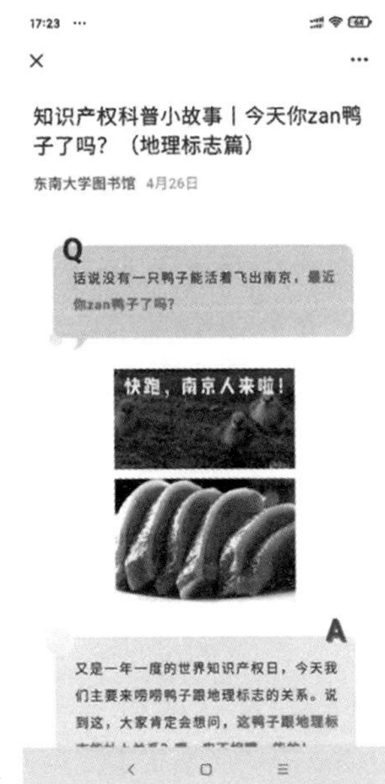

图4-84 东南大学图书馆微平台馆制文献“知识产权”系列

图4-85 东南大学图书馆微平台资源服务入口

（3）新知计划：下设“阅读马拉松”“东南阅读”“书乐园”和“微期刊”4个二级菜单。其中，“东南阅读”为学生录音上传平台，“微期刊”登录后可全文阅读期刊、图书、报纸，“阅读马拉松”及“书乐园”无法打开。

3. 视频：学校招生宣传及建党百年MV。

（二十）浙江大学图书馆

该馆微信公众号为“浙江大学图书馆”，微平台界面设置3个模块：消息+视频+服务，如图4-86、图4-87、图4-88。

图4-86　浙江大学图书馆微平台主页

图4-87　浙江大学图书馆微平台“视频”栏目

1. 消息：模块包括：（1）新闻公告、活动通知；（2）书目推荐：栏目众多，推荐书籍包括各科书籍，栏目有“老书的故事”“册府千华”“悦读求知”等，如下图4-89；（3）馆制文献：推出有“专利微课堂”视频，如图4-90。

2. 服务：模块下设立3个一级菜单：“我的图书馆”“服务导航”及“悦读求知”。

图 4－88 浙江大学图书馆微平台“服务”栏目

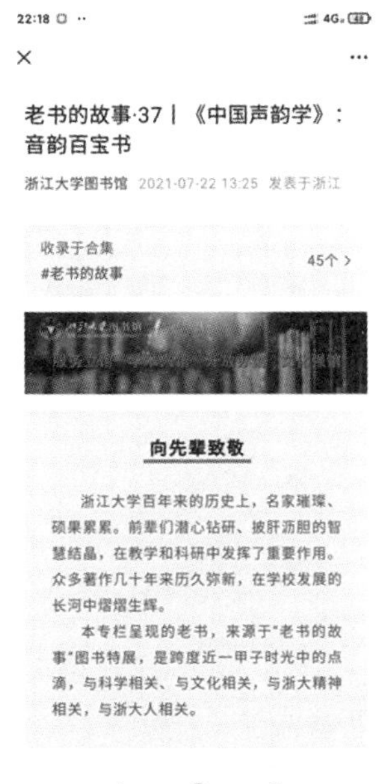

图 4－89 浙江大学图书馆微平台书目推荐“老书的故事”栏目

（1）我的图书馆：下设“线上朗读”“借书权限激活”2 个二级菜单。

（2）服务导航：下设 7 个二级菜单，分别为“馆藏查询”“移动图书馆”“空间预约”“微课堂”“求是学术搜索”“芸阅读”和“资源动态”。其中，“微课堂”包含专利微课和情报微课视频，“芸阅读”登录后可进行资源阅读，“资源动态”为数据库开通通知。“移动图书馆”为浙大图书馆移动版，下载登录后可使用馆藏数据资源，如下图4－91；

（3）悦读求知：下设“悦读求知月活动”“阅读嘉年华”“浙大师生必备”及“讲座信息”4 个二级菜单。其中“悦读求知月活动”为书目推荐平台，“浙大师生必备”为数据库使用方法介绍。

3. 视频：为图书馆宣传片及“我在浙大修古籍”“考古人和他们眼中的世界”专题知识视频。

图 4－90　浙江大学图书馆微平台馆制文献“知识产权”系列

图 4－91　浙江大学图书馆微平台“移动图书馆”

（二十一）中国科学技术大学

该馆微信公众号为“中国科大图书馆”，微平台界面设置 2 个模块：消息＋服务，如图 4－92、图 4－93。

1. 消息：该模块内容包括：（1）新闻公告、活动通知；（2）书目推荐，有“图书与推荐”“教材教参大家说”“好书推荐”“新书架”等系列专栏，如下图 4－94；（3）馆制文献：内容包括馆员自撰生活类散文、师生书籍读后感及从其他媒体摘录整理的文史、科普类知识，如下图 4－95。

2. 服务：模块下为“微主页”，下设 5 个一级菜单：“新书展”“我的书包”“掌上阅读”“服务指南”及“我的”。

（1）新书展：为新书荐购平台。

（2）我的书包：需要个人身份认证。

（3）掌上阅读：下设“博看期刊”“QQ 阅读”“e 博在线”“智读”“历史文章”“知识视界”6 个二级菜单，点击各个资源库可进行全文阅读。

图 4－92　中科大图书馆微平台主页

图 4－93　中科大图书馆微平台“服务”栏目

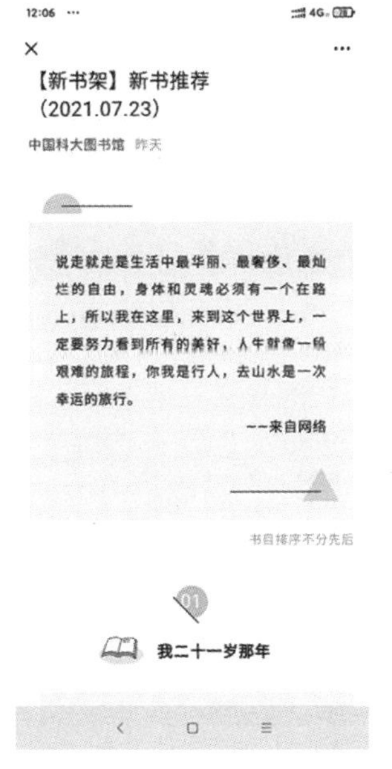

图 4－94　中科大图书馆微平台书目推荐“新书架”栏目

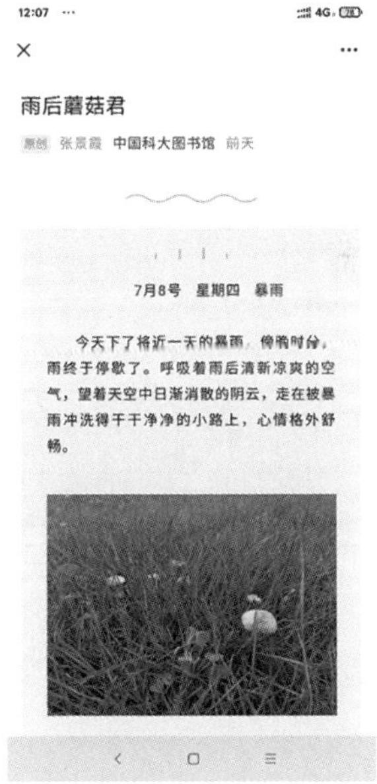

图 4－95　中科大图书馆微平台馆制生活类推文

（4）服务指南：下设“校车时刻表”“开放时间”“馆藏布局”“悦读活动”“新书展”5个二级菜单。

（5）我的：下设“个人图书馆”“存包柜”“研讨空间”“留言板”4个二级菜单。其中，“个人图书馆”需要个人身份认证绑定，方能登陆。

（二十二）厦门大学图书馆

该馆微信公众号为“厦大图书馆”，微平台界面设置3个模块：消息+视频+服务，如图4－96、图4－97、图4－98。

1. 消息：该模块内容包括：（1）新闻公告、活动通知；（2）书目推荐：设立有“南强读书”“新书速递”“每月书单”“党史专题书目”“名师侃侃谈系列”“学科主题书单”等栏目，如图4－99。（3）馆制文献：这类文献数量较少，有校园景观记述，另有国外出版社介绍及图书馆年度数据报告，如下图4－100。此外，还设置有图书馆电子资源的访问链接，登录认证后可访问文献资源，如图4－101。

图4－96 厦门大学图书馆微平台主页

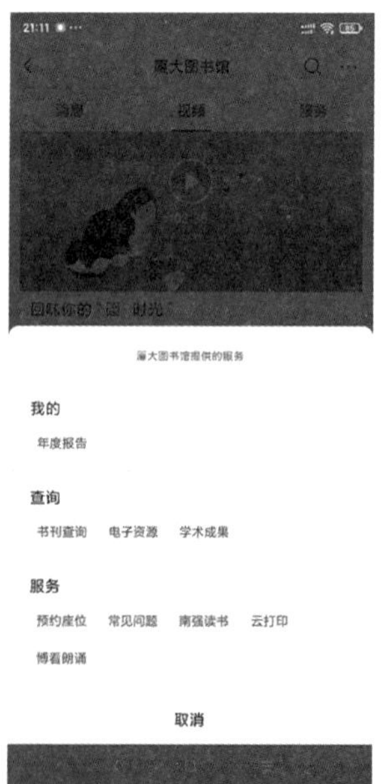

图4－97 厦门大学图书馆微平台“服务”栏目

10:13
厦大图书馆
发消息
南强学府，卷轶飘香。
48 篇原创内容 4 位朋友关注
视频号：厦大图书馆
消息
视频
服务
04:01
蓝色的校园
01:30

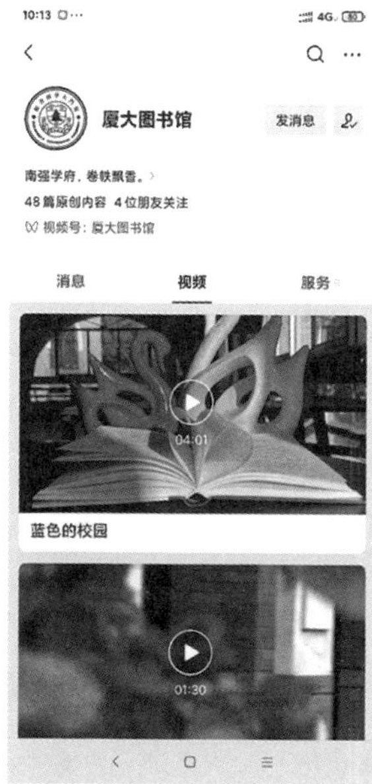

图 4-98　厦门大学图书馆微平台“视频”页面

20:38
厦大图书馆
每月书单 Vol. 2021.06
小图 厦大图书馆 今天
收录于话题
#每月书单
7个
六月书单主题：治愈
文字的治愈
常常在某些时刻，我们开始渴望一种疗愈来释放压抑已久的情绪。
或许是学业和工作的压力让我们喘不过气，或许是盛夏的燥热将焦躁也点燃了，或许是我们

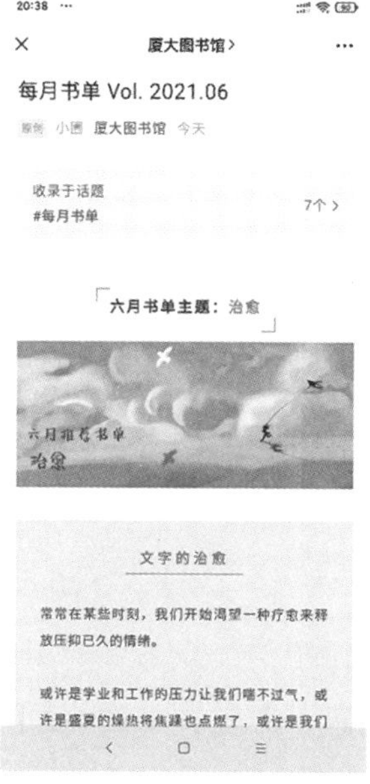

图 4-99　厦门大学图书馆微平台书目推荐“每月书单”栏目

10:26
厦门大学图书馆2020年度数据报告
厦大图书馆 1月15日
寒假快乐，亲爱的读者们！
新年伊始，宜回望，宜总结。《厦门大学图书馆2020年度数据报告》今天正式发布。
不管世界
如何改变
图书馆
伴你一路前行
Library Go with You
厦门大学图书馆2020年度数据报告
戳图看图书馆2020年度数据报告
2020年图书馆开放了多少天？借出多少书？因疫

图 4-100　厦门大学图书馆微平台馆制文献

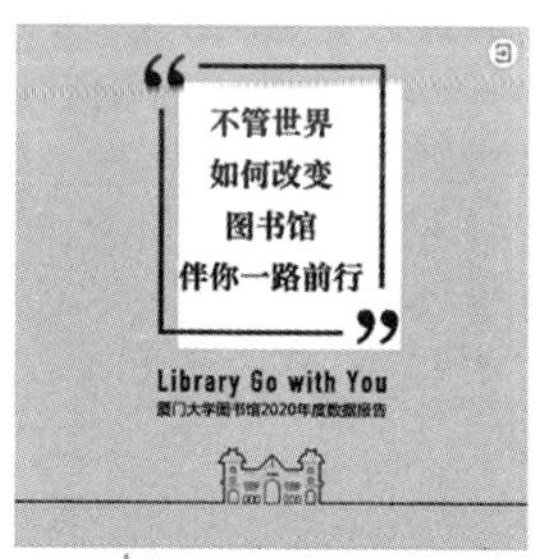

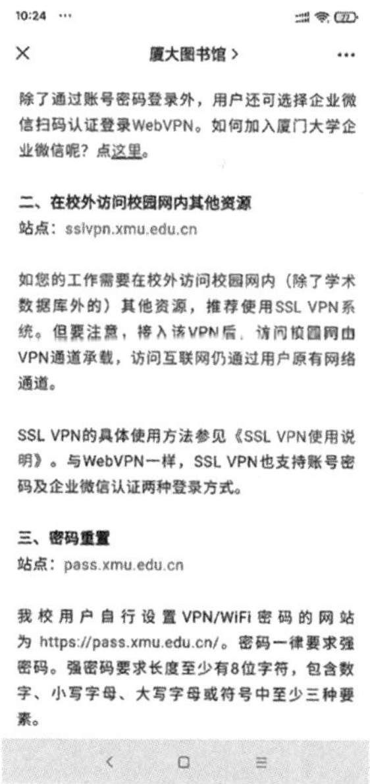

10:24
厦大图书馆
除了通过账号密码登录外，用户还可选择企业微信扫码认证登录WebVPN。如何加入厦门大学企业微信呢？点这里。
二、在校外访问校园网内其他资源
站点：sslvpn.xmu.edu.cn
如您的工作需要在校外访问校园网内（除了学术数据库外的）其他资源，推荐使用SSL VPN系统。但要注意，接入该VPN后，访问校园网由VPN通道承载，访问互联网仍通过用户原有网络通道。
SSL VPN的具体使用方法参见《SSL VPN使用说明》。与WebVPN一样，SSL VPN也支持账号密码及企业微信认证两种登录方式。
三、密码重置
站点：pass.xmu.edu.cn
我校用户自行设置VPN/WiFi密码的网站为 https://pass.xmu.edu.cn/。密码一律要求强密码。强密码要求长度至少有8位字符，包含数字、小写字母、大写字母或符号中至少三种要素。

图 4-101　厦门大学图书馆微平台资源路径

2. 服务：模块包括 3 个一级菜单："我的""查询""服务"。

（1）我的：下为"年度报告"1 个二级菜单。

（2）查询：下设"书刊查询""电子资源""学术成果"3 个二级菜单。其中，"电子资源"为资源检索平台，"学术成果"为教工个人学术论文检索平台，需认证登录使用。

（3）服务：下设"预约座位""常见问题""南强读书""云打印"、"博看朗诵"5 个二级菜单，其中，"南强读书"下设立"荐书""活动""周签""书评"4 个栏目，"荐书"为图书馆新书快递。"博看朗诵"为朗读亭朗读和手机朗读平台。

（二十三）山东大学图书馆

该馆微信公众号为"山东大学图书馆"，微平台界面设置 2 个模块：消息 + 服务，如图 4－102、图 4－103。

图 4－102　山东大学图书馆微平台主页

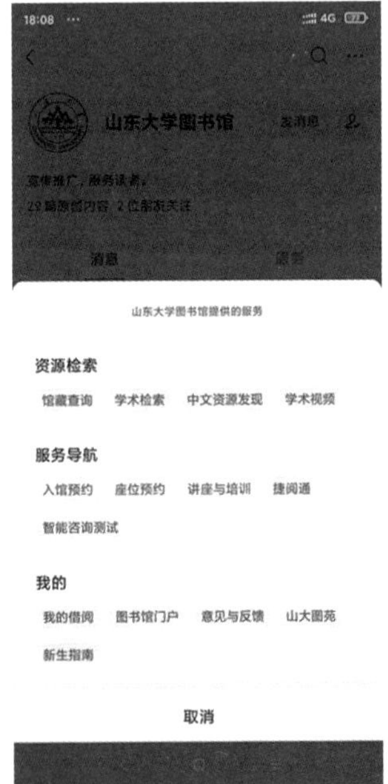

图 4－103　山东大学图书馆微平台"服务"栏目

1. 消息：模块内容包括：（1）新闻公告、活动通知；（2）书目推荐：设立"壹佰好书""馆藏新书""文史书架"等栏目，如图

4－104；（3）馆制文献：包括图书馆员撰写的生活类及文史类知识、名剧名段欣赏及数据库使用方法介绍，如图4－105。

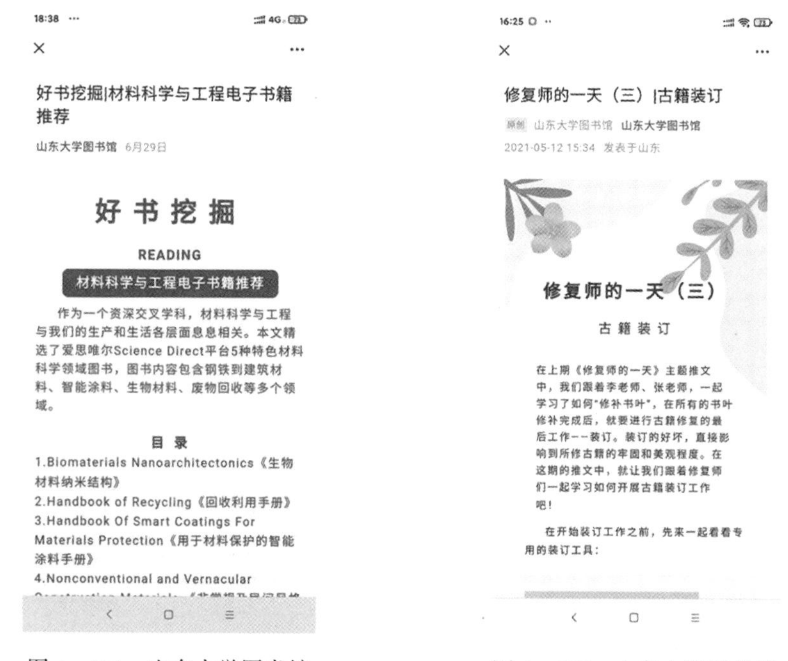

图4－104 山东大学图书馆微平台书目推荐“好书挖掘”栏目

图4－105 山东大学图书馆微平台馆制文献

2. 服务：模块包括3个一级菜单：“资源检索”“服务导航”及“我的借阅”。

（1）资源检索：下设“馆藏查询”“学术检索”“中文资源发现”“学术视频”4个二级菜单。其中，“中文资源发现”点击认证登陆后进入“超星发现”平台，可阅读电子文献。“学术视频”使用微信登录，可以观看各科视频。

（2）服务导航：下设“入馆预约”“座位预约”“讲座与培训”“捷阅通”“智能咨询”5个二级菜单。其中，“捷阅通”需账号登陆后进行书籍阅读。

（3）我的：下设“我的借阅”“图书馆门户”2个二级菜单。其中，“图书馆门户”在登录后可访问馆藏资源及办理借阅及咨询业务，如图4－106。

图 4－106　山东大学图书馆微平台数字资源

（二十四）中国海洋大学图书馆

该馆微信公众号为“中国海洋大学图书馆”，微平台界面设置 2 个模块：消息＋服务，如图 4－107、图 4－108。

1. 消息模块包括：（1）新闻公告、活动消息；（2）书目推介：有“新书推荐”及专题书目推介，如图 4－109；（3）馆制文献：有图书馆年度阅读排行榜推文及红色藏品介绍，如图 4－110。

2. 服务模块包括 3 个一级菜单：“我的图书馆”“云阅读”及“常用服务”。

（1）我的图书馆：下设“座位预约”“我要找书”2 个二级菜单。

（2）云阅读：下设栏目“Cadal 图书检索”，认证登录后可全文阅读平台资源。

（3）常用服务：下设栏目为“行之远搜索”“新生专栏”（如图 4－111）“在线咨询”“最新动态”“客户端下载”5 个二级菜单。其中，“行之远搜索”为手机图书馆平台。

图4－107 中国海洋大学图书馆微平台主页

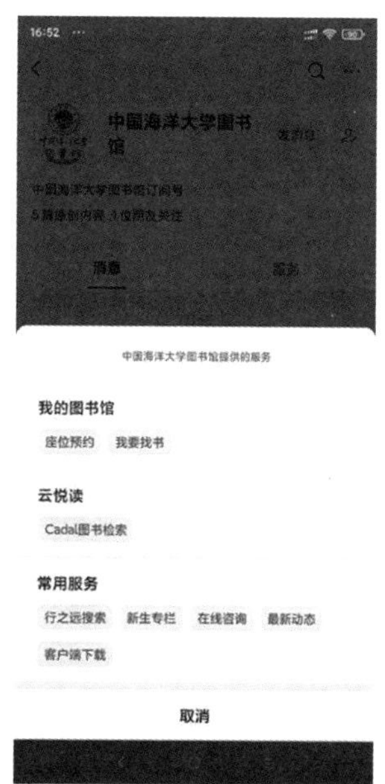

图4－108 中国海洋大学图书馆微平台“服务”栏目

图4－109 中国海洋大学图书馆微平台书目推荐栏目

图4－110 中国海洋大学图书馆微平台馆制文献

图 4－111　中国海洋大学图书馆微平台迎新系统

（二十五）武汉大学图书馆

该馆微信公众号为“武汉大学图书馆”，微平台界面设置 3 个模块：消息＋视频＋服务，如图 4－112、图 4－113。

1. 消息：模块包括：（1）新闻公告、活动通知及资源动态；（2）书目推荐：设立“一期一书”“毕业书囊”“珞珈阅读广场系列”等栏目，如图 4－114；（3）馆制文献：内容包括武大馆藏古籍介绍、信息学知识文章、“微天堂真人图书馆”读书活动记录、选课推荐、影评及学校历史介绍，如图 4－115。

2. 服务：模块包括 3 个一级菜单：“我”“信息服务”及“云阅读”。

（1）我：设立“借阅/续借”“查找书刊”“座位预约”3 个二级菜单。

（2）信息服务：设立“新生开卡游戏”“新生必修课”“小程序”“本周培训活动”4 个二级菜单。其中，从“小程序”中可进入“武汉大学图书馆”，点击“小程序”中“发现”下的“移动数据库”栏目，可进入“新东方”“知识视界”“书香中国”阅读平台，扫码即可阅读全文；

图 4－112 武汉大学图书馆微平台主页

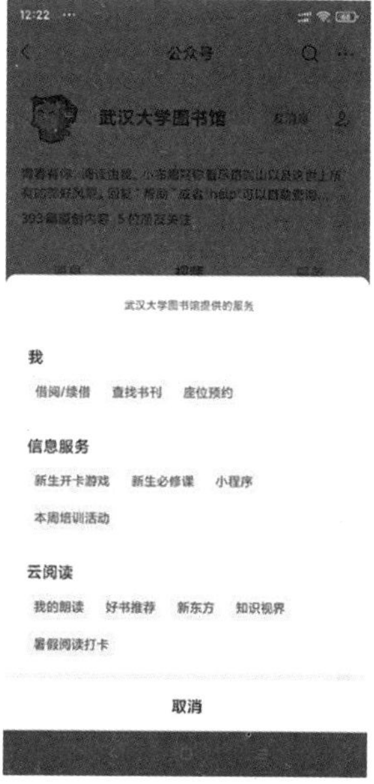

图 4－113 武汉大学图书馆微平台“服务”栏目

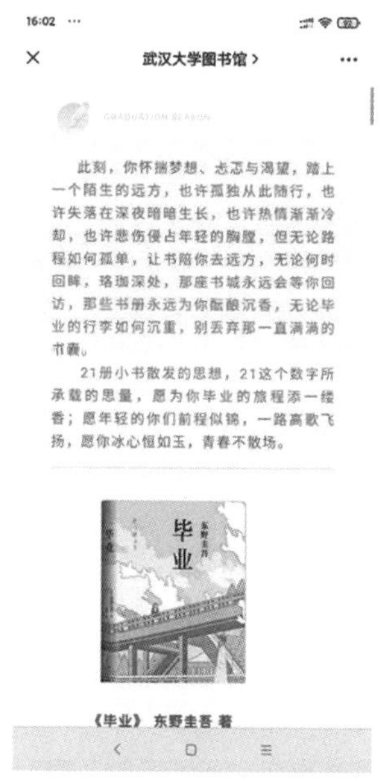

图 4－114 武汉大学图书馆微平台书目推荐“毕业书囊”栏目

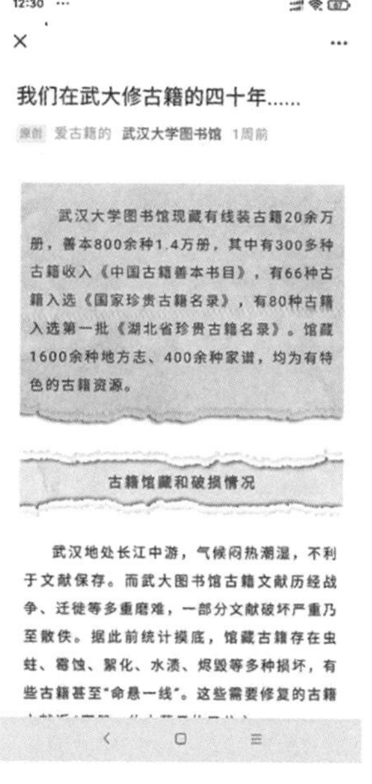

图 4－115 武汉大学图书馆微平台馆制文献

（3）云阅读：设立“我的朗读”“好书推荐”“新东方”“知识视界”“暑假阅读打卡”5个二级菜单。其中，“知识视界”点击后可进行各科视频的观看。“好书推荐”为学生借阅排行榜。

3. 视频：为“线上游图”平台，视频内容为图书馆信息检索方法及数据库介绍等。

（二十六）华中科技大学

该馆微信公众号为“华中科技大学图书馆”，平台界面设置有2个模块：消息 + 服务，如下图4－116、图4－117。

1. 消息：模块包括：（1）新闻公告、活动通知、资源动态；（2）书目推荐：栏目有“书海鉴宝”“每周一曲”等书目、曲目推荐，如图4－118；（3）馆制文献：设置“情报快讯”栏目，对学校科研成果进行统计分析；“微课堂”介绍科研信息；“资源—服务”对某学科文献资源进行推介；“知识产权”系列对知识产权基础知识进行介绍，如下图4－119。

2. 服务：模块包括3个一级菜单：“资源”“服务”及“我”。

图4－116　华中科技大学图书馆微平台主页

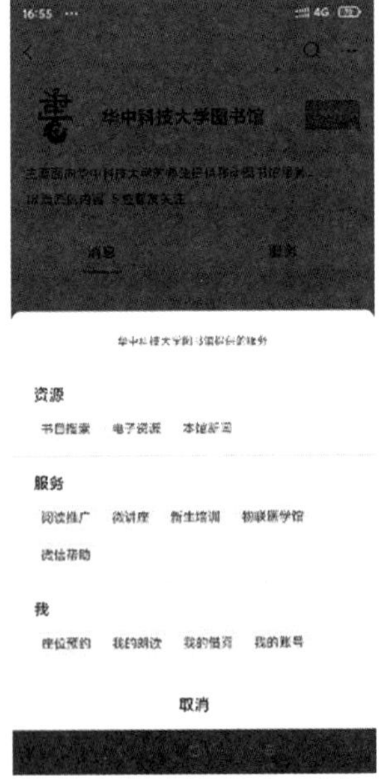

图4－117　华中科技大学图书馆微平台“服务”栏目

图 4－118 华中科技大学图书馆微平台书目推荐栏目

图 4－119 华中科技大学图书馆微平台馆制文献

（1）资源：下设立“书目搜索”“电子资源”和“本馆新闻”3 个二级菜单。其中，“电子资源”下可认证登录使用“超星热门图书”“超星公开课”“超星移动图书馆”“Summon”“新东方数据库”“知识视界”“起点考试网”“起点考研网”“中科 UMajor 大学生专业课”“中科 VIP Exam 考试课”10 个电子数据库资源。

（2）服务：下设立“阅读推广”“微讲座”“新生培训”“物联医学馆”“微信帮助”5 个二级菜单。

（3）我：下设立“座位预约”“我的朗读”“我的借阅”“我的账号”4 个二级菜单。

（二十七）中南大学图书馆

该馆微信公众号为“中南大学图书馆”，微平台界面设置有 2 个模块：消息＋服务，如图 4－120、图 4－121。

图 4－120　中南大学图书馆微平台主页

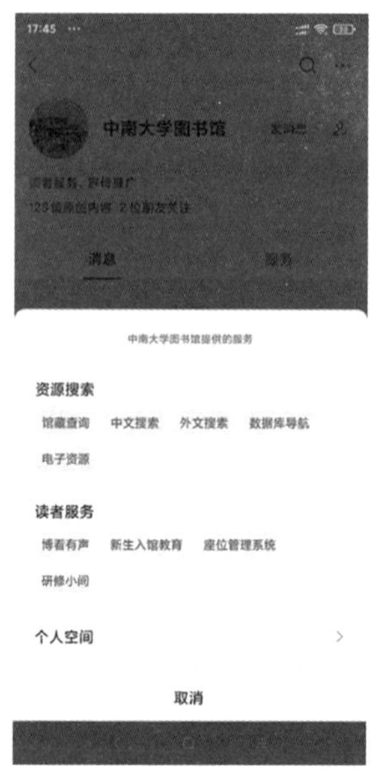

图 4－121　中南大学图书馆微平台“服务”栏目

1. 消息：模块包括：（1）新闻公告、活动通知及资源动态；（2）书目推荐：设立有“暑期书单”“京东读书考试月推荐书单”“铭留书单”“书单”等栏目，如图 4－122。（3）馆制文献：设立有“阅读解惑”“艺术与阅读”“阅读推广”专栏对古代文化艺术进行解读赏析，另有数据库介绍及科研资讯推送，如图 4－123。

2. 服务模块包括 3 个一级菜单：“资源搜索”“读者服务”及“个人空间”。

（1）资源搜索：下设“馆藏查询”“中文搜索”“外文搜索”“数据库导航”“电子资源”5 个二级菜单。其中，“数据库导航”点击后进入图书馆数据库列表页面，认证后可进行馆藏电子文献的访问使用。“电子资源”一栏无法打开。

（2）读者服务：下设“博看有声”“新生入馆教育”“作为管理系统”“研修小间”4 个二级菜单，其中，“博看有声”为有声书阅读平台，点击即用。

（3）个人空间：（无法打开）。

图 4－122 中南大学图书馆微平台书目推荐“暑假书单”栏目

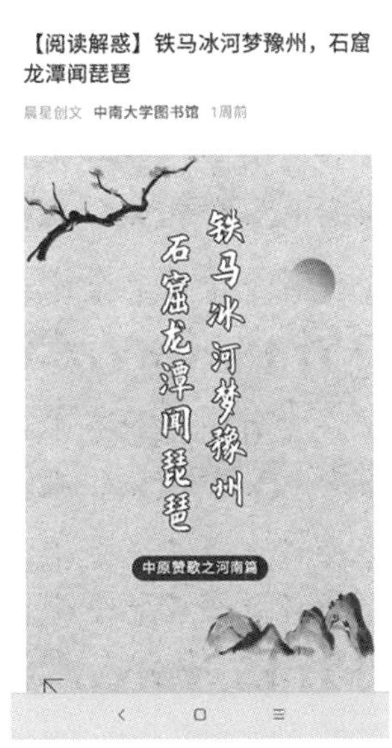

图 4－123 中南大学图书馆微平台馆制文献“阅读解惑”推文

（二十八）中山大学图书馆

该馆微信公众号为“中山大学图书馆”，微平台界面设置 2 个模块：消息 + 服务，如图 4－124、图 4－125。

1. 消息：模块包括：（1）新闻公告、活动通知；（2）书目推荐：该馆书目推荐活动内容丰富，形式多样，设立有“新书速递”“好书共荐”“开卷有益”“一周一课”“中珠科技眼”“药用植物”“知识产权图书导读系列”等栏目，进行系列书目推荐，如图 4－126。（3）馆制文献：除数据库资源推介外，制作有“知识产权那些事”系列知识产权知识介绍推文，如图 4－127。

2. 服务模块包括 2 个一级菜单：“云阅读”和“微服务”。

（1）云阅读：下设“期刊悦读”“视频公开课”“超星移动图书馆”三个二级菜单，认证登录后可以进行资源阅读利用。

（2）微服务：下设“超期教育”“新生激活”“资助复印”“图书导读”4 个二级菜单。

图4－124　中山大学图书馆微平台馆主页

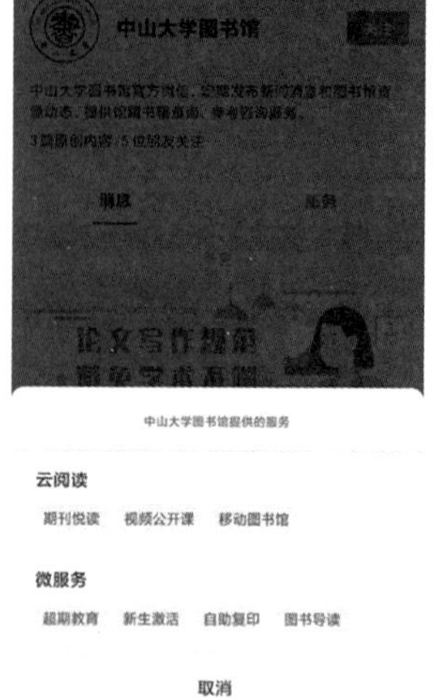

图4－125　中山大学图书馆微平台馆“服务”栏目

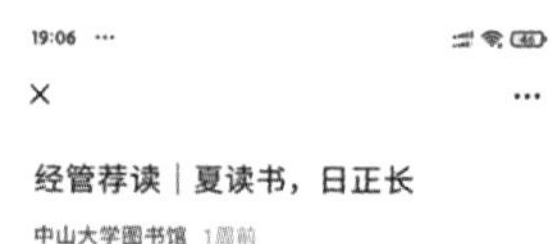

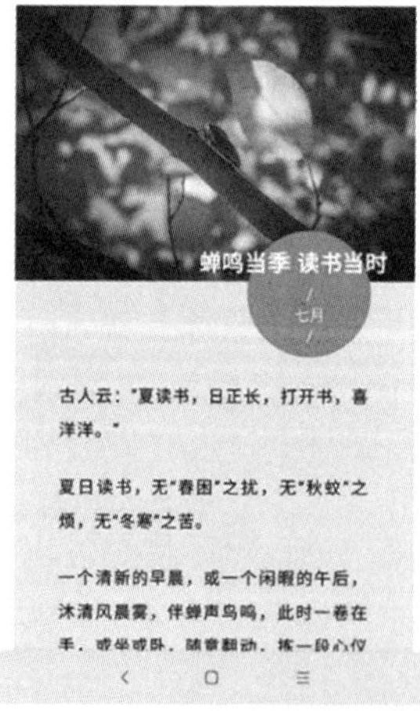

图4－126　中山大学图书馆微平台书目推荐“经管荐读”栏目

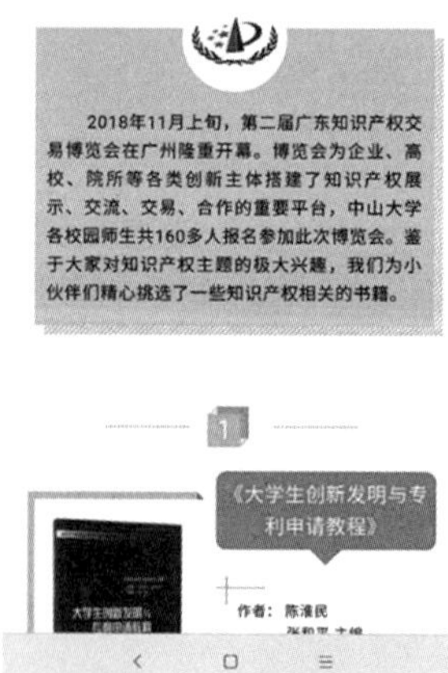

图4－127　中山大学图书馆微平台馆制文献“知识产权”系列

（二十九）华南理工大学

该馆微信公众号为“华南理工大学图书馆”，微平台界面设有 2 个模块：消息 + 服务，如图 4 – 128、图 4 – 129。

图 4 – 128 华南理工大学图书馆微平台主页

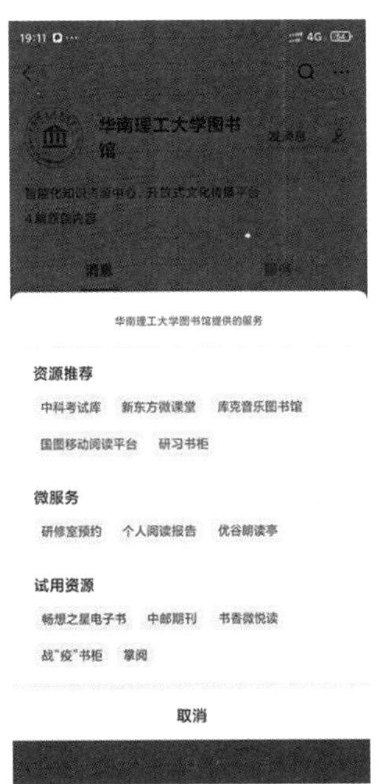

图 4 – 129 华南理工大学图书馆微平台“服务”栏目

1. 消息：模块包括：（1）新闻公告、活动通知等；（2）书目推荐：设立有“好书推荐”“求真书会—扫码阅读”栏目及读书日专题推荐等栏目，如下图 4 – 130。（3）馆制文献：设立有“知识产权科普微视频”系列全文及视频栏目，如图 4 – 131。

2. 服务模块包括 3 个一级菜单：“资源推荐”“微服务”及“试用资源”。

（1）资源推荐：下设“中科考试库”“新东方微课堂”“库克音乐图书馆”“国图移动阅读平台”“研习书柜”5 个二级菜单，这些数据库点击即可阅读。

（2）微服务：下设“个人阅读报告”“研修室预约”“优谷朗读亭”3 个二级菜单。

（3）试用资源：下设“中邮期刊”“畅想之星电子书”“书香微阅读”“战疫书柜”“掌阅”5 个二级菜单，这些数据库点击即可阅读。

图 4－130　华南理工大学图书馆微平台书目推荐“好书推荐”栏目

图 4－131　华南理工大学图书馆微平台馆制文献“知识产权”系列

（三十）四川大学图书馆

该馆微信公众号为“四川大学图书馆”，微平台界面设置 2 个模块：消息＋服务，如图 4－132、图 4－133。

1. 消息：模块包括：（1）新闻公告、活动通知；（2）书目推荐：设立“每周新书”“专家荐书”“52 经典阅读”“学科荐书”“院士晒书柜”等栏目，如图 4－134；（3）馆制文献：推出有科研动态及相关知识，另制作有“知识点”系列微视频，介绍知识产权基础知识，如图 4－135。

2. 服务模块包括 3 个一级菜单：“馆藏资源”“个人中心”及“其他服务”。

（1）馆藏资源：设立“移动图书馆”“查询与预约”“研讨间预

图4－132 四川大学图书馆微平台主页

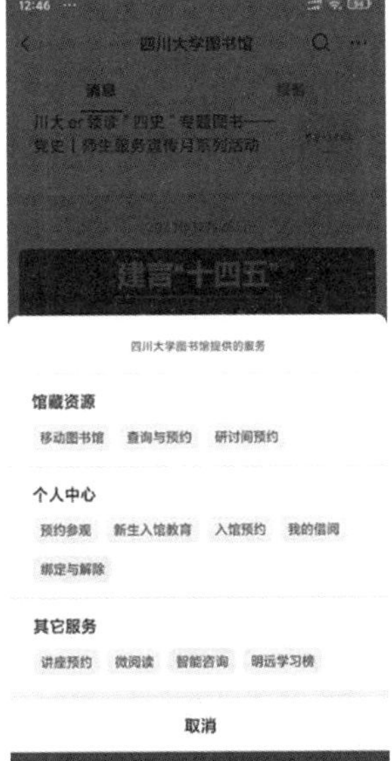

图4－133 四川大学图书馆微平台“服务”栏目

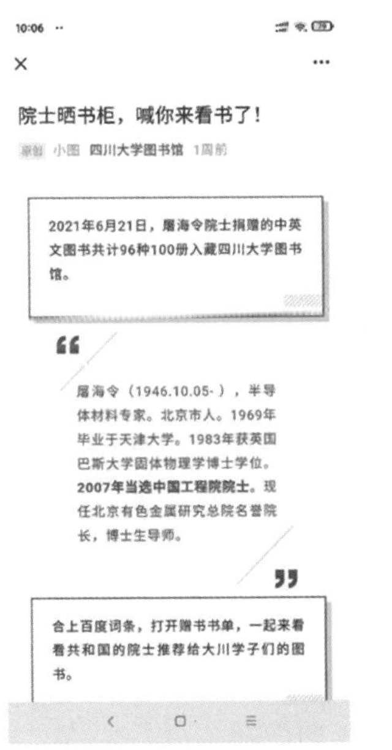

图4－134 四川大学图书馆微平台书目推荐“院士晒书柜”栏目

图4－135 四川大学图书馆微平台馆制文献“知识产权”系列

约”3个二级菜单。其中，“移动图书馆”需认证后登录，登录后可阅读馆藏电子文献资源，如图4－136。

（2）个人中心：设立“入馆预约”“新生入馆教育”“毕业对账单”“我的借阅绑定与解除”4个二级菜单。

（3）其他服务：设立“讲座预约”“微阅读”“智能咨询”“明远学习榜”4个二级菜单。其中，“微阅读”点击后可进入“书香川大”“龙源期刊”进行全文阅读，如图4－137。

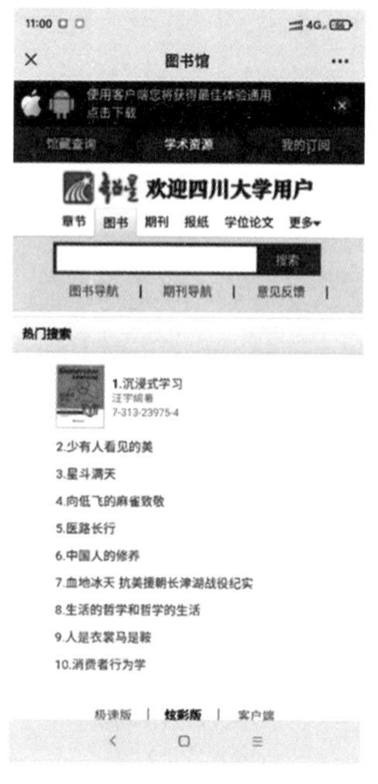

图4－136　四川大学图书馆微平台“移动图书馆”

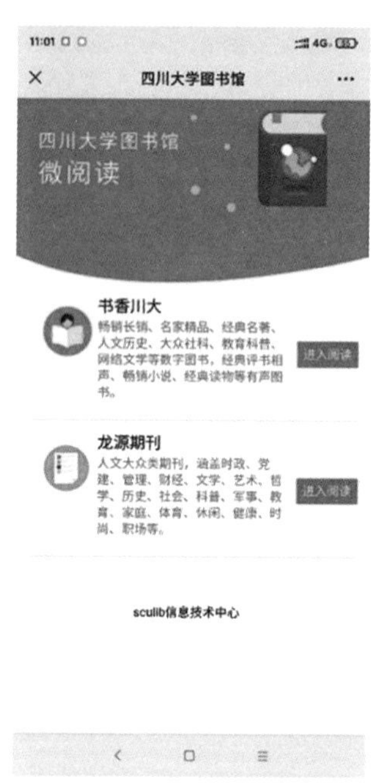

图4－137　四川大学图书馆微平台微阅读“书香川大”栏目

（三十一）电子科技大学图书馆

该馆微信公众号为“电子科技大学图书馆”，微平台界面设置2个模块：消息＋服务，如图4－138、图4－139。

1. 消息：模块包括：（1）新闻公告、活动通知；（2）书目推荐：设立“党史周周看”“书海撷英”等栏目，如图4－140；（3）馆制文献：馆自制文史类散文、知识产权微视频，如图4－141。

2. 服务模块包括2个一级菜单：“服务大厅”及“抗疫服务”。

图 4 - 138　电子科技大学图书馆微平台主页

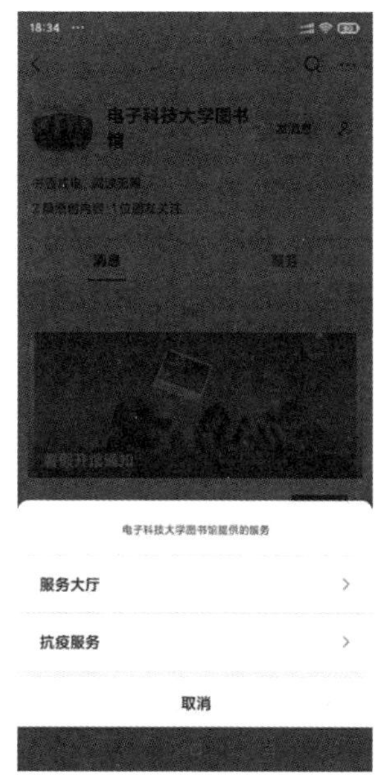

图 4 - 139　电子科技大学图书馆微平台“服务”栏目

图 4 - 140　电子科技大学图书馆微平台书目推荐“书海撷英”栏目

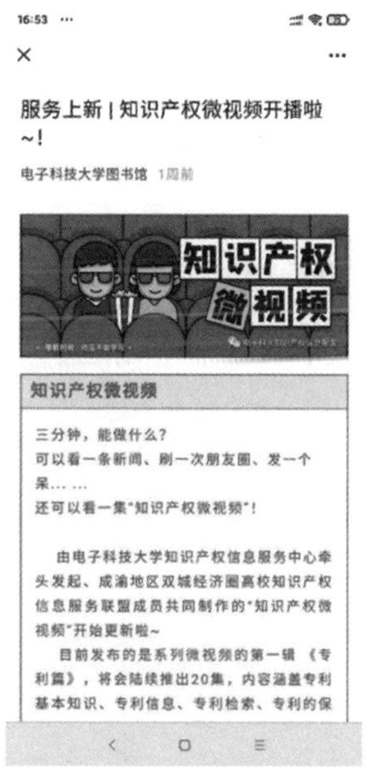

图 4 - 141　电子科技大学图书馆微平台馆制文献“知识产权”系列

(1) 服务大厅：下设“图书馆藏”“服务预约”和“个人中心”3个二级菜单。其中，“图书馆藏”下分为“馆藏检索”“好书分享”“热门借阅”“到馆新书”“书籍荐购”“服务指南”6个栏目；“服务预约”下列“空间预约”“讲座预约”2个子栏目；“个人中心”下列“我的信息”“我的借阅”2个子栏目。

(2) 抗疫服务：下列“创新服务”（数据库新闻）、“资源动态”“最新公告”3个二级菜单。

(三十二) 重庆大学图书馆

该馆微信公众号为“重庆大学图书馆”，微平台界面设置2个模块：消息＋服务，如图4－142、图4－143。

图4－142　重庆大学图书馆微平台主页

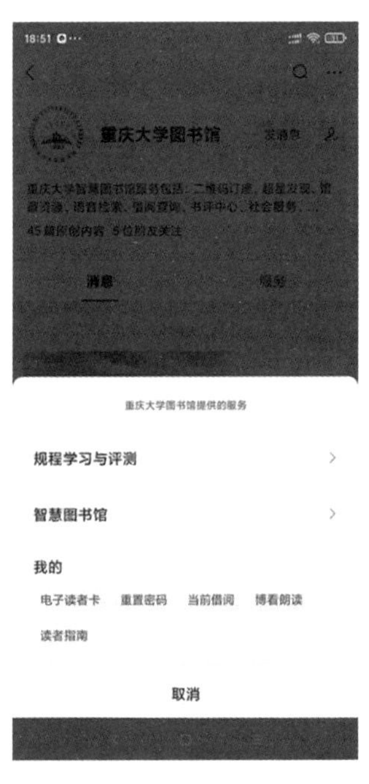

图4－143　重庆大学图书馆微平台“服务”栏目

1. 消息：模块包括：(1) 新闻公告、活动通知等；(2) 书目推荐：设立“专家荐书”“建筑书讯”“校长书单”“书香重大”等栏目，如图4－144；(3) 馆制文献：推出有图书馆年度阅读报告、节日知识、数据库介绍文章，如图4－145。

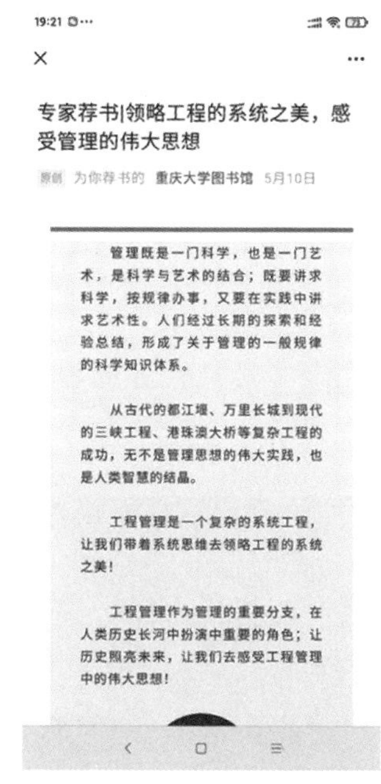

图 4－144 重庆大学图书馆微平台书目推荐“建筑书讯”栏目

报道日撞上汤圆节是什么样的体验呢？那必然是甜甜蜜蜜的开始呀~

原创 欢迎大家回校的 重庆大学图书馆

2021-02-26 09:30 发表于重庆

图 4－145 重庆大学图书馆微平台馆制生活类推文

2. 服务：模块包括 3 个一级菜单：“新生入口”“智慧图书馆”及“我的”。

（1）新生入口：下设有“欢迎新同学”“校长书单”“羊皮书”3 个二级菜单。其中，“羊皮书”是对学校宣传的视频，包括学校简介、图书馆使用、本科生入学须知、档案办理、新生交纳费用及须知。

（2）智慧图书馆：该模块点击后进入数据库全文阅读，数据库种类较多，达 14 个。包括：“弘深搜索”“博看书苑”“新语听书”“学术头条”“网上报告厅”（各种专题讲座视频，有“热点专题”“爱迪讲堂”，内容包括：音乐、旅游健身、文化历史、科普求职等）、“云图有声”（音频节目，包括：豆瓣高分、听见真知、远读重洋、四史专栏、民俗文化、影视同期、世界名著、国学经典等 20 个子栏目）、“机构知识库”（为学校自身科研成果简介）、“书香重大”“库克音乐厅”“掌图精选”“馆藏”（新闻消息）、“口语伙伴”“就业创业”“小海鸥阅读”。其中，“博看书苑”“学术头条”“书香重大”“机构知识库”需要身份认证，身份分校内、校友、社会读者三类，可凭身份信息领电子阅读卡。“弘深搜索”“就业创业”二栏目无法打开。

（3）我的：下设有“电子读者卡”“重置密码”“当前借阅”“博看朗读”（读者可以进行朗读、录音）、“读者指南”5个二级菜单。其中，点击“博看朗读”，读者可以进行朗读、录音。

（三十三）西安交通大学图书馆

该馆微信公众号为“西安交通大学图书馆”，微平台界面设置2个模块：消息+服务，如图4-146、图4-147。

图4-146 西安交通大学图书馆微平台主页

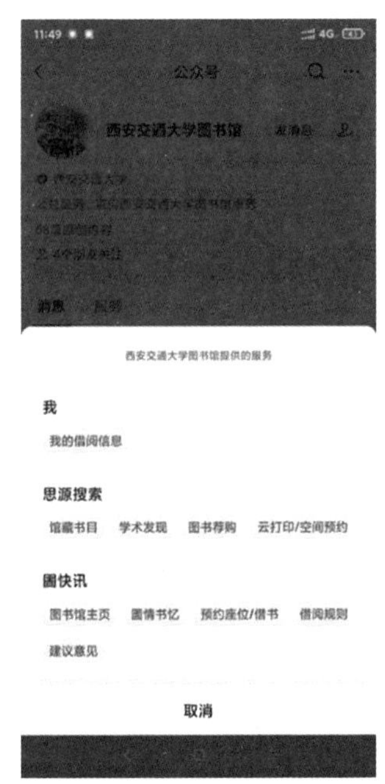

图4-147 西安交通大学图书馆微平台“服务”栏目

1. 消息：模块包括：（1）新闻公告、消息通知；（2）书目推荐，栏目有“好书推荐”“钱图光影”“西迁精神系列图书馆推荐书目”等，如图4-148；（3）馆制文献：推文内容包含讲座回放、学校科研成果分析报告，设立有“专利二三事/你的知识产权小课堂”系列知识推送等，如图4-149。

图 4－148 西安交通大学图书馆微平台书目推荐“好书推荐”栏目

图 4－149 西安交通大学图书馆微平台馆制“知识产权”系列推文

2. 服务：模块包括 3 个一级菜单：“我”“思源搜索”及“图快讯”。

（1）我：下设“我的借阅信息”1 个二级菜单。

（2）思源搜索：下设“馆藏书目”“学术发现”“图书荐购”“云打印”“空间预约”5 个二级菜单。

（3）图快讯：下设“图书馆主页”“图情书忆”“预约座位”“借书”“借阅规则”“建议意见”6 个二级菜单。其中，“图书馆主页”可远程访问，进行馆藏资源阅读。

（三十四）西北工业大学图书馆

该馆微信公众号为“西北工业大学图书馆”，微平台界面设置 3 个模块：消息＋视频＋服务，如图 4－150、图 4－151。

1. 消息：模块包括：（1）新闻公告、活动通知等；（2）书目推荐；（3）馆制文献：内容包括数据库介绍、学校高被引学者成果报告、

图 4－150　西北工业大学图书馆微平台主页

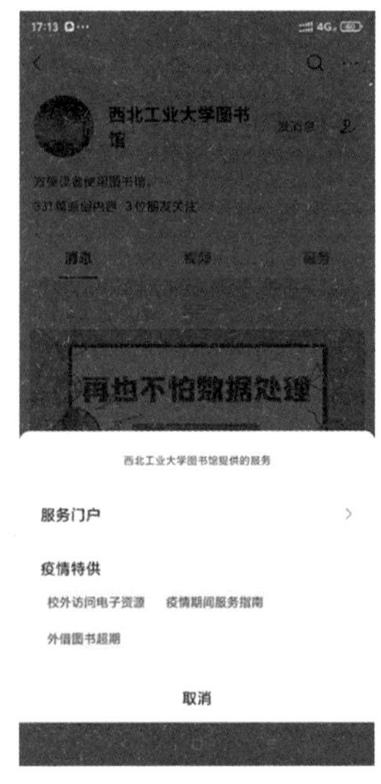

图 4－151　西北工业大学图书馆微平台“服务”栏目

课程学习课件、图书馆阅读报告、“知识产权小课堂”等，如图 4－152。

2. 服务：模块包括 2 个一级菜单：“服务门户”及“疫情特供”。

（1）服务门户：下设“通知公告”“书目检索”“已借续借”“借阅历史”“热门借阅”“违章欠款”“图书推荐”“读者荐购”等21 个二级菜单，可浏览图书馆馆藏、新闻公告等信息，还可在线办理图书馆借阅、咨询、预约及科技信息服务业务。

（2）疫情特供：下设“校外访问电子资源”“疫情期间服务指南”“外借图书超期”3 个二级菜单。其中，“校外访问电子资源”为访问馆藏电子资源的链接，点击后进行全文阅读，如图 4－153。

3. 视频：图书馆宣传及读书分享视频。

图 4－152　西北工业大学图书馆微平台馆制文献“知识产权”系列

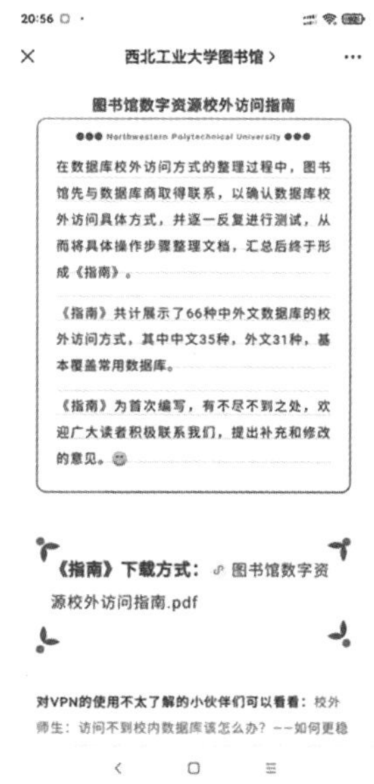

图 4－153　西北工业大学图书馆微平台服务门户

（三十五）兰州大学图书馆

该馆微信公众号为“兰州大学图书馆”，微平台界面设置 2 个模块：消息＋服务，如图 4－154、图 4－155。

1. 消息：模块包括：（1）新闻公告、活动通知、资源动态等；（2）书目推荐：设置“书香兰大”“积石好书”“好书推荐”“小图推荐”“歌德新书”“到馆好书”“科普图书推荐”“生态科普阅读”栏目等，如图 4－156；（3）馆制文献：设置“科普小知识”（JCR 知识介绍）、“科普阅读”（科学专题知识，如精油制作）、“生态科普阅读”（介绍荒漠化形成固沙知识）专栏。另推出图书馆阅读报告、数据库使用介绍、校内学者访谈系列等文，如“积石访谈录”，如图 4－157。

2. 服务：模块为“萃英微服务”，下设 3 个一级菜单：“萃英探索”“书香兰大”及“个人中心”。

（1）萃英探索：下设“开馆时间”“通知公告”“馆藏查询”“馆藏分布”“科技查新”“校外访问”“中国基本古籍库的 VPN 访问”“读者荐购”“阅读推广”“一小时讲座”“学科服务”“馆际互借”12

个二级菜单。其中，“校外访问”为馆藏电子资源的 VPN 访问链接。

图 4－154　兰州大学图书馆微平台主页

图 4－155　兰州大学图书馆微平台“服务”门户

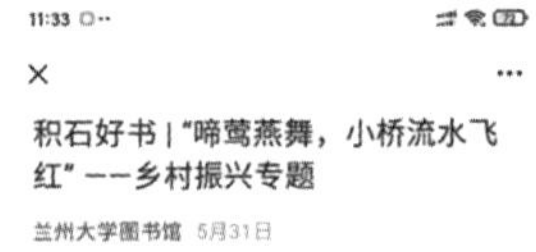

图 4－156　兰州大学图书馆微平台书目推荐“积石好书”栏目

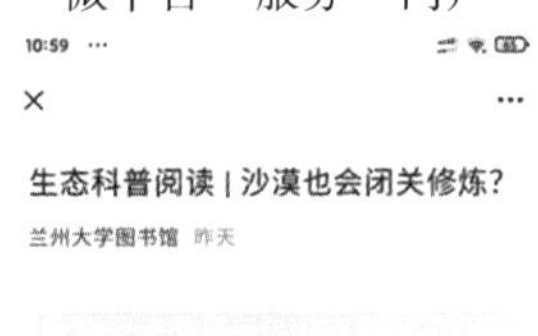

图 4－157　兰州大学图书馆微平台馆制文献“生态科普阅读”系列

（2）书香兰大：下设“科普阅读”“阅读推广”“特色书展”“阅读抗疫”“好书推荐”“QQ 阅读”“懒人听书”“云图有声”“阅读报告”9 个二级菜单。其中，“科普阅读”为系列书目推荐，“QQ 阅读”需认证登录后阅读文献，“懒人听书”和“云图有声”可直接访问阅读。

（3）个人中心：下设“图书预约”“账号绑定”“空间预约”“我的借阅”“空间预约”“入馆预约”“密码修改”7 个二级菜单，点击这些栏目后用户可在线办理相关业务。

（三十六）国防科学技术大学图书馆

该馆微信公众号为“国防科学技术大学图书馆”，微平台界面设置 3 个模块：消息 + 视频 + 服务，如图 4 – 158、图 4 – 159。

1. 消息：模块包括：（1）新闻公告、活动通知等；（2）书目推荐：设置有“书山勇攀登，军营绘前程”专栏，如图 4 – 160；（3）馆制文献：推送有“鼓角军声”“壮我山河”“名人与图书馆”“Nature、Science 最新快讯”、学校年度 ESI 学科分析报告及图书馆年度阅读报告，如图 4 – 161。

2. 服务：模块包括 3 个一级菜单：“微门户”“资源服务”及“动态活动”。

（1）微门户：下为“读者账号绑定”。

（2）资源服务：下设“服务大厅”（手机借书、书目检索、新书通报）、“移动阅读”“科图云借”“空间预约”“实验室预约”5 个二级菜单。其中，点击“移动阅读”，认证登录可进入“京东读书”“超星学术视频”“博看微阅读”“QQ 阅读”“国图阅读”“新语听书”“新东方”“环球英语”8 个数据库进行全文阅读。

（3）动态活动：设置“新闻通稿”“活动报名”“咨询问答”“语音导航”“鼓角军声/名人与图书馆”5 个二级菜单。

3. 视频：纪念活动“这场快闪，向百年前的热血青年致敬”视频播放。

图 4－158　国防科技大学图书馆微平台主页

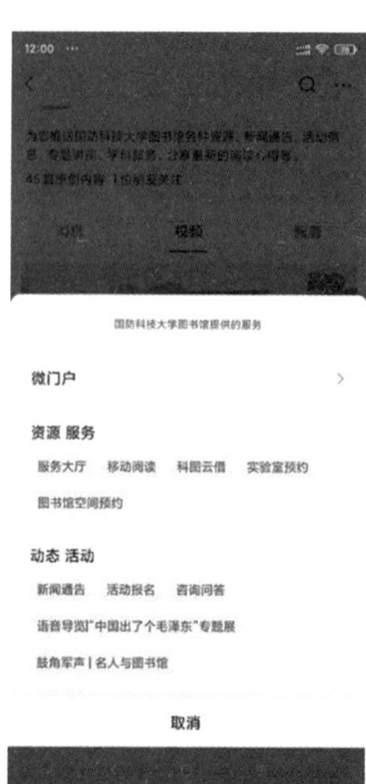

图 4－159　国防科技大学图书馆微平台“服务”栏目

图 4－160　国防科技大学图书馆微平台书目推荐“书山勇攀登，军营绘前程”栏目

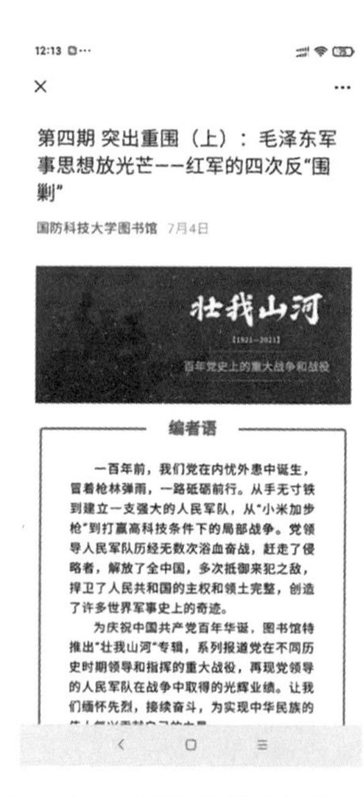

图 4－161　国防科技大学图书馆微平台馆制文献“壮我山河”系列

（三十七）东北大学图书馆

该馆微信公众号为“东北大学图书馆”，微平台界面设置 2 个模块：消息 + 服务，如图 4 – 162、图 4 – 163。

图 4 – 162 东北大学图书馆微平台主页

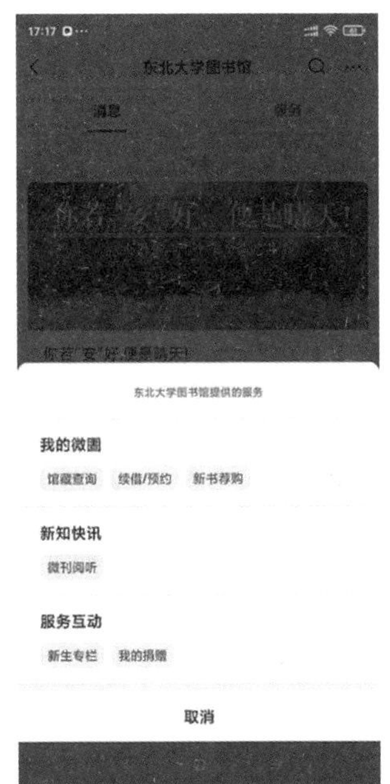

图 4 – 163 东北大学图书馆微平台“服务”栏目

1. 消息：模块包括：（1）新闻公告、活动通知等；（2）书目推荐：设置有“好书推荐”“好书时间”“国民小课堂”“码上推荐”“知识视界—红色经典专题库”“端午—体味民俗之美，传递爱国情怀”系列专栏，如图 4 – 164；（3）馆制文献：推出有学校专利发展简报、ESI 学校高被引论文名单、数据库介绍等，如图 4 – 165。

2. 服务模块包括 3 个一级菜单：“我的微图”“新知快讯”及“服务互动”。

（1）我的微图：设置“馆藏查询”“续借/预约”“新书荐购”3 个二级菜单；

图 4－164　东北大学图书馆微平台书目推荐

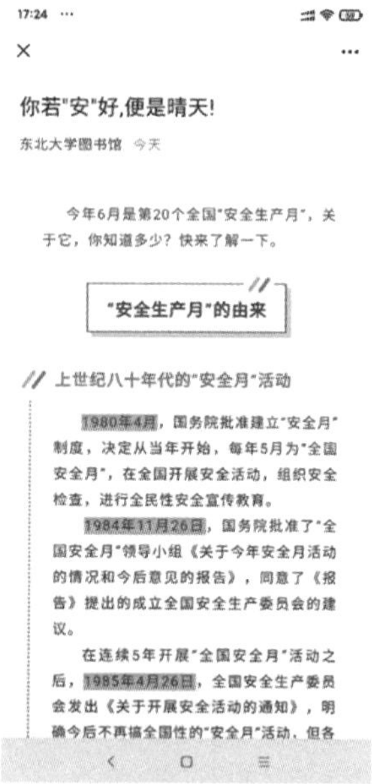

图 4－165　东北大学图书馆微平台馆制文献“安全生产月”

（2）新知快讯（微刊微听）：点击进入“博看有声”“博看书苑”“博看党建云”“我的朗读”4 个二级菜单。登录后可阅读观看期刊和图书全文和学科视频。

（3）服务互动：设置有“新生专栏”“我的捐赠”2 个二级菜单。

（三十八）郑州大学图书馆

该馆微信公众号为“郑州大学图书馆”，微平台界面设置 2 个模块：消息＋服务，如图 4－166、图 4－167。

1. 消息：模块包括：1. 消息：新闻公告、活动通知、数据库动态等；（2）书目推荐：设置有“青椒书话”“主题书展”等专题推荐，如图 4－168；（3）馆制文献：设置“焦点图说”“文学茶舍”“图书馆视听说”系列栏目，推文内容为心理健康、动植物欣赏、生活情趣、文史类知识和情感类散文、科研动态及学校科研成果分析报告等，如图4－169。

图4-166 郑州大学图书馆微平台主页

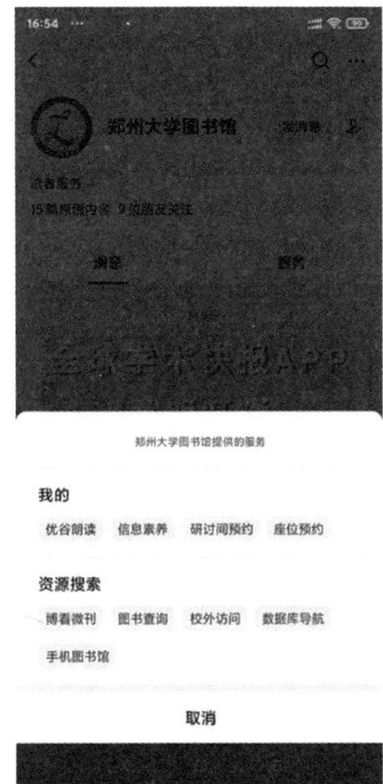

图4-167 郑州大学图书馆微平台“服务”栏目

图4-168 郑州大学图书馆微平台书目推荐“青椒书话”栏目

图4-169 郑州大学图书馆微平台馆制文献“文学茶舍”栏目

2. 服务：模块包括 2 个一级菜单：“我的”及“资源搜索”。

（1）我的：设立“优谷朗读”“信息素养”“研讨间预约”“座位预约”4 个二级菜单。其中，“信息素养”为高校信息素养教育数据库。

（2）资源搜索：设立“博看微刊”“图书查询”“校外访问”“数据库导航”“手机图书馆”5 个二级菜单。其中，“博看微刊”“校外访问”及“手机图书馆”登录认证后可进行电子资源全文访问。

（三十九）湖南大学图书馆

该馆微信公众号为“湖南大学图书馆”，微平台界面设置 2 个模块：消息 + 服务，如图 4 – 170、图 4 – 171。

1. 消息：模块包括：（1）新闻公告、活动通知、馆藏简介、资源动态等；（2）书目推荐：设置“书海撷萃”及“湖图书院”栏目及特定主题的书目推荐，如图 4 – 172；（3）馆制文献：内容有年度阅读报告、学校专利年度报告、学习方法、生活情感等专题知识，如图4 – 173。

图 4 – 170　湖南大学图书馆微平台主页

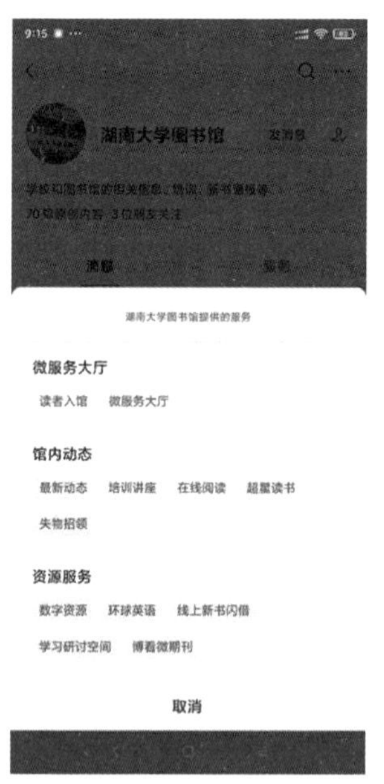

图 4 – 171　湖南大学图书馆微平台“服务”栏目

图 4－172 湖南大学图书馆微平台书目推荐“湖图书院”栏目

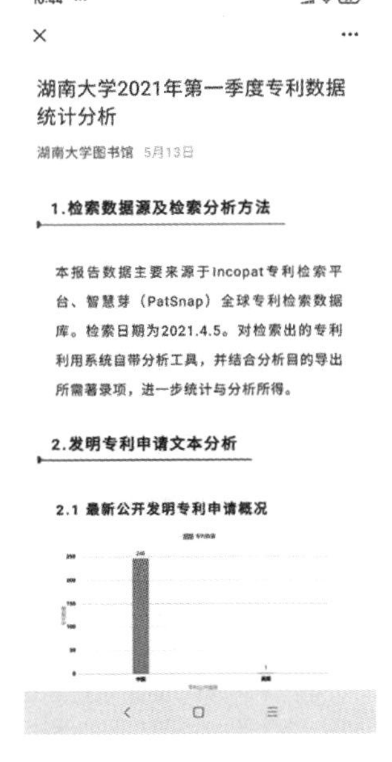

图 4－173 湖南大学图书馆微平台馆制文献“知识产权”系列

2. 服务：模块包括 3 个一级菜单：“微服务大厅”“馆内动态”及“资源服务”。

（1）微服务大厅：下设“读者入馆”“微服务大厅”2 个二级菜单。其中，“读者入馆”为读者账号绑定平台，“微服务大厅”为用户掌上图书馆，下设有“新生指南”“手机借书”“个人中心”“书目检索”“图书续借”“图书荐购”“财经查询”“数字资源”8 个子栏目。

（2）馆内动态：下设“最新动态”“培训讲座”“在线阅读”“超星读书”“失物招领”5 个二级菜单。其中，“在线阅读”和“超星读书”点击后可以直接进行阅读和听书。

（3）资源服务：下设“数字资源”“环球英语”“线上新书闪借”“学习研讨空间”“博看微期刊”5 个二级菜单。其中，“数字资源”为湖大的移动图书馆平台，同“博看微期刊”一样，可以直接进行文献资源的阅读使用，“环球英语”需要认证后登录使用。

（四十）云南大学图书馆

该馆微信公众号为“云南大学图书馆”，微平台界面设置 2 个模块：消息＋服务，如图 4－174、图 4－175。

图 4－174　云南大学图书馆微平台主页

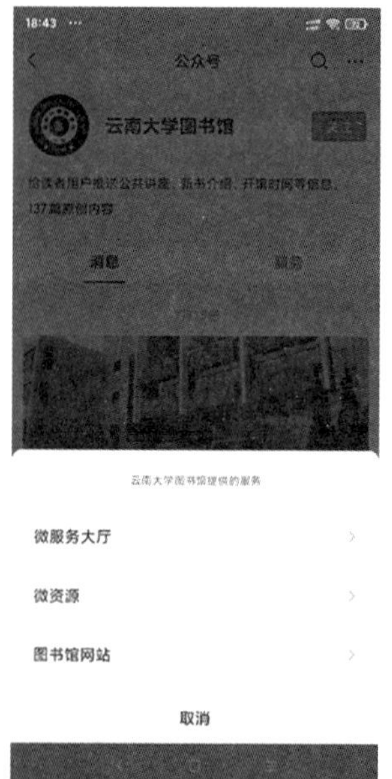

图 4－175　云南大学图书馆微平台“服务”栏目

1. 消息：模块包括：（1）图书馆新闻公告、工作动态、活动通知、数据库使用通知等；（2）书目推荐：设立“馆员荐书榜”、“新语听书”“献礼建党 100 周年专题书单”“享阅世界”“享听世界”荐书栏目进行系列图书推介，如图 4－176；（3）馆制文献：数据库使用指南及转载其他媒体的节日、节气专题知识及生活类散文，如图 4－177。

2. 服务：模块包括 3 个一级菜单：“微服务大厅”“微资源”及“图书馆网站”。

（1）微服务大厅：设立“借阅信息”“玩转图书馆”“图书馆布局”“新书通报”“开馆时间”“借阅规则”“书目检索”7 个二级菜单。

（2）微资源：设立“畅想之星”“当当读书”“懒人畅听”“QQ 阅读”“新语听书”“一网读尽”“中国主图书柜”“中华诗词数据库”等 23 个电子文献资源平台，一些直接登录，一些需认证登录。

图 4－176 云南大学图书馆微平台书目推荐栏目

图 4－177 云南大学图书馆微平台馆制文献“节日”系列

（3）图书馆网站（中国第一个响应式设计网站）：为云南大学手机图书馆，点击后认证登录可全文阅读馆藏资源。

（四十一）西北农林科技大学图书馆

该馆微信公众号为“西北农林科技大学图书馆”，微平台界面设置2个模块组成：消息＋服务，如图4－178、图4－179。

1. 消息：模块包括：（1）新闻公告、活动通知、资源动态；（2）书目推荐：设立系列荐书栏目，如“每月热度榜”“阅读之美”“歌德新书”，如图4－180；此外还有专题推荐系列，如“重阳节书单”“中秋节书单”“建党百年系列活动”等，如下图4；（3）馆制文献：推送有读书会活动、图书馆阅读报告及“微学习社会主义核心价值观”专题文章，如图4－181。

2. 服务：模块包括3个一级菜单：“我的读书馆”“资源搜索”及“服务动态”。

图 4－178　西北农林大学图书馆微平台主页

图 4－179　西北农林大学图书馆微平台“服务”栏目

图 4－180　西北农林大学图书馆微平台书目推荐“歌德新书”栏目

图 4－181　西北农林大学图书馆微平台馆制文献“微学习”系列

（1）我的图书馆：设立“馆藏查询”“借阅活动”“一卡通业务”“已借续借”“图书馆藏分布”5 个二级菜单；

（2）资源搜索：设立“数据库总览”“公开课”（人文类名师讲课视频）、“移动图书馆”（需账号登录）、“在线书城”（全文阅读，社科类）4 个二级菜单。其中，“公开课”为人文类名师讲课视频，“在线书城”为社科类图书全文阅读，这两个数据库点击即可观看，“移动图书馆”需账号登录后使用。

（3）服务动态：设立“馆公告”“书时光”“超星读书”（图书期刊全文阅读）、“阅创空间”“联系我们”5 个二级菜单。其中，“书时光”为毕业读书报告，“超星读书”点击后可直接使用。

（四十二）新疆大学图书馆

该馆微信公众号为“新疆大学图书馆”，微平台界面设置 2 个功能模块：消息 + 服务，如图 4 – 182、图 4 – 183。

图 4 – 182　新疆大学图书馆微平台主页

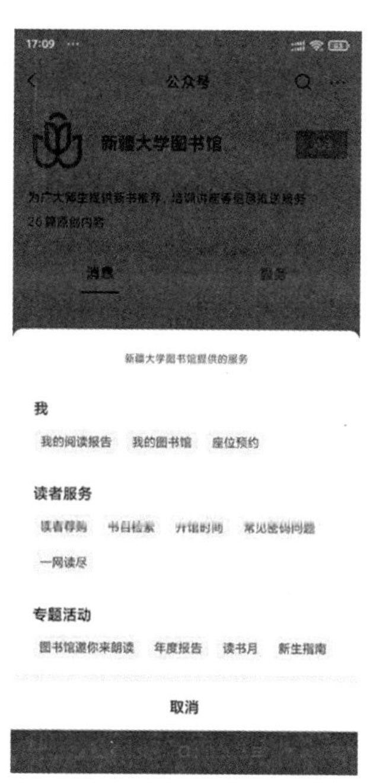

图 4 – 183　新疆大学图书馆微平台“服务”栏目

1. 消息：模块包括：（1）新闻公告、活动通知、工作动态，电影推荐等；（2）书目推荐：设置“馆员荐书”“好书推荐”等荐书系列，如图 4 – 184。（3）馆制文献：设置“新东方考研”系列直播和文章摘录，另有生活、党史类知识和红色故事系列推文，如图 4－185。

2. 服务：模块包括 3 个一级菜单：“我”“读者服务”及“专题活动”。

（1）我：下设“我的阅读报告”（需登录认证）、“我的图书馆”（需登录认证）、“座位预约”3 个二级菜单。其中，“我的阅读报告”、和“我的图书馆”需登录认证后查看。

（2）读者服务：设立“读者荐购”“书目检索”“开馆时间”“常见密码问题”“一网打尽”5 个二级菜单。其中，“一网打尽”点击后进入期刊和图书全文阅读页面，中有“懒人听书”“新语听书”“中华诗词库”“主题书单”“每日快听”“党建好书领读”“畅想电子书”“馆员荐书”“课程”“中国文艺志愿者在行动”10 个板块。

（3）专题活动：设置“图书馆邀请你来朗读”“年度报告”“读书月”“新生指南”4 个二级菜单。“年度报告”为图书馆阅读报告，“读书月”为读书活动通知。

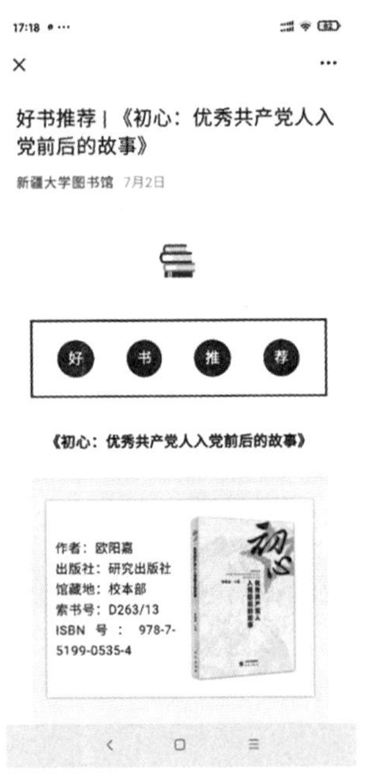

图 4－184 新疆大学图书馆微平台书目推荐“好书推荐”栏目

图 4－185 新疆大学图书馆微平台馆制文献“考研”系列

第五章 “双一流”高校图书馆微信公众平台服务研究

前章对“双一流”高校微信公众平台包括页面设置和服务内容在内的服务状况进行了调研。从调研情况可以看到，大部分馆微信公众平台栏目设置合理，服务内容丰富多样，除承担了移动图书馆、手机图书馆的绝大部分功能之外，还提供大量素质教育、科研资讯发布及与读者交流互动的服务，成为读者获取知识、信息的得力工具。

从调研结果还可以发现，这些馆微信公众平台的设计模块清晰规范，基本为“消息 + 服务”结构形式。在“消息”模块下以滚动消息的形式推出包括新闻公告、活动通知、专题文章、书目推荐在内的知识和信息推文。在“服务”模块下设置 2、3 个一级菜单，每个菜单下设置有若干二级菜单，在菜单中开展了较为固定的服务，如在线借阅、空间预约、数据库链接、新生导引、规章制度须知、读者朗读等业务。可以说，42 家馆微信公众平台线上服务内容，基本满足了师生的常规信息、知识阅读需求，充分发挥了移动图书馆的职能和功用，成为新技术背景下图书馆数字化、移动化服务的重要工具。

此外，在调研中可以看到，一些高校馆平台在服务开展上富有开拓创新精神，取得了较好服务效果。如吉林大学馆在微信公众平台“消息”模块下推出众多的书目推荐栏目，包括：“阅读导师荐书系列”“馆员荐书系列”“吉大珍藏”“白桦书声”“歌德好书推荐”“在线有声阅读”“爱党知史”等，书目推广力度巨大，阅读推广效果良好。同时，该馆还自己制作了专题知识推文“古迹保护/古典之美——书籍的装帧艺术”“匠者匠心——古籍函套的传统制作工艺”系列，推文中文、图和视频互相结合，达到了较好的阅读效果，使读者对古籍保护工作有全面、直观及深入的了解。如国防科学技术大学馆微平台制作推出了“书山勇攀登，军营绘前程”、“鼓角军声”、“壮我山河”、“名人与图书馆”等军事学荐书、专题知识推文，富有鲜明的军事院校文献服务特色。还有湖南大学馆微平台推出系列考研信息服务专题文章，如“告白——春光明媚，我开始想你”、“考试周年的防困御寒妙招”等，传达了图书馆人对学生生活、学习的关心及帮助，充满浓郁的人文关爱情怀，在众多高校馆的微信公众平台服务中独树一帜。另如兰州大学图书馆微平台在“服务”模块下设置了 3 个一级菜单、27 个二级菜单，囊括通知公告、馆藏查询、校外访问、学科服务、馆际互借、书目推荐、空间预约、全文阅读等服务项目，充分承担了实体图书馆的服务功能，为师生提供了极大的使用便利。

作为国内高校馆的领军团队，42 家“双一流”高校馆微信公众平台服务取得了众多成果，值得众多高校馆学习。但是，在调研中也发现一些馆的微信公众平台服务还存在一些问题。如页面主要的功能模块缺项，“消息”模块下内容种类单一，基本为新闻公告类内容，价值含量不足。另外，一些馆微信公众平台在“服务”模块下菜单设置过少，仅一个一级菜单、3 个二级菜单，菜单中为师生提供的线上借阅、预约、全文阅读服务阙如，用户无法从平台获取实质性的知识服务。

随着通信技术的发展和用户阅读习惯的改变，微信公众平台在图书馆服务中的比重将不断增加。如何使微信公众平台在内容和形式上为用户提供更大的信息获取量和知识学习便利是图书馆人必须面对的问题。为此，本书基于上一章的调研数据，总结 42 家图书馆微信公众平台服务取得的成绩及存在问题，尝试提出提升服务效能的思路和办法。

第一节　“双一流”高校图书馆微信公众平台页面设计及服务内容

为了理清 42 家馆平台服务的内容及途径，在上一章的调研基础上，笔者对各家图书馆微平台名称、公众号名称、平台头像、平台页面设置、推文消息内容、功能模块菜单数量 6 个维度情况进行了统计，如下表 5－1。同时，在数据统计的基础上，对各家图书馆在 6 个维度的表现状况进行了归纳分析，在此结果上展现“双一流”高校馆微信公众平台服务的整体面貌。

表 5－1　“双一流”高校馆微信公众平台服务基本状况

序号	高校馆名称	微信公众号名称	原创文章数量①（篇）	微信平台头像设置	页面模块组成	“消息”模块主要内容	“服务”模块菜单设置
1	北京大学图书馆	北京大学图书馆	179	馆徽	消息＋服务	1. 新闻公告、活动通知；2. 书目推荐；3. 科研信息、学校专利年报、图书馆人的事迹介绍等	3 个一级菜单：“我的图书馆”“资源、服务”“书声朗润”；7 个二级菜单
2	中国人民大学图书馆	中国人民大学图书馆	10	“人图”艺术字	消息＋服务	1. 新闻公告、活动通知等；2. 书目推荐；3. 校内著名学者的学术贡献推文	3 个一级菜单：“资源发现”“服务、活动”“我的”；8 个二级菜单
3	清华大学图书馆	清华大学图书馆	44	馆徽	消息＋服务	1. 新闻公告、活动通知、资源动态；2. 书目推荐；3. 文献资料的查找方法文章及“党史回顾”系列推文	3 个一级菜单：“动态”“资源”“服务”；11 个二级菜单
4	北京航空航天大学图书馆	北航图书馆	27	馆徽	消息＋服务	1. 新闻公告、通知消息、资源动态；2. 书目推荐；3. 科研前沿信息、科研工作者故事介绍	3 个一级菜单：“微图书馆”“服务动态”“专题书柜”；8 个二级菜单
5	北京理工大学图书馆	北京理工大学图书馆	无标明	图书馆照片	消息	1. 新闻公告、活动通知；2. 书目推荐；3. 图书馆年度阅读报告、专利年度报告及校内专家先进事迹推文	无

① 数据于 2021 年 8 月 15 日统计。数据来源：42 家高校馆微信公众号。“原创文章”源自各平台推文标识，各馆平台对其定义尚不明确。

续表

序号	高校馆名称	微信公众号名称	原创文章数量（篇）	微信平台头像设置	页面模块组成	“消息”模块主要内容	“服务”模块菜单设置
6	中国农业大学图书馆	中国农业大学图书馆	3	图书馆照片	消息＋服务	1. 新闻公告、活动通知；2. 书目推荐；3. 学科信息及学校学科发展报告	3 个一级菜单：“服务门户”“读者中心”“其他”；16 个二级菜单
7	北京师范大学图书馆	北京师范大学图书馆	97	馆徽	消息＋服务	1. 新闻公告、活动通知；2. 书目推荐；3. 外文赏读类文章、文献资源利用推文	2 个一级菜单：“资源”及“服务”；9 个二级菜单
8	中央民族大学图书馆	中央民族大学图书馆	2	馆徽	消息＋服务	1. 新闻公告、活动通知；2. 书目推荐；3. 古籍文献常识及阅读利用类推文	3 个一级菜单：“服务门户”“服务指南”“预约选座”；24 个二级菜单
9	南开大学图书馆	南开大学图书馆	46	“南开大学图书馆”繁体艺术字	消息＋服务	1. 新闻公告、活动通知、资源动态；2. 书目推荐；3. 外文赏读类文章、文献资源利用推文及图书馆借阅报告	3 个一级菜单：“读者服务”“资源推荐”及“文化推广”；13 个二级菜单
10	天津大学图书馆	天津大学图书馆	157	校徽	消息＋服务	1. 新闻公告、活动通知；2. 书目推荐；3. 音乐、电影欣赏推文及科技情报信息专题推文	3 个一级菜单：“服务大厅”“动态资源”及“服务指南”；19 个二级菜单
11	大连理工大学图书馆	大连理工大学图书馆	27	“书”的繁体字图案	消息＋服务	1. 新闻公告、活动通知等；2. 新书推荐；3. 馆藏资源推介、影片介绍及从其他媒体上摘录科技、生活专题文章	2 个一级菜单：“资源服务”“常用服务”；6 个二级菜单

续表

序号	高校馆名称	微信公众号名称	原创文章数量（篇）	微信平台头像设置	页面模块组成	“消息”模块主要内容	“服务”模块菜单设置
12	吉林大学图书馆	吉林大学图书馆	16	馆徽	消息+服务	1. 新闻公告、活动通知、馆藏介绍；2. 书目推荐；3. ESI 学校学科动态、古籍保护知识等推文	3 个一级菜单：“我的图书馆”“云阅读”“常用服务”；15 个二级菜单
13	哈尔滨工业大学图书馆	哈工大图书馆	无标明	“哈尔滨工业大学图书馆”与“图”的繁体字结合	消息+服务	1. 新闻公告、活动通知、资源动态；2. 书目推荐；生活、读书类散文和转引自网络的社会新闻	3 个一级菜单：“我的 Lib”“云资源”“服务”；19 个二级菜单
14	复旦大学图书馆	复旦大学图书馆	23	校徽	消息+视频+服务	1. 新闻公告、活动通知等；2. 书目推荐；3. 学校科研动态推文	3 个一级菜单：“服务”“看历史”“活动”；11 个二级菜单
15	同济大学图书馆	同济大学图书馆	4	图书馆图片	消息+服务	1. 新闻公告、活动通知、资源动态；2. 书目推荐；3. 学校 ESI 学科发展报告、“德图微课”科研知识及数据库使用信息	3 个一级菜单：“我的书”“我的服务”“信息资源”；15 个二级菜单
16	上海交通大学图书馆	上海交通大学图书馆	104	图书馆照片	消息+服务	1. 新闻公告、活动通知；2. 书目推荐；3. 党史故事系列、数据库使用方法讲解及转载其他媒体的科学和生活知识	3 个一级菜单：“资源导航”“服务速递”“我的”；13 个二级菜单
17	华东师范大学图书馆	华东师范大学图书馆	25	图书馆照片	消息+视频+服务	1. 新闻公告、活动通知等；2. 书目推荐；3. 文献、数据库检索方法推文	3 个一级菜单：“读者服务”“资源推荐”“活动推广”；11 个二级菜单

续表

序号	高校馆名称	微信公众号名称	原创文章数量（篇）	微信平台头像设置	页面模块组成	“消息”模块主要内容	“服务”模块菜单设置
18	南京大学图书馆	南京大学图书馆	63	校徽	消息 + 服务	1. 新闻公告、活动通知等；2. 书目推荐；3. 转载其他媒体的文献资源使用推文、数据库介绍及“上书房行走”专题系列（对学校学人的采访和事迹介绍）	3 个一级菜单：“我”“微视频”“活动资讯”；17 个二级菜单
19	东南大学图书馆	东南大学图书馆	30	馆徽	消息 + 视频 + 服务	1. 新闻公告、活动通知、电子资源介绍；2. 书目推荐；3. 知识产权系列推文和学校学科发展报告	3 个一级菜单：“我的”“服务”“新知计划”；14 个二级菜单
20	浙江大学图书馆	浙江大学图书馆	546	图书馆照片	消息 + 视频 + 服务	1. 新闻公告、活动通知；2. 书目推荐；3. “专利微课堂”视频	3 个一级栏目：“我的图书馆”“服务导航”“悦读求知”；13 个二级菜单’
21	中国科学技术大学图书馆	中国科大图书馆	159	图书馆照片	消息 + 服务	1. 新闻公告、消息通知等；2. 书目推荐；3. 生活类散文、师生书籍读后感及从其他媒体摘录整理的文史、科普类知识	5 个一级菜单：“新书展”、“我的书包”“掌上阅读”“服务指南”“我的”；15 个二级菜单
22	厦门大学图书馆	厦大图书馆	49	馆徽	消息 + 视频 + 服务	1. 新闻公告、消息通知、活动回顾；2. 书目推荐；3. 国外出版社介绍及图书馆年度报告	3 个一级菜单：“我的”“查询”“服务”；8 个二级菜单

续表

序号	高校馆名称	微信公众号名称	原创文章数量（篇）	微信平台头像设置	页面模块组成	“消息”模块主要内容	“服务”模块菜单设置
23	山东大学图书馆	山东大学图书馆	29	校徽	消息 + 服务	1. 新闻公告、活动通知；2. 书目推荐；3. 生活类、文史类知识推送、名剧名段欣赏及数据库使用方法介绍	3 个一级栏目：“资源检索”“服务导航”“我的借阅”；11 个二级菜单
24	中国海洋大学图书馆	中国海洋大学图书馆	5	馆徽	消息 + 服务	1. 新闻公告、活动通知；2. 书目推介；3. 图书馆年度阅读排行榜推文及红色藏品介绍	3 个一级菜单：“我的图书馆”“云阅读”“常用服务”；9 个二级菜单
25	武汉大学图书馆	武汉大学图书馆	398	卡通图案	消息 + 视频 + 服务	1. 新闻公告、活动通知、资源动态；2. 书目推荐；3. 馆藏古籍介绍、信息学知识、影评、学校历史介绍及读书活动记录	3 个一级菜单：“我”“信息服务”“云阅读”；12 个二级菜单
26	华中科技大学图书馆	华中科技大学图书馆	21	“书”繁体艺术字	消息 + 服务	1. 新闻公告、活动通知、资源动态；2. 书目推荐；3. 学校科研成果统计、学科文献资源介绍及知识产权基础知识讲解	3 个一级菜单：“资源”“服务”“我”；12 个二级菜单
27	中南大学图书馆	中南大学图书馆	125	图书馆照片	消息 + 服务	1. 新闻公告、活动通知、资源动态；2. 书目推荐；3. 古代文化艺术解读赏析、数据库介绍及科研信息推送	3 个一级菜单：“资源搜索”“读者服务”“个人空间”；9 个二级菜单

续表

序号	高校馆名称	微信公众号名称	原创文章数量（篇）	微信平台头像设置	页面模块组成	“消息”模块主要内容	“服务”模块菜单设置
28	中山大学图书馆	中山大学图书馆	3	馆徽	消息 + 服务	1. 新闻公告、活动通知等；2. 书目推荐；3. 数据库资源推介、系列知识产权知识介绍	2 个一级菜单：“云阅读”“微服务”；7 个二级菜单
29	华南理工大学图书馆	华南理工大学图书馆	4	馆徽	消息 + 服务	1. 新闻公告、活动通知等；2. 书目推荐；3. 知识产权科普文章及微视频	3 个一级菜单：“资源推荐”“微服务”“试用资源”；13 个二级菜单
30	四川大学图书馆	四川大学图书馆	384	馆徽	消息 + 服务	1. 新闻公告、活动通知；2. 书目推荐；3. 系列知识产权基础知识	3 个一级菜单：“馆藏资源”“个人中心”“其他服务”；11 个二级菜单
31	电子科技大学图书馆	电子科技大学图书馆	2	图书馆图片	消息 + 服务	1. 新闻公告、活动通知；2. 书目推荐；3. 文史类散文及知识产权知识微视频	2 个一级菜单：“服务大厅”“抗疫服务”；6 个二级菜单
32	重庆大学图书馆	重庆大学图书馆	45	馆徽	消息 + 服务	1. 新闻公告、活动通知等；2. 书目推荐；3. 图书馆年度阅读报告、节日知识及数据库介绍	3 个一级菜单：“新生入口”“智慧图书馆”“我的”；22 个二级菜单
33	西安交通大学图书馆	西安交通大学图书馆	68	图书馆照片	消息 + 服务	1. 新闻公告、活动通知；2. 书目推荐；3. 讲座回放、学校科研成果报告及专利知识推送	3 个一级菜单：“我”“思源搜索”“图快讯”；12 个二级菜单

续表

序号	高校馆名称	微信公众号名称	原创文章数量（篇）	微信平台头像设置	页面模块组成	“消息”模块主要内容	“服务”模块菜单设置
34	西北工业大学图书馆	西北工业大学图书馆	331	图书馆照片	消息＋视频＋服务	1. 新闻公告、活动通知；2. 书目推荐；3. 数据库介绍、学校科研成果报告、教学课件、图书馆阅读报告及知识产权教育	2个一级菜单：“服务门户”“疫情特供”；24个二级菜单
35	兰州大学图书馆	兰州大学图书馆	无标明	馆徽	消息＋服务	1. 新闻公告、活动通知、资源介绍；2. 书目推荐；3. 科普小知识、图书馆阅读报告、数据库使用介绍、校内学者访谈	3个一级栏目：“萃英探索”“书香兰大”“个人中心”；27个二级栏目，
36	国防科学技术大学图书馆	国防科学技术大学图书馆	45	馆徽	消息＋视频＋服务	1. 新闻公告、活动通知等；2. 书目推荐；3. 党史、军事知识，科研资讯、学校学科发展报告及图书馆年度阅读报告	3个一级菜单：“微门户”“资源服务”“动态活动”；11个二级菜单
37	东北大学图书馆	东北大学图书馆	1	馆徽	消息＋服务	1. 新闻公告、活动通知；2. 书目推荐；3. 学校专利发展简报、ESI学科高被引论文名单及数据库介绍	3个一级菜单：“我的微图”“新知快讯”“服务互动”；”10个二级菜单
38	郑州大学图书馆	郑州大学图书馆	15	馆徽	消息＋服务	1. 新闻公告、活动通知、数据库动态；2. 书目推荐；3. 生活感受小文、文史知识、科研动态及学校科研成果分析报告	2个一级菜单：“我的”“资源搜索”；9个二级菜单

续表

序号	高校馆名称	微信公众号名称	原创文章数量（篇）	微信平台头像设置	页面模块组成	“消息”模块主要内容	“服务”模块菜单设置
39	湖南大学图书馆	湖南大学图书馆	70	图书馆照片	消息 + 服务	1. 新闻公告、活动通知、馆藏简介及资源动态等；2. 书目推荐；3. 学校专利年度报告、图书馆年度阅读报告及学习、生活类推文。	3 个一级菜单：“微服务大厅”“馆内动态”“资源服务”；12 个二级菜单
40	云南大学图书馆	云南大学图书馆	137	“中国云南大学图书馆”与“书”的繁体字结合	消息 + 服务	1. 新闻公告、活动通知、数据库使用通知；2. 书目推荐；3. 数据库使用指南及转载其他媒体的生活知识类推文	3 个一级菜单：“微服务大厅”“微资源”“图书馆网站”；31 个二级菜单
41	西北农林科技大学图书馆	西北农林科技大学图书馆	无标明	图书馆照片	消息 + 服务	1. 新闻公告、活动通知及资源动态；2. 书目推荐；3. 读书会活动、图书馆阅读报告及时事专题	3 个一级菜单：“我的读书馆”“资源搜索”“服务动态”；14 个二级菜单
42	新疆大学图书馆	新疆大学图书馆	26	馆徽	消息 + 服务	1. 新闻公告、活动通知、工作动态、电影推荐；2. 书目推荐；3. 生活、学习及党史类知识	3 个一级菜单；“我”“读者服务”“专题活动”；12 个二级菜单

一 微信公众号名称及头像设置

（一）公众号名称

关于公众号的名称，从图5－1中可以看到，42家高校馆微信公众号除了4家用简称外，其余均与馆名相同。这4家图书馆简称情况具体为：北京航空航天大学图书馆，简称为：北航图书馆；中国科学技术大学图书馆，简称为：中国科大图书馆；哈尔滨工业大学图书馆，简称为：哈工大图书馆；厦门大学图书馆，简称为：厦大图书馆。此4家平台名称虽然选用简称，但简称久为大家熟悉，并不影响平台的辨识度。可以说，42家高校馆微信公众号在名称设置方面具有规范、高辨识度的特点。

（二）头像设置

关于微信平台头像设置，从图5－1可以看到，42家高校馆微信公众平台各自设置方法不同。一些用图书馆的大楼图片、照片，一些使用图书馆馆徽，一些使用学校校徽，一些用卡通图案，一些使用艺术字。其中，18家馆微信公众平台使用馆徽，如北京大学图书馆、清华大学图书馆、北京航空航天大学图书馆、北京师范大学图书馆、重庆大学图书馆、兰州大学图书馆、东北大学图书馆等。4家馆微平台使用校徽，如天津大学图书馆、复旦大学图书馆、南京大学图书馆、山东大学图书馆。13家馆微平台使用图书馆建筑物的照片或图片，如北京理工大学图书馆、中国农业大学图书馆、同济大学图书馆、上海交通大学图书馆、华东师范大学图书馆、浙江大学图书馆、中国科学技术大学图书馆、中南大学图书馆、电子科技大学图书馆、西安交通大学图书馆、西北工业大学图书馆、湖南大学图书馆、西北农林科技大学图书馆。6家馆微信公众平台使用艺术字造型，它们为：中国人民大学图书馆、南开大学图书馆、大连理工大学图书馆、哈尔滨工业大学图书馆、华中科技大学图书馆、云南大学图书馆。使用卡通图案只有一家，为武汉大学图书馆。

从表5－2可以看到，42家高校馆微信公众平台头像设计中使用馆徽的平台较多，占比3/7；其次为使用图书馆建筑物的照片或图片，占比1/3；使用艺术字作头像的占1/7；使用校徽的较少，仅4家。从这些数字可以看到，多数馆微信公众平台喜欢使用馆徽、建筑物的照片和艺术字作头像。

头像是微信公众号的重要标识，是平台的形象符号。作为高校馆的微信公众平台，头像除应具有较高的辨识度外，还应具有一定的庄重感。42家高校馆大多拥有自己的馆徽，馆徽设计庄重大方，设计一般具有学校特色和书籍元素特点，许多在学校图书馆主页上已经出现，是很好的图书馆微平台头像符号，如华东师范大学图书馆、浙江大学图书馆的馆徽非常漂亮，在微信平台上不妨继续采用。对于一些没有馆徽的高校馆，可以考虑采用校徽。馆徽、校徽在微平台上的使用，一则可以加强读者对图书馆的印象，二则可保持、提升图书馆微信平台的信誉度。一些平台即便不使用馆徽和校徽，在设计选用图片时，也需考虑平台辨识度问题，尽量少用模糊、普通的建筑物图片和卡通形象。

表5-2 “双一流”高校图书馆微信公众平台头像选用情况统计表

头像选用类型	校徽	馆徽	艺术字	建筑物照片及图片	卡通
42家微平台中使用数量（家）	4	18	6	13	1

二 微信公众平台页面模块设置

关于微平台页面模块组成，从表5-3可以看到，42家高校馆微信公众平台架构大都为“消息+服务”类型，该种类型的馆数量为33家。42家图书馆微平台中只有“北京理工大学图书馆”平台设置单项“消息”模块，8家馆平台设置有3个模块（“消息、视频、服务”），这8家图书馆分别为：复旦大学图书馆、华东师范大学图书馆、东南大学图书馆、浙江大学图书馆、厦门大学图书馆、武汉大学图书馆、西北工业大学图书馆、国防科学技术大学图书馆。

可以看到，“消息+服务”平台模块设置为目前“双一流”高校图书馆微信公众平台的主要选择。这样的页面构成模式具有较好的使用功能，其中滚动消息模块下可以不断推出新闻时效性高的信息、推文供用户浏览，较为固定的服务项目，如馆藏阅读、书目检索、在线借阅、新生导引则放在“服务”模块中分栏使用，这样的设置方法，便于读者固化记忆，方便操作。另外，42 家馆的微信公众平台中有 8 家馆平台使用了“消息、视频、服务”模块形式。其中，“视频”模块的内容为学校或图书馆宣传、时事宣讲、检索方法及数据库介绍等。由于视频本身较之文字更富有吸引力，该模块设置给平台带来了更多的阅读活力和动感。在未来的图书馆微信公众平台发展中，视频在平台模块中的分量应不断增加，以便给读者带来更好的使用体验。但目前 42 家馆微平台“视频”中内容过于单一，未来可以考虑把书目推荐、学科知识推介等栏目放置到该模块中，以吸引更多用户点击观看。此外，大量的图书馆微信平台设置有“听书”模块服务。如复旦大学馆微平台在“服务”模块中的二级菜单“活动”下设置有“博看有声书”和“经典诵读”两个三级菜单，进行听书服务。华南理工大学图书馆微平台在“服务”模块下的“微阅读”二级菜单下设置有“优谷朗读亭”开展听书服务。2021 年 4 月国家新闻出版局的《第十八次全国国民阅读调查报告》发布，调查结果显示，2020 年，我国有三成以上（31.6%）的成年国民有听书习惯，较 2019 年的平均水平（30.3%）提高了 1.3 个百分点①。可以看到，3 成以上的成年人群习惯于听书阅读方式，而且这个趋势正在不断增加。高校图书馆在微信公众平台的服务中可考虑加大该类阅读服务的力度，或引进更多的听书数据库，或购买较多音频版书籍，或开展更多的朗读活动，或制作更多音频资源供师生使用。

表 5－3　　平台页面模块组成情况表

类型	平台数量
“消息＋服务”	33
“消息”	1
“消息、视频、服务”	8

① 澎湃新闻：《第十八次全国国民阅读调查报告权威发布》，澎湃号媒体（2021－04－24），https：//www.thepaper.cn/newsDetail_forward_12369739，2022 年 3 月 3 日。

三　微信公众平台“消息”类目设置及服务内容

从表5－1可以看到，42家高校馆微平台的“消息”模块中滚动推出的内容包括三大类：1. 各种馆务信息、学校及馆办活动的新闻报道、展览、会议、观影、讲座、比赛的预告、通知，数据库开通使用通知等消息性内容，在此归结为“新闻公告、活动通知、资源动态消息”。这类信息内容较为短小，发布及时。2. 新书推送、图书推介、导读、共读、书目推送一类，暂归为“书目推荐”类。这类推文为阅读推广和专题知识推送服务，篇幅较大，一般以系列栏目推出。3. 知识、情报类专题文章，该类推文由馆员创作或转引其他媒体，在此暂归类为“馆制文献”，该类内容知识含金量较高。三类推文各有自己形式与内容特点，相互支撑，为平台提供了源源不断的知识信息流，具体叙述如下：

（一）新闻公告、活动通知、资源动态消息类推文

42家馆的微信公众平台“消息”模块下均有该类推文，在每次更新中，该类推文为必更新内容板块，如同报纸的头版，发送学校和图书馆的新闻消息和活动通知及资源动态，给读者提供最新的馆务资讯。其中，关于新闻时事方面，大部分馆平台报道主要对象为图书馆馆务消息，学校新闻，国家及地区的新闻消息一般不在报道范围之内。其次，比赛、讲座、展览活动预告为该类推文的主要内容。如北京大学图书馆微信公众平台在2021年7月16日推出的推文共6篇，分别为：“《工人之路》珍贵党史文献资料全国巡展暨李大钊诗作赠送仪式举行”、“北大图书馆，我们和青春曾来过”、“通知丨2021年图书馆暑假服务时间”、“信息素质教育微课堂丨带你玩转学术资源检索与论文写作”、“图书馆线上海报展”、“志愿服务丨图书馆暑期志愿者第二期招募”。这6篇中4篇为消息通知类。如清华大学图书馆微信公众平台于2021年8月7日推出的唯一的一条推文为“秋季学期读者借还书相关问题管理办法”，2021年7月20日推出的唯一推文为“我和图书馆丨手绘清图 书香华年”，2021年7月14日推出的唯一推文为“清华大学图书馆

党委组织党员及积极分子赴西柏坡等地进行社会实践”。可以看到，该馆微信公众平台连续更新3条推文内容均为新闻报道类消息。第三，在该类推文中数据库动态消息占据比例较大，内容包括数据库开通、试用通知、数据库检索注意事项及链接等。在42家馆微信公众平台的“消息”模块中，该类信息的篇幅通常较为短小，文本中除文字外常配以图片，阅读效果较好。

总之，42家馆微信公众平台中新闻公告及动态消息类推文的质量较好，承担了图书馆消息发布、活动宣传的职能，为高校馆微信公众平台服务增加了较多的新闻属性，丰富了高校馆微平台服务功用。

（二）书目推荐

42家馆微信公众平台中“消息”模块下均设有书目推荐类推文。图书馆的微平台除了传播图书馆的新闻资讯外，其重要职能应是为师生提供知识和专业信息服务。对于高校馆而言，知识服务的途径除提供书目检索、图书借阅、电子文献阅读下载外，书目推荐应为其重要的方法和渠道。

42家馆微信公众平台的书目推荐形式主要包括新书通告、好书推介、导师荐读、经典共读、专题书目推广等，推文推出方法或以系列专栏的形式推送，或以单篇推出。如北京大学图书馆微信公众平台设置有“共展书卷，再染墨香”、“阅读马拉松”系列专栏，人民大学图书馆微信公众平台设置有“畅想书单”专栏，清华大学图书馆微信公众平台设置有“小美上新”学科荐书专栏，中央民族大学图书馆微信公众平台设置有“文诵党史，献礼百年”、“豆瓣高评分图书推荐”、“书海拾穗”、“经典书目推荐”4个荐书专栏。这些专栏的内容、格式与行文风格较为固定，成为高校馆微信公众平台开展阅读推广业务的主要支撑与途径。如中央民族大学图书馆的“豆瓣高评分图书推荐”栏目推文内容包含：作者简介、书名、出版项、馆藏信息、内容简介；“文诵党史，献礼百年”系列推文内容包括：导语、封面、作者、出版项、馆藏信息、内容简介及延伸阅读图书的书名。如南开大学图书馆微信公众平台的“周周新书至”荐书栏目，每月推出一期新书题录信息，一次推书量为 10 本左右。

除了通过系列专栏进行荐书外，42 家馆的微信公众平台在节日、假期及季节变化时还会进行单篇书目推介。对于这些单篇推文，各馆的制作形式较为随意，各有特色。如南开大学图书馆微信公众平台在 2021 年 5 月 18 日推出了“10 本书带你畅游博物馆”一文，该文是为纪念国际博物馆日而制作，内容为书名、作者、出版社及内容简介。兰州大学馆微信公众平台于 2021 年 5 月 26 日制作推出了“在阅读中追忆袁隆平的故事”推文，文中推出了《追逐太阳的人》《袁隆平：中国神农的世界传奇》等 10 本与袁隆平有关的图书，书目题录信息包括：书名、内容提要，一些书籍后还设置有该书 QQ 全文阅读链接。这种单篇书目推荐文章没有栏目主题限制，推出时间灵活，长短随意，平台工作人员可以根据所发生或开展的社会事件、学校活动等契机进行制作，在选材和内容撰写上具有较多的自由度。该类推文由于活泼有趣，与师生生活交融度较高，常给读者带新颖有趣的感觉，该类推文是高校馆微平台服务彰显个性化色彩一个较好载体。

（三）馆制文献

在 42 家馆微平台“消息”栏目中，除了以上两类的推文内容外，还有馆制专题推文一类。该类由图书馆工作人员搜集、制作，文章内容通常包括：图书馆年度阅读报告、学校专利信息年报及专利知识、学科发展信息、学校或图书馆先进人物事迹、年节生活习俗、生活感悟、文史科学知识等。如中国人民大学图书馆微信公众平台设置有“图苑拾珍”系列，介绍学校各科著名学者的学术贡献。北京航空航天大学图书馆微信公众平台设置有“图书馆说”节目，进行科研知识介绍，如推出了高被引和热点论文知识“小高和小热的故事”系列文章。吉林大学大学图书馆微信公众平台推出了“古迹保护/古典之美——书籍的装帧艺术”、“匠者匠心——古籍函套的传统制作工艺”系列文章，对古籍保护知识进行详细介绍。上海交通大学图书馆微信公众平台推出了“交图 FM”栏目，连续介绍党史故事。郑州大学图书馆微信公众平台设立了“文学茶舍”“图书馆视听说”“焦点图说”专栏，介绍文史故事、心理健康知识及学校动植物生长状况。湖南大学图书馆微信公众平台推出了考研系列推文，如“我们一研为定”“考研加油，仅以本书送给日夜奋战的考研人”“明天考研，你必上岸”等文，文章从“情绪调整”“状态调控”“复习规划”“你必成功”4个方面帮助学生进行考研心理安抚、精神压力调节和复习计划制定，传达了图书馆人对学生的关心及鼓励，充满浓郁的人文关怀情怀。这类专题文章或专注于学校科研发展动态，或贴近于学生生活，或讲述文史经典，或分享生活感受，既有专业知识的输送，又有生活心理的关心，彰显了“双一流”高校图书馆微信公众平台服务高质量特点，赋予了高校图书馆微平台服务具有的专业知识传播与生活关怀共融的人文特色。

四 微信公众平台“服务”菜单设置及服务内容

关于“服务”模块菜单栏目设置，从表5－4可以看到，34家图书馆微信公众平台设置为3个一级菜单。有6家图书馆微平台设置了2个一级菜单，包括：郑州大学图书馆、西北工业大学图书馆、电子科技大学图书馆、中山大学图书馆、北京师范大学图书馆、大连理工大学图书馆。设置5个一级菜单的微平台有2家，分别为中国科学技术大学图书馆和北京理工大学图书馆。可以看到，绝大多数图书馆微信公众平台“服务”模块中一级菜单数量为3个。这些一级菜单的内容通常为：书日检索、阅读服务、在线借阅业务、预约服务、个人信息查阅，这些菜单直接放置在“服务”模块下，用户点击即可使用，方便快捷，基本满足了师生的正常业务办理的和阅读需求。但是，在“服务”栏目及菜单设置中存在一个问题，即全文资源阅读权重不足，且大部分馆微平台链接的阅读数据库较为雷同，大都为：“QQ读书”“博看期刊”“超星视频”“当当读书”“新语听书”“环球英语”等数据库资源，个性化的全文阅读资源库较少。在今后的图书馆微信公众平台建设中，该领域的工作需要加强。同时42家馆微平台中能够进行全部馆藏电子文献阅读的平台数量不足，需要引起管理者重视。

表 5－4　　“服务”模块菜单设置情况表

一级菜单设置数量	平台数量
3 个一级菜单	34
2 个一级菜单	6
5 个一级菜单	1
无一级菜单	1

第二节　“双一流”高校图书馆微信公众平台服务特色及存在的问题

经过对 42 家高校图书馆微信公众平台服务内容及途径的逐一调研，可以看到这些平台服务内容较为齐全，服务路径设置较为合理、清晰。在平台上读者可以浏览学校新闻消息、资源动态、活动通知，还可以阅读数据库文献、观看书目推介推文、接收学科发展信息、学习专业知识及观看课程视频。在业务办理方面读者可以在平台上办理在线书刊续借、座位预约、研究空间预定等业务。在生活领域，通过平台读者可以获取生活知识、欣赏经典著作、观看影视作品等。可以说，关注登录微平台后，师生获得了一个新的掌上图书馆，可以进行一定业务办理、电子文献获取和下载、新闻消息获取、专业阅读和休闲放松。目前微平台已成为师生获取知识信息服务的有力工具。

一　“双一流”高校图书馆微信公众平台服务特色

（一）与社会现实生活关联密切

高校图书馆由于管理体制及工作性质的原因，长期以来较为封闭，与外界联系较少。作为新媒体的代表，42 家高校图书馆微信公众平台在实际运营中表现了较好的外联性，与社会现实生活关联密切。

首先，微平台推文与社会思想主旋律相一致，具有较高政治站位。如每个平台在 2021 年均开展了建党百年周年活动，设置了相应的专栏进行书目推荐、党史专题文章推送。如上海交大馆微信公众平台设置了

“交图FM：党史故事”栏目，进行党史故事系列推送。同济大学馆微信公众平台设立了“红色经典，百年奋斗”党史图书推荐系列专栏，并另推出单篇红色书目推荐，如“医者部落，毛泽东纪念的红医《手术刀就是武器 白求恩传》”。南京大学图书馆微信公众平台设立“党史学习主题书目推介”。东南大学图书馆微信公众平台自2021年5月30日开始推出“100本红色电子图书”书目推荐系列。清华大学设立了“党史回顾”，推出了系列党史文章。

其次，平台推文具有较高的时效性，与现实生活联系密切。随着2020年新冠疫情的来袭，众多馆微信公众平台制作了防疫推文。如华东师范大学图书馆微信公众平台推出了“战疫书柜”专栏，进行疫情防治专题书目推广。2021年7月22日，四川大学图书馆微信公众平台推出了“心系河南，图林献书：应急减灾书单”推介，文中推出9本应急图书，包括：《避灾自救手册：水灾》《极端天气生存手册：恶劣环境中拯救生命的214条黄金技能》《城市防灾减灾与自救》《极端环境下生存自救手册》《逃生宝典：灾害现场自救互救》《现场急救知识与技术》《旅游急救知识》《重大灾难性事件的心理救助：突发事件心理救援与心理干预手册》《“赤脚医生”手册》，这些书籍题录信息包括：书名、作者、出版社、索书号、馆藏地、内容介绍。文末写道：“河南挺住！中原大地，人杰地灵，举国援手，华夏重光。[①]”新冠疫情出现后，电子科技大学图书馆微信公众平台在页面“服务”模块中设置一级菜单“抗疫服务”，在该菜单中推出“资源动态、创新服务、最新公告”。同时，该平台在“消息”栏目设立“阅读抗疫”、“疫往昔”书目推荐栏目，不间断滚动推出抗疫相关书籍。如2020年4月13日推出“那些超越疫情与时空的美好——《霍乱时期的爱情》”推文，对《霍乱时期的爱情》一书进行详细介绍，文末写道：“没有一个冬天不会过去，没有一个春天不会到来。让我们一同走进传染病的往昔，去捕捉人类顽强抵抗，共克时艰的光辉瞬间。”[②] 2020年2月10日该平台在

① 见四川大学图书馆微信公众平台2021年7月22日推文。
② 见电子科技大学图书馆微信公众平台2020年4月13日推文。

"阅读战疫"栏目中推出"阅读战'疫'，我们在一起"，文中推出了17本图书①题录信息，每本书附有二维码，可以进行全文阅读链接。同时，平台给出了"品读经典，全民战'疫'""听书打卡，防疫专题——新型冠状病毒知识全知道""答题战疫——病毒科普知识竞赛比身手""经典共读——共读经典共宅家中控疫情""移动博物馆——博物馆在家逛文物活起来"5个超星智慧图书馆的数据库链接。文末写道："2020年的春节，疫情突如其来，让大家猝不及防。美国诗人麦克斯·厄尔曼说：'培育心灵上的力量，以面对突然而来的不幸。但不要杞人忧天以致心神不宁。众多的恐惧，源自疲乏和孤独'。面对疫情，我们应该保持冷静、理性认知、科学防疫，利用宅在家的时间好好给自己充充电。让我们一起阅读战疫。在阅读中拨开雾霾、重建信心，携阅读而来的内心力量，守望相助，众志成城，共克时艰。"② 从这些馆平台的推文内容可以感到浓重时代气息，映射出高校图书人关怀民生的爱心和强烈的社会责任意识。

（二）重视知识产权领域的知识服务

从42家馆微信公众平台服务内容中，可以看到这些高校馆微平台对知识产权工作十分重视。42家馆微平台推文内容多种多样，各有特点，但都重视对知识产权知识与业务的宣传、相关知识的报道与推送。4家馆的微平台消息页面中，大多数馆都推出了学校年度专利分析报告。42家微平台中有15家平台推出知识产权专题文章和视频。如东南大学图书馆微信公众平台设立"知识产权科普小故事"专栏，进行知识产权基础知识的系列讲解。西交大图书馆微信公众平台设立"专利二三事/你的知识产权小课堂"栏目。浙江大学图书馆微信公众平台设立了"专利微课堂"专栏系列，从2018年12月到2020年2月推出了

① 17本图书包括：《极度威胁》《老人与海》《钢铁是怎样炼成的》《肖申克的救赎》《活出生命的意义》《遇见未知的自己》《假如给我三天光明》《给青年的十二封信》《活着》《病隙碎笔》《去来集》《人生的枷锁》《童年》《在人间》《我的大学》《纯真告别》《愿你的青春不负梦想》。

② 见电子科技大学图书馆微信公众平台2020年2月10日推文。

12 期的视频讲座[①]，从认识专利，如何获得专利、如何申请专利等角度出发，较为完整讲解了专利知识和检索技巧。电子科技大学馆微信公众平台推出了“知识产权微视频”栏目，以视频方式对知识产权知识进行系列讲解。中山大学图书馆微信公众平台从2020年11月到2021年1月建立了“知识产权那些事”专栏，共推出10期内容[②]，推文以生动活泼的语言、身边发生的事件为例讲述了专利相关知识。该平台还设立“知识产权导读系列”专栏，在2018年11月推出了3期知识产权图书导读，每一期主体不同。如第一期推出10本书（《大学生创新发明与专利申请教程》《创客手册：100个改变生活的创新发明》《法官评述100个影响中国的知识产权经典案例》《2小时玩转专利》《创意产业相关知识产权》《知识产权案件办案实录：5个案例的全程指引》《世界知识产权组织知识产权保护：案例研究》《著作权诉讼典型案例指引》《商标授权确权类案例启示录》《药品专利之战》），内容围绕专利基础知识展开；第二期推出4本书（《专利信息资源》《专利竞争情报理论与实践》《专利文献与信息检索》《专利检索：工具与技巧 Patent searching：tools & techniques》），内容围绕专利检索知识与方法展开；第三期推出10本书（《专利技术转移理论与实务》《中国科技成果转化制度体系：法律、政策及其实践》《国外技术转移案例研究》《专利转移转化案例解析》《高校科技成果转化与协同创新》《高校科技成果转化机理与对策研究》《专利技术转移机制》《中华人民共和国促进科技成果转化法》《新〈进科技成果转化法〉与知识产权运用相关问题研》《技术转移与知识产权问题》），内容围绕专利技术转让展开。这20余

---

① 十二讲题目分别为：1. 认识专利；2. 如何获得专利；3. 专利授权的三性审查；4. 专利的法律状态；5. 专利的引文；6. 失效专利的利用与法律状态的检索；7. 专利申请前的专利检索方法准备；8. 专利申请前的准备；9. 技术交底书的撰写（上）；10. 技术交底书的撰写（下）；11. 专利检索资源；12. 专利信息分析概述。

② 10期题目分别为：1. 罗的“真还传”被抢注，点解?；2. 基因编辑，诺奖背后的专利之争；3. 这串号码里藏了啥信息？一起来看看；4. 小学生的发明获国家专利？快来看看授予专利权的条件；5. 融梗？什么是著作权?；6. 抄袭、洗稿、融梗……是否涉嫌侵权?；7. 哪些情况可以合法使用作品而无需授权；8. 丁真走红背后，谁打着商标权的小九九?；9. 商标权的取得——从李佳琦申请注册声音商标被驳回谈起；10. “茶颜悦色”的反诉，什么是商标侵权?

本图书基本囊括了开展专利工作知识和方法，专业含金量较高，对知识产权工作开展具有很好的帮助。

（三）重视学科服务

42 家高校馆所在高校科研实力较强，其馆微平台的服务中偏向学科服务，推文中有较多关于科研动态、学校科技成果的推文。42 家馆微信公众平台中，20 家推出有科研动态及学校科研成果分析的相关文章。如东南大学图书馆微平台推出有学校 ESI 学科系列发展动向报告、高被引学者名单。中国农业大学图书馆推出有“数见/从 ESI2019 数据看我农学科”，对农业学科发展动态有详细解读。北京航空航天大学图书馆微平台制作有“图书馆说”节目，对学校的科研信息进行了持续、详细报道，如推出了高被引和热点论文知识“小高和小热的故事”。北京大学图书馆微信公众平台设置了“学科情报订阅”栏目，对院系发文、个人科研成果进行定期分析，并给出调研报告。此外，该平台每年都会发布学校年度专利竞争力分析报告，全面介绍学校专利发展成果。

ESI 学科分析是当今国内外流行的学科竞争力分析工具，每 2 个月数据更新，除常规的学科情报服务外，42 家馆微信公众平台对高校 ESI 学科分析普遍较为重视。如复旦大学图书馆微信公众平台每 2 个月推出“复旦大学在 ESI 学科领域的科研表现”报告。国防科技大学微信公众平台每月推出有“ESI 简报”，对学校 ESI 发展学科状况进行检测分析。同济大学馆微信公众平台在“消息”页面设置“学科服务”和“情报研究”栏目，进行较为全面的 ESI 学科分析。该平台在“情报研究”栏目每 2 个月发布学校 ESI 学科概况，每年发布年度各单位 ESI 学科贡献情况分析报告。在“学科服务”栏目下，该平台定期推出 ESI 高被引论文情况。如 2020 年 6 月 5 日推出“基于学科视角的‘十三五’期间同济大学高被引学者量化动态分析”，2020 年 11 月 27 日推出“学科视角 2020 世界高被引科学家榜单及同济大学的高被引学科”。北京大学图书馆微平台在“消息”页面设置“学科情报订阅”和“未名学术快报”栏目，进行 ESI 学科服务。“学科情报订阅”栏目在 2021 年 10 月

14 日推出“空间科学 ESI 排名及院系贡献度”，2021 年 11 月 30 日推出“空间科学前沿的简要分析”，两文基于 ESI 数据库对空间科学的学科热点及前沿进行分析。“未名学术快报”栏目于 2021 年 11 月 25 日推出“北京大学 28 人次入选科瑞唯安 2021 年度高被引科学家”，对年度学校 ESI 高被引科学家及论文在国内外的排名进行了统计分析。上述馆微平台制作的 ESI 分析报告给学校学科发展提供了第一手基础资料。

（四）微平台具有较强馆务宣传功能

“双一流”高校馆微信公众平台具有较强的宣传功能。每个馆平台均介绍图书馆基本情况，如馆藏布局、业务种类、工作时间、馆藏使用方法、新生导引等。一些平台还承担了学校新闻宣传职能。如武汉大学图书馆微平台在“消息”栏推出有“中国最美的大学是怎么建成的”文章，对学校历史进行了详细讲述。重庆大学图书馆微平台在“服务”模块下设置“羊皮书”专栏，点击后可观看学校、图书馆发展历史的宣传视频，并可了解图书馆使用方法，阅读新生入学须知、档案办理、新生交纳费用等信息。南京大学图书馆微平台设立“快闪”图书馆活动与宣传视频，并制作“微电影”，宣传图书馆资源与服务，同时还设立“新生攻略”专栏，对新生入学进行导引式服务。此外，在 42 家高校馆微信公众平台中，已有 14 家高校馆设置了新生或迎新专栏①，进行新生宣传和服务导引。

二 “双一流”高校图书馆微信公众平台服务中存在的问题

（一）推文原创性不足

42 家馆微信平台服务内容涵盖新闻消息、公告通知、资源动态、书目推荐、馆藏文献阅读、文史知识、科研情报推送、线上业务办理等，平台的信息推送基本为周更新。这些服务可基本满足师生知识信息

① 这些高校包括：中国农业大学、南京大学、东南大学、中国海洋大学、武汉大学、华中科技大学、东南大学、中山大学、四川大学、重庆大学、西北工业大学、东北大学、湖南大学、新疆大学。

需求。但纵观庞大的知识信息推送流，不难发现，绝大多数的推文内容为外购或从其他媒体消息整理而来，平台自制的文献数量较少。在平台“消息”模块中，除去馆活动新闻公告、活动通知、数据库开通动态及书目推荐为图书馆人员编撰外，其他一些生活、文史类知识和科研信息大多从其他媒体转引而来。除了郑州大学图书馆、吉林大学图书等少数馆微平台外，大部分馆微平台在此领域存在原创推文不足的问题。原创推文的缺乏，容易造成平台服务千人一面的现象，使微平台服务缺少自身风格与特色。

（二）平台栏目设置及资源形式较为雷同，缺乏个性化色彩

42 家馆微平台的服务内容及菜单设置基本相同，除个别平台外，服务模块均为消息 + 服务。“服务”模块下基本为 3 个一级菜单和若干个二级菜单。菜单服务内容主要为书目检索、馆藏阅读、线上业务办理。在滚动“消息”栏下，推文内容基本为新闻公告、活动通知、资源动态、书目推荐、科研动态和专题知识。除此之外，在“消息”一些栏目设置上，也存在较多雷同。如书目推荐，除个别平台外，一般栏目都为：“好书推荐”、“新书通报”、“馆员荐书”、“主题书单”这些名称。在为数不多的专题知识信息推文中，多为文史诗词欣赏、节令民俗介绍、考研资讯推介等内容，缺乏富有个性色彩的栏目和推文。此外，“服务”模块的电子资源过于雷同，除通过 VPN 进入校图书馆获取资源外，直接链接的数据库基本为“QQ 读书”、“新语听书”“京东读书”、“博看书苑”、“国图阅读”、“环球英语”、“超星读书”等，除个别高校外，大部分微平台缺少特色数据库及专业学科网络资源链接服务。

（三）文史内容较多，自科资源不足

微信公众平台作为一种新媒体，具有信息传播、休闲娱乐的基本职能。42 所高校馆微信公众平台在此领域均有良好的表现，对学校及图书馆的活动、消息、通知的报道及时全面，对诗词、美文、音乐、电影的推送也可满足读者学习娱乐的需求。但高校馆的微平台又不同于其他机构微平台，它还具有服务教学科研的职能定位。因此，高校馆微平台

在内容安排上应有对学科资源、学习方法上的特殊考量。目前42家馆微信公众平台服务内容中社科文史类推文及文献数据库资源较多，自科领域内容较少。如有的馆微信公众平台“服务”模块中的书目推荐中的书目均为文史类；有的馆微信公众平台中“消息”栏目下除消息和书目推荐外，推文多为古籍知识介绍，没有针对自科知识的专题推文。有的馆微信公众平台“服务”模块下的“公开课”共有8个栏目，分别为：文学、历史、文化、社会科学等，其中无一个自科课程类。此外一些馆平台链接有较多的数据库，如“QQ读书”、“新语听书”、“京东读书”、“博看书苑”等，这些库中文献也均多为社科类图籍。

第三节 提升“双一流”高校图书馆微信公众平台服务的思考

42家高校馆微信公众平台是国内高校馆微平台服务发展的带头人，这些平台的架构设置、内容及路径选择将会对国内高校馆微平台服务发展起到较大引导作用。基于上述调研结果的分析，可以看到，这些国内一流高校馆的微平台服务虽然已经取得了较多的成果，但也存在一些问题和不足，需要在推文内容选择、团队建设、服务手段等方面进行调整和变革，以满足不断增长的用户服务需求。

一 构建特色微服务平台形象

每个高校及其图书馆都有自身的办学、办馆特色，其图书馆微信公众平台在开展泛在服务的同时，应尽可能考虑构建自我风格特征，赋予平台鲜明的个性色彩，更好满足用户的差异性需要。目前微信公众号有三种类型，即服务号、订阅号和企业号，高校图书馆微信公众号一般选用订阅号或服务号。订阅号或服务号常用的功能包括信息推送、自动回复、自定义菜单（二级菜单）、在线留言、客服功能等。在页面结构方面高校馆微平台基本相同，基本都为“消息+服务”，“消息”下滚动推出各种内容推文，“服务”模块下设置数量不等的二级菜单进行较为固定的线上服务。因此，各馆个性平台的构建只能在推文栏目设置、推文内容选择、菜单数量及菜单功能方面进行考量。

（一）设置特色栏目

在微信公众平台滚动消息栏目下，除了新闻公告、活动通知外，设置富有个性的推文栏目是一个较好凸显各自特色的途径。平台可根据学校特色，开设固定书目推荐栏目。如国防科技大学图书馆微信公众平台根据学校为军事院校的特点，在“消息”栏目下设置了“书山勇攀登，军营绘前程”书目推荐栏目，所推图书为军事学图书，使平台富有浓郁的军事色彩。如东南大学馆微平台 2021 年 4 月 9 日推出了“外文电子书推荐系列”，每月 2 次，每次 5 本，书后附电子书阅览地址，读者链接校园网可打开阅读。在众多平台以中文书推荐为主的背景下，该做法满足了读者对外文图书学习需求，使平台具有独到的外文文献服务特色。如重庆大学馆微平台设立了“建筑书讯”栏目，对建筑学图书进行推荐导读，凸显了学校建筑学的学科特点。

（二）制作特色知识模块

42 家高校馆微信公众平台基本都有专题知识推送服务，各馆可以尝试在知识推送内容、载体方面进行个性化色彩定位，可以根据学校学科特色、馆藏特点、工作人员的学养特点开展不同的知识服务。如国防科大图书馆微信公众平台推出了“鼓角军声”、“壮我山河”板块，进行党史、军事知识推送，具有较为鲜明的军事知识服务特点。如华中科技大学馆微信公众平台在“消息”下推出“每日一曲”，对世界名曲进行介绍，推文内容包括：曲名、作者简介、音乐赏析、MP3 链接，该栏目设置使平台具有较好音乐知识服务的特点。如吉林大学馆微信公众平台的“古迹保护/古典之美——书籍的装帧艺术”、“匠者匠心——古籍函套的传统制作工艺”系列推文，介绍了古籍保护知识，文中有古籍装帧知识详解、装帧过程图片展示和具体古籍修复的视频播放，通过文章阅读，读者对该领域可以有全面、直观及深入的了解，这些推文赋予了平台鲜明古籍知识服务特点。特色知识推文模块的制作不但使平台富有较好的个性化服务色彩，也可满足读者差异性阅读需求，可吸引特定知识爱好群体的关注，能很好提升平台的“吸粉”“涨粉”力。

（三）开展特色数据库阅读服务

高校馆的微信公众平台在消息推送的同时，应具有较为强大的文献资源阅读服务功能。目前42家馆微信公众平台的数据库阅读服务中，除馆藏电子文献外，外链接的数据库大多相同，如“QQ读书”“新语听书”“京东读书”“博看期刊”“超星读书”等。除去这些数据库，大部分平台的特色专题数据库资源较少。为更好服务于教学科研，平台应就学校特色学科、重大科研课题设立专题资源库，或对学校已有的专题数据库进行链接。同时，为了培养学生的科学探究素养，高校馆平台可以就某个学科或某一个科研方向的议题进行持续关注。目前许多自媒体上的内容经过授权后可以转载，高校馆微信公众平台可以与一些自媒体联系，广泛进行网络资料收集，加工整理后放置于馆微平台，作为特色资源供有兴趣的师生使用。在这一点上，一些自媒体的做法可供学习。如“知识分子”公众号，该公号对当前科学界的重大事件进行了持续深入关注。该平台设置了不同的科学专题，如“韩春雨事件”“杨振宁”“新冠疫情”“艾滋病”等。在不同专题栏目下推出了系列文章，进行相关消息、知识的推送，具有浓郁的科学探索精神。如2016年5月至2018年9月，平台共推出“韩春雨基因编辑”事件的相关推文22篇，跟踪了事件发生全过程，撰写了大量基因编辑技术文章，是目前对该事件作最全面、深入的自媒体报道。关于新冠疫情，从2020年1月21日该平台推出第一篇“溯源：为何新型病毒总是指向野生动物”开始，到2021年8月11日“德尔塔阴影下，mRNA疫苗能成为疫情解药吗?”为止，平台共制作推出了209篇原创推文，对新冠疫情知识及防治方法进行了深入、全面的关注和探索。这些推文内容包括病毒研究、国内外抗疫态势、抗疫药物研发、日常防疫知识、人群心理健康、Delta病毒应对等，如“中德美韩专家详解，如何防控新冠疫情”、“N95口罩可以消毒后再使用吗？人员如何操作?”、“我在德国看新冠”、“来势汹汹，新冠Dleta突变株是什么，我们该如何应对?”等，文中内容深入浅出，讲解了大量专业知识，疏解了民众对病毒恐惧心理，提出生活中应对策略。该类推文的大量汇集赋予了平台鲜明的科学特色，受到众多读者的关注，出现了大量10万+推文，其做法值得广大高校馆微平台学习和仿效。

二 从用户角度出发，提升用户与平台的粘合度

（一）推文内容应富有人文关怀特色

手机微信的大量使用使微信公众号成为用户知识信息获得的重要渠道。高校馆微信公众平台要获得师生的更多关注和使用，除了功能多样，使用方便，栏目清晰外，推文内容是否能赢得师生认可喜欢是一大因素。平台运营者应考虑推文内容尽量要满足用户需要，走进读者心中，贴近师生生活，培育其健康精神，引导其心灵成长。在此领域，42家微平台中一些馆平台取得了较好的成绩。

如郑州大学图书馆微平台在“消息”模块下设立了“图书馆视听说”栏目，对校园植物、四时景色、小动物进行了动态描述，撰写有“人间朝暮，叶落惊秋”、“春天也是远道而来的浪漫”、“点亮图书馆的光影”等大量推文，中间附以大量的抓拍照片。推文赏心悦目，情趣盎然。文中以不同的视角对大家熟悉景物进行了描述，给予师生很好的群体认同感。同时平台还设立“文学茶舍”专栏，撰写有诗词欣赏、文学故事、人生感悟、名士风流等文，如“灯与河川，夏日人间”“如果可以，想做他们笔下的美人”、“给你一本英语单词，聊聊我们今年的故事”等，这些寓知识与休闲于一体的推文给予了读者心灵陶冶和学识增长，发挥高校馆微平台应有的美育、教育职能。如湖南大学图书馆微平台设立有考研服务栏目，制作了系列考研知识、心灵关怀推文，如“告白——春光明媚，我开始想你”“我们一研为定”“考试周年的防困御寒妙招”“考研加油，仅以本书送给日夜奋战的考研人”“明天考研，你必上岸”等，文章从“情绪调整、状态调控、复习规划、你必成功”4个方面为学生进行考研实际心理辅导和复习计划制定帮助，传达了图书馆人对学生学习的关心及鼓励，充满浓郁的人文情怀，为高校馆微服务树立了良好的服务标杆。

（二）推文文本形式的多样化设计

除了内容满足读者需要，富有人文关怀外，平台推文的文本形式也应尽量做到图、文、音频、视频并行，并在名著导读、电影欣赏的推文中附以资源链接，给读者提供最大的阅读兴趣与使用便利。同时，推文在以文字为主的情况下，可考虑对音频、视频资源制作量的增加。总之，在平台内容和服务方式设置上，平台工作团队如能站在用户的角度去考虑和抉择，一定会得到用户的认同，使用户不断追随，与平台之间产生良好的粘合度。

三 打造一支一流的微平台服务团队

以上的种种思路和办法的实现，除去管理层的重视，给予该项工作财务、人员和硬件的支持外，平台服务团队的工作心态及工作能力是其关键因素。而要打造一支高水平的服务团队，首先应挑选热爱该项工作、富有责任心的员工，组建一个固定的服务组织，在薪资、工作条作条件方面给予一定倾斜，保证工作人员有一个积极心态和饱满的工作热情。其次，新媒体的运行牵涉到新闻采写、文本编辑、图文视频后期制作等技能，图书馆现有人员不可能立即掌握所有媒体制作最新技术，图书馆在鼓励员工进行业务学习的同时，应采用请进来、送出去的办法，对工作人员进行专题培训，以迅速提高其业务技能。第三，可考虑吸收学科馆员、学生及校内外学者进行平台兼职服务，以拓深和扩大平台知识服务的深度与广度。目前高校馆中已建立了学科馆员制度，学科馆员对所在学科发展状况有着较深入的了解，可以撰写学科发展信息报道及学校重大科研项目进展动态，吸收他们进入馆微平台进行服务，可以获得最新的学科发展信息。同时，高校具有丰富的学者资源，平台可聘请校内外学术大咖撰写专题知识推文、进行学科书目推介、讲解学习科研方法。如四川大学图书馆微信公众平台推出“52 经典阅读，名师导读系列”，邀请校内导师进行经典解读；中山大学图书馆微信公众平台推出“一周一课”，邀请任课教师进行课程书目推介。这些做法充分利用了校内人才资源，提高了平台知识服务的含金量和价值度。此外，青年学生具有参与各种活动的热情，可邀请他们撰写平台书评，参与平台举办的阅读、观影、讲座等活动，并及时反馈活动效果，使平台服务与学生需求保持同步，使平台发展充满青春活力。

随着技术进步，未来高校馆服务方式将不可逆的转向移动化、数字化领域。在图书馆的服务中，微平台会将承担更大的服务比重，而打造一支一流的平台服务团队不但可提升目前平台的工作效果，也将给不断转型的图书馆服务奠定一个较好的人力资源基础。

第六章 “双一流”高校图书馆微信公众平台阅读服务研究

随着通信技术的发展，手机越来越成为人们日常生活工作重要的通讯和知识信息获取工具。自 2011 年腾讯推出微信软件以来，微信已成为国民广泛使用的移动通信工具。由于微信软件下载操作免费，使用方便，提供即时通讯服务，一经推出就受到用户的热烈欢迎。到 2013 年 1 月，微信注册用户数突破 3 亿①，2019 年微信月活跃用户为 11.51 亿②，到 2020 年底，微信及 WeChat 的合并月活账户数为 12.25 亿，同比增长 5.2%③。据调查，目前每天有 10.9 亿用户打开微信，3.3 亿用户进行视频通话，有 7.8 亿用户进入朋友圈，1.2 亿用户发表朋友圈，有 3.6 亿用户公阅读众号文章，4 亿用户使用小程序④。微信阅读功能强大，有信息提示功能，可清晰发现未阅读的信息，避免新消息漏读。同时，微信信息可以收藏、转发与保存，十分方便知识信息的反复学习及多人阅读、共享。目前微信阅读已成为人们生活重要的阅读方式，微

---

① 腾讯科技：《腾讯微信用户量突破 3 亿，耗时不到两年》，腾讯网（2013－01－15），https：//tech. qq. com/a/20130115/000179. htm，2022 年 2 月 3 日。

② 腾讯科技：《腾讯官方发布 2019 微信数据报告!》，腾讯网（2020－01－10），https：//tech. qq. com/a/20130115/000179. htm，2022 年 2 月 3 日。

③ 腾讯新闻：《一分钟读懂腾讯 2020 年财报，每天 3.6 亿用户阅读公众号、4 亿用户使用小程序》，腾讯网（2021－03－25），https：//new. qq. com/omn/20210325/20210325A0057600. html，2022 年 2 月 3 日。

④ 腾讯新闻：《有 3.6 亿用户读公众号文章，4 亿用户使用小程序》，腾讯网（2021－01－20），https：//xw. qq. com/partner/vivoscreen/20210120A07E3200，2022 年 2 月 3 日。

信平台已经成为用户获得知识信息的重要来源。

微信阅读方便快捷，不受所处环境的影响，其便捷性有效扩大了人们的认知视野和知识水平，对推进社会发展贡献良多。但从微信好友、朋友圈分享而来的资讯大都为即时消息，真假难辨，良莠不齐，知识含量及思想价值度高低不一，存在碎片化、庸俗化问题。自 2012 年机构微信公众号推出以来，该种情况开始变化。政府机关、新闻媒体、医院、高校、协会及企业纷纷开始建立自己微信公众平台，开通微信线上服务。这些微信平台发布大量专业资讯，推出各种生活、专业知识信息供人们阅读、学习。这些机构微信平台推出的信息内容公开、健康、实用，对民众工作和生活带来了便利，弥补了人们工作紧张无暇阅读纸质书籍的不足，提高了民众知识量和知识层次，对全民阅读量的提高有直接的推进作用。

阅读是一个人获得精神成长的主要途径，特别是对青年人而言，学习阶段阅读的质与量深刻地左右着他未来的发展格局与认知水平。大学是青年学生的聚集地，学生阅读数量与质量是衡量一个高校办学水平的重要标志。图书馆作为大学立身的三大基石（实验室、图书馆、教师）之一，为师生提供优质充沛的阅读服务是其重要职能。

目前，随着网络及通信技术的发展，青年学生的阅读习惯越来越转向电子化、移动化，到馆借阅人数及纸质图书的借阅量在不断下降。高校馆如何面对这种变化，改变工作思路，开展新形式的阅读服务是目前急需解决的问题，而微信公众平台的出现为高校馆阅读服务的转型和升级提供了一个新的契机。目前高校馆微信平台基本已经普及，在庞大的新媒体中高校馆微信平台凭借资源优势推出了形式多样的阅读服务，成为师生获取知识资讯的一个重要工具。但是与社会其他机构微平台相比，高校馆微信平台阅读服务在形式和内容上尚存在诸多不足，相对于新闻媒体和科学自媒体中大量推文 10 万 + 的阅读效果，高校馆微平台的关注量较少，推文点击量较低。如何吸取其他行业微信平台的服务经验和优点，利用自身优势资源，促使高校图书馆微信公众平台为师生提供多形式、优质的阅读服务是当前高校图情服务工作中需要面对的问题。

第一节 “双一流”高校图书馆微信公众平台阅读服务实践及研究状况

微信公众号分为服务号、订阅号、小程序及企业微信，业务功能包括：信息推送、自定义菜单，平台具有回复、留言、赞赏等功能。微信公众平台（又称微信公众号）于 2012 年 8 月推出后，由于功能强大受到了微信用户的欢迎。各个行业机构、个人纷纷进行公众号的注册、建立，形成了一个庞大移动新媒体，到 2018 年，微信公众号已突破 3000 万个[①]。微信公众号推送内容丰富多样，从生活百科到专业学术，从历史文化到社会百态，从文字到音频、视频，目前已成为大众微阅读的一种重要载体。继政府和各大媒体相继开通微信公众平台后，教育机构也开始了此项工作。2013 年 12 月 11 日，教育部新闻办公室官方微信“微言教育”正式开通，与其官方微博、门户网站一起构成教育部新媒体“三剑客”。教育部官方微信平台设置有“资讯”、“观点”、“服务”、“提示”等栏目，公布教育政策、资讯，传递教育理念，发布安全预警等消息，同时也可通过互动栏目了解大众需求，收集群众意见，成为与群众沟通的重要平台。同时，国内各高校馆相继开展了此项工作，纷纷建立了自己的微信公众号。截至 2015 年 6 月，39 所“985”高校中有 31 所高校的图书馆已经开通微信公众号，开通率达 79.49%。31 所高校馆微平台中，除 1 个非官方认证的中国海洋大学图书馆微信公众号外，30 个“985”高校图书馆微信公众号全部通过官方认证[②]。截止至 2015 年底，江苏高校 44 所高校有 28 所开通微信公众号，比例达 63.6%[③]。到 2016 年 9 月，39 所“985”高校图书馆微信公众平台开

---

① 腾讯新闻：《微信 2018 影响力报告》，腾讯网（2019－03－04），https：//tech. qq. com/a/20190304/009516. htm，2022 年 2 月 3 日。

② 刘雯：《山西高校图书馆微信公众平台服务现状分析及对策研究》，硕士学位论文，山西财经大学，2016 年，第 1—2 页。

③ 高雨：《高校图书馆利用微信公众平台推广阅读的策略研究—以江苏省 44 所高校图书馆为例》，全国中医药图书信息学术会暨第十三次中医药院校图书馆馆长会议论文集，2016 年，第 68 页。

通 33 家。到 2021 年 3 月，42 所“双一流”高校图书馆全部建立了微信公众平台。

一 “双一流”高校图书馆微信公众平台的阅读服务开展状况

微信公众号可以是服务号、订阅号、小程序及企业微信，高校图书馆一般申请服务号或订阅号。这两种公众号模块组成一般为：“消息” +“服务”。常用的功能有：信息推送、自定义菜单（一、二级菜单）、在线咨询、转发、留言、点赞、阅读量统计等。

2012 年北京师范大学和北京航空航天大学图书馆开始推出微平台服务，当时服务内容还较为单一，限于消息通知、新书推送，借阅排行榜统计等。随着微信平台功能的进一步提高，高校馆微平台的服务内容也在不断增加，目前高校馆微信平台服务内容包括：学校及图书馆的新闻报道、馆务通知、活动消息、展览观影及讲座预告、数据库开通通知、书目推荐、生活知识、学科动向、科研动态、专题知识、馆藏电子资源的访问链接、读书平台阅读链接、线上借阅、预约服务、新生导引、个人诵读等服务。在页面设置上，高校馆微平台大都为“消息”+“服务”，一些馆还另设置“视频”模块。“消息”模块下一般为消息、通知、书目推荐、专题知识推送，“服务”模块多为数据库全文阅读、在线借阅服务等。

目前高校馆微平台提供的阅读内容可分为：消息阅读、知识阅读两种。其中，消息阅读内容短小，大都为即时消息通知、新闻报道一类，属浅层次的信息获取型阅读。知识阅读为专题知识推文、馆藏电子文献、书目推文的阅读，内容体量通常较大，知识含量高，需要投入时间与精力较多，属于深层次的知识型阅读。

关于第一种阅读，目前国内 42 所“双一流”高校馆微平台均能提供，这类内容通常置于“消息”页面模块下，一些馆在“服务”模块中会重置。如北京大学图书馆微平台在“消息”模块推出了讲座通知及工作动态类推文，在“服务”模块下的“资源、服务”一级菜单下设置“抗疫服务”二级菜单，其下又设立“讲座通知”、“创新服务”栏目等，方便用户再次阅读。如国防科学技术大学图书馆微平台在消息模块推出新闻公告、活动通知，在服务模块中一级菜单“动态活动”下也设置有“新闻通稿”二级菜单。

关于第二种阅读内容，本书按照内容性质分为三类：书目推广、馆制文献及数据库全文阅读。

关于书目推广，目前 42 所高校馆微平台均有该项服务。书目推广的服务路径多数馆微平台放置于“消息”模块下，一些微馆平台在“服务”模块下也设置有该栏目，栏目或与“消息”模块下的栏目相同，或另设新名称和新内容。42 家平台中该项服务的荐书内容各科均有，但以文史经典居多，一些高校馆平台还推出音乐、戏剧名曲等。在文本方面，有文字、图片、音频及视频多种形式，其中以文字、图片为多。在大多数的书目推荐推文中，有导语和详细的书目信息，包括：书名、作者、出版项、内容简介、馆藏信息。一些推文还撰写有推荐语、读后感、版本价值和延伸阅读信息，一些推文文末附有书籍阅读全文链接或阅读二维码，方便读者进行阅读。

关于馆制文献推送，据上一章调查可知，目前 42 家高校馆微平台中有 41 家推出了该项服务。该项服务的内容来源可分为图书馆人员原创①或从其他媒体转载而来。推文内容包括：新生指南、党史知识、生活小知识、古籍保护与修复、学校科研成果分析报告、知识产权知识、行业科研动态、图书馆年度阅读报告、文史故事、先进人物事迹介绍、馆藏珍稀资源利用、各科著名学者的学术贡献等等。其中，以科学专题知识、图书馆阅读报告、知识产权教育、文史知识类居多。推文文本形式大多为文字、图片，视频、音频较少。

关于数据库全文阅读，据上一章调查可知，目前 42 家高校馆微平台中有 37 家提供该项服务。该项服务一般放置在“服务”模块下，通常以二级菜单的形式呈现。该类型阅读内容分为两种：馆藏电子资源访

① 这里的原创文献指平台所在图书馆人员撰写，平台页面所标的“原创文献”其定义目前无一定的标准，各校不一。

问使用及平台链接的读书平台访问使用。访问途径或需要身份认证，或直接点击打开。馆藏的电子资源的内容相当于图书馆的手机图书馆或移动图书馆，平台链接的数据库每家馆平台多少不一。资源内容包括各个学科，但以文史类居多，文本包含文字阅读、图画阅读、音频收听、视频观看，其中以文字阅读为多。

可以看到，近十年来“双一流”高校馆平台的微阅读服务经历了从无到有、从少到多的过程。服务内容不断增加，从刚开始消息阅读及单纯的书目推荐到学科专题知识、科研方法、专利教育、学校科研分析报告、阅读报告、馆藏资源、阅读数据库的制作、推送和链接。这些服务内容较好满足了师生知识阅读及教学科研的文献阅读需求。但是，该类服务也存在个性化服务不足、阅读内容偏重文史、链接数据库内容过于雷同等问题，需要工作团队不断努力，结合自己学校学科和人力资源优势，打造富有特色的服务内容和工作模式，更好地满足校内外用户深度知识阅读需求。

二 “双一流”高校图书馆微信公众平台阅读服务研究概述

2012 年北京航空航天大学图书馆微信公众平台推出后，高校馆纷纷进军微信平台服务领域，目前国内 42 所“双一流”高校馆已全部开通微信平台服务。伴随着高校馆微平台服务的启动，相关研究于 2013 年开始出现。截至 2021 年 7 月，国内相关研究论文已达 800 余篇，其主要内容包括：对高校馆开展微信服务意义作用的论述；对一定群体和地区的高校馆微平台工作状态（开通状况、公众号类型、平台设置、平台宣传推广、信息更新频率、信息推送内容、传播影响力）的调研分析；提升高校图书馆微平台服务对策研究。其中，以阅读服务角度进行微平台服务研究的成果较少，研究成果仅 80 余篇。这些论文按照研究内容可分三类：一、对高校微信阅读行为的理论研究。如《基于 TAM 模型的在校生碎片化阅读行为研究——以微信为例》一文，利用 TAM 模型，对微信阅读与在校生阅读结构及行为模式之间的关系进行了研究。《基于微信平台的高校图书馆阅读服务研究》一文对高校图书馆微信平台阅读服务的特征进行总结，并提出提升对策，但文中没有看到实证调研的数据支撑。二、以某一地区、某一类别的高校图书馆微平台服务为例，探讨该群体高校馆微平台阅读推广服务开展的基本状况。如《高校图书馆基于社会化阅读的阅读推广研究——以广东九所高校图书馆为例》一文，对广东九所高校图书馆的微信阅读推广状况进行了调研，其中包括：微信公众号的信息推送、微信公众号嵌入的书目检索系统、微信公众号嵌入的电子资源数量。《福建省高校图书馆微信公众平台阅读推广研究》一文以福建省37所本科院校图书馆为调查对象，对福建地区图书馆微信公众平台阅读推广信息量、自定义菜单、推广内容进行调查分析。《财经类高校图书馆微信公众平台阅读推广服务创新研究》一文对国内20所财经类高校图书馆微信公众平台名称选取、消息推送方式、内容设计特点进行调研，考察分析了当前财经类高校图书馆微信公众平台阅读推广的亮点与不足，文中提出：“应加大平台推广力度，提高公众号名称规范，发展推送服务以及特色服务。”①《高校图书馆利用微信公众平台推广阅读的策略研究——以江苏省44所高校图书馆为例》一文对截止至2015年底江苏44所高校图书馆利用微信公众平台开展阅读推广服务进行调研，文中统计了利用微信号开通阅读推广的高校馆数量，分析了推文内容。《“双一流”高校图书馆阅读推广活动调查分析》一文则根据图书馆学会发布的20项阅读推广内容，对“双一流”高校馆阅读推广活动的形式、组织、内容、时间、连续性等进行考察，提出了“双一流”高校图书馆阅读推广活动的特点和优化策略，如“要注重活动开展的前期调研和事后评估、丰富阅读推广活动的内容、加强阅读活动的稳定性和持续创新性”等②。三、对某一群体高校馆平台阅读服务中某一项业务、某一个现象及效果进行调研分

---

① 杨春、钱圆圆、任志安：《财经类高校图书馆微信公众平台阅读推广服务创新研究》，《黑龙江教师发展学院学报》2020年第2期。

② 韩卫红、宗文哲：《“双一流”高校图书馆阅读推广活动调查分析》，《大学图书情报学刊》2020年第1期。

析。如《“双一流”高校图书馆经典阅读推广活动调查》一文，对42所“双一流”高校图书馆经典阅读推广活动的形式及内容进行调研，指出“数字资源推广薄弱，经典阅读推广活动事前调研、事后评估不足；推广活动不够持久”问题，提出“探索经典阅读推广共同体，创建立体化阅读体系，加强馆藏特色数字资源推荐，提高资源利用率；分析读者需求，引导读者有效阅读；遵循以人为本”① 建议。《西北五省区高校图书馆微信公众平台荐书服务调研分析》一文，对西北五省区本科院校图书馆微信公众平台开展微信荐书服务的现状进行了调查。《高校图书馆微信文章优推策略——以武汉大学图书馆清博数据为例》一文以武汉大学图书馆清博数据为例，提出了高校图书馆优推微信文章的策略。

上述论文对部分群体高校馆微信平台阅读推广的形式、内容及效果进行了较为深入的调研和分析，总结了高校馆微平台阅读推广成就与不足，并提出了相应的对策方案。另一些论文对微平台阅读服务中的荐书、经典阅读、微信文章优推方法、栏目设置进行深入的调查分析，提出了存在问题与解决思路。阅读推广是图书馆通过精心策划，将读者的注意力从海量馆藏引导到小范围有吸引力的馆藏，以提高馆藏流通量和利用率的活动②，一些学者总结其内容为：图书推荐、专题书架、读书会、展览、讲座、培训、朗诵、知识竞赛、手工制作、年度数据发布③。阅读推广活动中的部分内容属于阅读服务，但非阅读服务本身。同时，上述研究中书目推荐、专题知识推送、数据库全文阅读问题只是在论文中被提及，未作专门研究。如上文中《高校图书馆基于社会化阅读的阅读推广研究——以广东九所高校图书馆为例》一文，对广东九所高校图书馆的微信阅读推广状况进行了调研，提及了微信公众号嵌

---

① 林明珠、邵显都：《“双一流”高校图书馆经典阅读推广活动调查》，《科技创新与生产力》2020年第4期。

② 王波：《阅读推广、图书馆阅读推广的定义——兼论如何认识和学习图书馆时尚阅读推广案例》，《图书馆论坛》2015年第10期。

③ 韩卫红、宗文哲：《“双一流”高校图书馆阅读推广活动调查分析》，《大学图书情报学刊》2020年第1期。

入的电子资源数量，但文中仅对9家馆平台链接数据库的名称进行了统计，没有对其作进一步深入分析。

“双一流”高校为国内高校排头兵，其微平台服务水平对其他高校具有引领和指导作用。提供阅读服务为图书馆工作的重要内容，微平台的阅读服务开展状况决定了一个馆深层次服务开展的水平。为此，本书对42所“双一流”建设高校图书馆微平台阅读服务进行专题调研，展现其面貌、特点及存在的问题，探析其服务提升的方法与路径，为国内高校馆微阅读服务的发展提供有益思路和借鉴。

第二节 “双一流”高校图书馆微信公众平台阅读服务调研

高校馆微平台在建立伊始，新闻、通知类的信息类推送是服务主体。随着平台功能不断完善及服务内容的拓展，深层次的知识阅读服务不断出现。目前，高校馆微信平台基本普及了阅读服务，内容包括：书目推荐、专题知识推送及数据库全文阅读。一些馆在此领域做出了较多成果，如建立了自己品牌栏目、开展了学科专题知识推送等。但一些馆微平台的阅读服务尚不到位，如书目推荐数量较少、缺乏数字资源的全文阅读链接等。由于“双一流”高校的特殊地位，本文选择“双一流”建设高校馆微平台为样本，进行高校馆微平台阅读服务开展状况的调研和分析，以期为国内高校馆微服务的发展起到启发和借鉴作用。

相对于新闻消息类阅读，知识阅读类文章篇幅较长，具有一定的学科主题，知识含量较高，需要耗费较多的时间和精力，但对读者的知识和认知水平提升作用较大。高校馆微平台的主要服务对象为在校师生，他们使用图书馆微平台的一大目的为获得教学、科研所需的知识、信息资源。对于高校馆微平台而言，真正反映其工作水平在于所提供知识阅读服务的质量。为客观反映微平台服务水平和质量，本文将阅读服务调研对象设置为知识阅读服务领域。

一　调研方法和思路

本书选取42所“双一流”建设高校馆微平台为调查对象，采用网络调研法，逐一调查这些高校馆微信阅读服务开展状况。首先，依据2017年9月教育部发布的我国世界一流大学和一流学科建设高校及建设学科名单，确立42所高校名录。其次，在微信程序中打开这些馆微信公众平台，记录其页面设置、服务菜单内容，并阅读滚动消息。第三，在统计内容的基础上，展现42所馆微平台阅读服务的开展状况，分析其特点、存在的问题，并尝试提出其发展策略及方法。

本书调查项为：图书馆名称、图书馆微信公众号名称、平台页面模块构成、各模块下的结构及内容。在调查中把“消息”“服务”栏目模块下图书馆制作的或转引其他媒体的知识推送归类为“馆制文献”类，把各栏目下的新书推送、图书推介、导读归为“书目推荐”类；把平台上可以链接使用的馆藏及外链数据库的全文文献阅读归类为“数据库全文阅读”。

调查中高校馆的排名先后以教育部2017年9月发布的“双一流”高校名单先后为序。由于各馆微平台建立已有较长时间，滚动消息数量巨大，统计中可能会存在内容遗漏的现象，敬请读者谅解。

二　“双一流”高校图书馆微信公众平台阅读服务调查

本文于2020年1月至2022年3月对“双一流”建设高校馆微平台开展的阅读服务进行逐一调查，发现目前42家馆平台在该领域服务中，内容较为丰富，访问路径较为清晰合理。内容包括书目推荐、馆制文献、馆藏电子文献的访问及平台链接读书数据库的全文阅读。在路径上，“书目推荐”和“馆制文献”一般置于“消息”模块下，定期或不定期滚动推出。“数据库全文阅读”一般置于“服务”模块下，内容较为固定。文本形式上，三类阅读形式包括：文字、图片、音频和视频，但以文字为主。具体调研结果见表6-1。

表6－1 “双一流”高校图书馆微信公众平台阅读服务开展情况统计表

序号	高校馆名称	微信公众号名称	数据库全文阅读	馆制文献	书目推荐
1	北京大学图书馆	北京大学图书馆	1. “服务”模块下设置二级菜单“抗疫服务”，中有“电子资源”栏目，可对馆藏电子文献进行访问、阅读	1. “消息”模块下设置“身边榜样”栏目对图书馆先进人物事迹进行介绍、“学科情报订阅”栏目对研究前沿及院系发文进行分析、“学校专利信息年报”栏目对学校专利发展状况进行介绍 2. 在“服务”模块下设置二级菜单“资源利用案例”进行馆藏珍稀资源利用介绍	1. “消息”模块下设置“共展书卷，再染墨香”、“阅读马拉松系列/书单抢先看”等栏目进行书目推荐 2. “服务”模块中设置二级菜单“抗疫服务”，中有“好书推荐”栏目
2	中国人民大学图书馆	中国人民大学图书馆	1. “服务”模块下设置4个二级菜单，分别为：“畅享阅读”，进行馆藏资源数字阅读；“宝岛直通车”，为台湾电子书阅读平台；“QQ阅读”，登录后即可阅读；“微服务 Online”，登录认证后连接到图书馆主页进行馆藏电子资源阅读	1. “消息”栏目下设置“图苑拾珍”栏目，介绍著名学者的学术贡献	1. “消息”栏目推出“畅想书单”“读本好书”“QQ阅读”栏目，另设置“党史党政专题书目”“一起学党史，红歌听起来”音乐推荐栏目
3	清华大学图书馆	清华大学图书馆	1. “服务”模块设置“手机图书馆”和“未图”2个二级菜单，点击登陆后进行馆藏电子资源阅读	1. “消息”栏目下推出2个栏目：“挖矿”“党史回顾”，分别介绍电子资源的查找方法和党的历史知识	1. “消息”栏目下设置学科荐书“小美上新”“新书放送”栏目，另设节日主题书目推介

续表

序号	高校馆名称	微信公众号名称	数据库全文阅读	馆制文献	书目推荐
4	北京航空航天大学图书馆	北航图书馆	1. 在“服务”模块下设置二级菜单“数据库直达 CARSI”，进行馆藏电子资源访问	1. “消息”模块推出：图书馆年度阅读报告、情报知识、科研工作者故事。另设“图书馆说”栏目，进行科研信息报道（如高被引和热点论文知识）	1. “消息”模块下设置“暑假书单”“专题推荐”栏目 2. “服务”模块下设“新时代经典”“习近平的书柜”“世界好书”“百年风华”“党建书柜”5 个二级菜单
5	北京理工大学图书馆	北京理工大学图书馆	无	1. “消息”模块下推出：图书馆年度阅读报告、学校专利年度分析报告、专家纪念文章等	1. “消息”模块下设置“阅读峥嵘，风华正茂”栏目
6	中国农业大学图书馆	中国农业大学图书馆	1. “服务”模块设置“在线书城”“公开课”“专业视频”（各科教学视频）二级菜单进行全文阅读	1. “消息”模块下推出学科发展报告推文	1. “消息”模块下设立专题书目推荐，如“精读百年党史，传承民族精神”
7	北京师范大学图书馆	北京师范大学图书馆	1. “服务”模块下设置“中文电子书”进行文献阅读	1. “消息”模块下设置“小图微课”栏目，进行文献资源使用介绍 2. “服务”模块下设置“京师书韵”二级菜单，推出图书馆阅读报告和图书馆大数据报告	1. “服务”模块下设置“京师书韵”“名师导读”“文学与电影”“外文赏读”栏目
8	中央民族大学图书馆	中央民族大学图书馆	1. 在“服务”模块下设置“远程访问”二级菜单，进行馆藏阅读	1. “消息”模块下推出古籍文献常识及利用知识	1. “消息”栏目下设置“文诵党史，献礼百年”“豆瓣高评分图书推荐”“书海拾穗”“经典书目推荐”等栏目

续表

序号	高校馆名称	微信公众号名称	数据库全文阅读	馆制文献	书目推荐
9	南开大学图书馆	南开大学图书馆	无	1.“消息”模块下推出专题文献，如图书馆阅读统计报告	1.“消息”模块下设置“好书100”“丽泽—书粹”“周周新书至”栏目 2. 在“服务”模块下设置“丽泽—书缘”“故物流芳”“名师领读”（视频）等二级菜单栏目
10	天津大学图书馆	天津大学图书馆	1.“服务”模块下设置二级菜单“学术资源”（手机图书馆）、“直播点播”（超星名师讲坛视频），进行馆藏文献及超星数据库阅读	1.“消息”模块设置“把论文写在祖国的大地上”栏目，推出论文投稿专题知识；“知学音赏”栏目推出音乐欣赏专题。另推出校园生活、学习专题知识推文	1.“消息”模块设置“知学书香”“建档100周年专题”栏目。 2. 服务”模块设置“新书通报”二级菜
11	大连理工大学图书馆	大连理工大学图书馆	1.“服务”模块下设立二级菜单“更多”，中有“移动图书馆”，登陆后阅读馆藏电子资源	无	1.“消息”模块设立“教师荐书”“遇见—书”“建党百年电子书”等栏目
12	吉林大学图书馆	吉林大学图书馆	1.“服务”模块下设“CARSI资源”“云阅读”二级菜单，可访问馆藏资源及“QQ阅读”“京东阅读”“博看期刊”“博看有声”“超星公开课”“畅想之星”等数据库	1.“消息”模块下推出“古迹保护/古典之美—书籍的装帧艺术”、“匠者匠心—古籍函套的传统制作工艺”专题推文，进行古籍保护知识介绍	1.“消息”模块设置“专题书单推荐”“馆员荐书”“阅读导师荐书”“读书心得分享”“吉大珍藏”“好书推荐”“书声”系列栏目

续表

序号	高校馆名称	微信公众号名称	数据库全文阅读	馆制文献	书目推荐
13	哈尔滨工业大学图书馆	哈工大图书馆	1. “服务”模块下设置“博看专区”“云阅读”“名师讲坛”“主题书柜”二级菜单，进行馆藏及数据库访问阅读	1. “消息”模块下推出图书馆自制的哲理散文以及转引网络的专题知识	1. “消息”模块下设有“馆长荐书”栏目 2. “服务”模块设置“图书推荐”栏目
14	复旦大学图书馆	复旦大学图书馆	1. “服务”模块设置“复旦大学图书馆”“旦旦悦读”二级菜单，登陆认证后可阅读馆藏文献	1. “消息”模块推出复旦大学 ESI 学科分析报告	1. “消息”模块设置“新书推荐”栏目，每月进行中外文新书推荐；另有“旦旦悦读”和专题音乐曲目推荐栏目
15	同济大学图书馆	同济大学图书馆	1. “服务”模块下设置“超星”二级菜单，身份认证后访问阅读	1. “消息”模块推出学校 ESI 报告、图书馆年度使用报告、“德图微课”栏目（讲述科研方法）及讲座回顾	1. “消息”模块下设置“红色经典，百年奋斗”党史图书推荐专栏，另有单本书目推荐
16	上海交通大学图书馆	上海交通大学图书馆	1. “服务”模块下设置“思源悦读”，身份认证、下载客户端后可全文阅读平台文献资源	1. 消息”模块设置“思源微课”，进行数据库使用方法讲解；“交图FM”栏目进行党史故事讲述，另转载有其他媒体专题知识	1. “消息”模块下设置“能源与动力学科资源宝藏揭秘”栏目
17	华东师范大学图书馆	华东师范大学图书馆	1. “服务”模块设置“战疫书柜”栏目，可进行党史、青少年、文史类书阅读	1. “服务”模块设置“授渔小讲堂”二级菜单，介绍如何精准查找文献及数据库检索	1. “消息”模块下设置“函韵句华”“献礼建党 100 周年”栏目 2. “服务”模块设置二级菜单“特色书展”，设置文字、视屏和音频形式在内的荐书栏目：“微书展系列”“视频荐书”“主题书展”“最潮书展”及“函韵句华”

续表

序号	高校馆名称	微信公众号名称	数据库全文阅读	馆制文献	书目推荐
18	南京大学图书馆	南京大学图书馆	无	1. “消息”模块下推出馆购数据库介绍，设置“上书房行走”专题系列，另有转载其他媒体的文献管理知识介绍 2. “服务”模块设置一级菜单“微视频”，进行“古籍修复”知识宣传，并有图书馆自制电影及公益宣传的视频播放	1. “消息”模块下设置“党史学习主题书目推介”“新书速递”栏目 2. “服务”模块下设置二级菜单“新书通报”
19	东南大学图书馆	东南大学图书馆	1. “服务”模块下设置“每天一本电子书”“芸阅读”“微阅读”“微期刊”二级菜单，登陆认证后可访问阅读	1. “消息”模块下推出知识产权知识、学校 ESI 学科发展报告、高被引名单等	1. “消息”模块下设置多种书目推荐，包括专栏系列推荐和单篇书目推荐，文末有电子书阅读二维码
20	浙江大学图书馆	浙江大学图书馆	1. “服务”模块下设置“移动图书馆”“芸悦读”二级菜单，登陆认证后阅读馆藏电子文献及“芸悦读”数据库	1. “视频”模块下设置“我在浙大修古籍”、“考古人和他们眼中的世界”栏目 2. “消息”栏目下设置“专利微课堂”栏目	1. “消息”模块下设置“老书的故事”“册府千华”“悦读求知”“浙江大学图书馆最具人气宝藏评选”系列栏目
21	中国科学技术大学图书馆	中国科大图书馆	1. “服务”模块下设置“博看期刊”“QQ 阅读”“e 博在线”“智读”“微阅读”“知识视界”二级菜单，可进行全文阅读。另设置“个人图书馆”二级菜单，访问馆藏资源	1. “消息”模块下推出从其他媒体摘录的文史类和科普类文章以及自撰生活类文章	1. “消息”模块下设置“新书架”“教材教参大家说”“图书推荐”栏目及“学习四史，牢记使命”专题书目推荐栏目

续表

序号	高校馆名称	微信公众号名称	数据库全文阅读	馆制文献	书目推荐
22	厦门大学图书馆	厦门大学图书馆	无	1. “消息”模块下推出世界著名出版社介绍	1. “消息”栏目下设置“南强读书”“新书速递”“新书速递”“每月书单”“党史专题书目”“名师侃侃谈系列”及学科主题书单等栏目 2. “服务”模块下设置“南强读书”二级菜单，进行图书馆新书快递推送
23	山东大学图书馆	山东大学图书馆	1. “服务”模块下设置“学术视频”“捷阅通”“图书馆门户”“中文资源发现”二级菜单，登录认证后进行数据库及馆藏资源访问阅读	1. “消息”模块下推出自撰“节令知识”、古籍修复推文及数据库使用方法文章	1. “消息”模块下设置“壹佰好书”“馆藏新书”“文史书架”“好书挖掘”“众阅记”“走进京剧”系列荐书、荐剧栏目，同时还推出“校长奖学金得主藏书单大揭秘”、“在文学书籍里提升法律素养”、“后轻轻时代我的求职指南”专题书目
24	中国海洋大学图书馆	中国海洋大学图书馆	1. “服务”模块下设置“Cadal图书检索”“行之远学术搜索”二级菜单，进行馆藏资源阅读	1. “消息”模块推出“红色藏品线上展”及年度阅读排行榜	1. “消息”模块设置“新书推荐”及专题书目推介栏目
25	武汉大学图书馆	武汉大学图书馆	1. “服务”模块下设置“小程序”二级菜单，进行馆藏文献及“新东方”“知识视界”、“书香中国”数据库访问阅读	1. “消息”模块下推出专题文章：信息学知识、古籍修复文章、讲座全文回放、学校历史介绍、“选课推荐”、“微天堂真人图书馆”活动记录	1. “消息”模块下设置“一期一书”“新书简介速递”“暑假共读”“毕业书囊”“珞珈阅读广场系列”栏目

续表

序号	高校馆名称	微信公众号名称	数据库全文阅读	馆制文献	书目推荐
26	华中科技大学图书馆	华中科技大学图书馆	1. “服务”模块下设置“电子资源”二级菜单，登录后可进行“超星热门图书”“超星公开课”“超星移动图书馆”“新东方数据库”等10个数据库全文阅读	1. “消息”模块下设置“情报快讯”栏目，对学校科研成果ESI情况进行统计；“资源—服务”栏目对某学科文献资源进行推介；“微课堂”栏目介绍科研投稿知识；“图说新知”栏目介绍信息检索知识；“知识产权”栏目对知识产权知识进行推介；“每周一曲”栏目进行经典名曲推送	1. “消息”模块下设置“图书推荐”“书目推荐”栏目
27	中南大学图书馆	中南大学图书馆	1. “消息”模块有“京东读书”阅读链接 2. “服务”模块下设置“数据库导航”二级菜单，认证后可进行馆藏电子文献的访问使用	1. “消息”模块下有从其他媒体转载、整理的文史类文章	1. “消息”模块下设置“暑期书单”“京东读书”书单”“铭留书单”系列栏目
28	中山大学图书馆	中山大学图书馆	1. “服务”模块下设置“期刊悦读”“视频公开课”“超星移动图书馆”二级菜单，登陆后可以进行全文阅读	1. “消息”模块下推出知识产权系列知识推文	1. “消息”模块下设置“新书速递”“好书共荐”“开卷有益”“经管荐读”“中珠科技眼”“药用植物”“华夏植物”“精神的力量”栏目。另有以节日、季节等为契机制作的专题书目 2. “服务”模块下设置“图书导读”二级菜单，按月推出书目

续表

序号	高校馆名称	微信公众号名称	数据库全文阅读	馆制文献	书目推荐
29	华南理工大学图书馆	华南理工大学图书馆	1. 在“服务”模块下，设置二级菜单“新东方微课堂”“国图移动阅读平台”“研习书柜”“库克音乐图书馆”“战疫书柜”“掌阅”，点击后进行期刊和图书的全文阅读和视频观看	1. 在“消息”模块下推出“知识产权科普微视频”系列全文及视频	1. “消息”模块下设置“求真书会－扫码阅读”系列书目推荐，另有专题书目推荐
30	四川大学图书馆	四川大学图书馆	1. “服务”模块下设置二级菜单“移动图书馆”，进行馆藏资源的全文阅读，另有“微阅读”栏目，可进行“书香川大”和“龙源期刊”全文阅读	1. “消息”模块下推出“知识点”微视频，进行科研动态信息及知识产权基础知识介绍；另推出有学校ESI学科发展报告	1. “消息”模块下设立“每周新书”“52经典悦读名师导读”“专家荐书—院士喊你来看书了”“善工利器，予鉴如此　理工科图书推荐”及“心系河南，图林献书：应急减灾书单”栏目
31	电子科技大学图书馆	电子科技大学图书馆	无	1. “消息”模块推出“书斋之声”文史散文及知识产权微视频	1. “消息”模块下设置“党史周周看”“书海撷英”“主题推送”栏目 2. “服务”模块下设置“图书馆藏”二级菜单，下有“好书分享”“到馆新书”栏目

续表

序号	高校馆名称	微信公众号名称	数据库全文阅读	馆制文献	书目推荐
32	重庆大学图书馆	重庆大学图书馆	1. “服务”模块下设置一级菜单“智慧图书馆”，下设立二级菜单“博看弓苑”“新语听书”“学术头条”“网上报告厅”“云图有声”“机构知识库”，登陆认证后进行数据库阅读，另设置“书香重大”栏目，进行馆藏文献访问	1. “消息”模块下设置节日专题知识介绍、图书馆介绍、年度阅读报告 2. “服务”模块下设置一级菜单“新生”，下设置二级菜单“羊皮书”，对学校、图书馆和新生入学攻略进行介绍	1. “消息”模块下设置“专家荐书”“建筑书讯”“校长书单”栏目 2. “服务”模块下设置二级菜单“校长书单”
33	西安交通大学图书馆	西安交通大学图书馆	1. “服务”模块下设置“图书馆主页”二级菜单，可点击访问馆藏资源	1. “消息”模块下推出知识产权知识、学科动态、学校科研成果分析报告	1. “消息”模块下设置“西迁精神系列图书馆推荐书目”“好书推荐”“万象更新”系列栏目，及“钱图光影”电影推介栏目
34	西北工业大学图书馆	西北工业大学图书馆	1. “服务”模块设置二级菜单“校外访问电子资源”，访问馆藏电子资源。另设置“博看”“超星”“新东方在线”“中科”“数图”“畅想之星”在线数据库全文访问链接	1. “消息”模块下设置“知识产权小课堂”栏目，进行专利知识介绍。另推出数据库介绍、学校高被引学者报告、图书馆阅读书单统计等	1. “消息”模块下设置“读者书目推荐”栏目，另有专题书目推荐

续表

序号	高校馆名称	微信公众号名称	数据库全文阅读	馆制文献	书目推荐
35	兰州大学图书馆	兰州大学图书馆	1. “服务”模块下设置“校外访问”二级菜单，认证后进行馆藏电子资源访问。另设立“中国基本古籍库的 VPN 访问”“博看书苑”“QQ 阅读”“懒人听书”“博看党建”二级菜单，可进行期刊、图书和视频音频的全文阅读	1. “消息”模块下推出“科普小知识”“生态科普阅读”栏目，进行科学知识的介绍。另推出图书馆阅读报告、数据库使用介绍、古籍保护与修复知识、知识库建设方法及校内学者访谈系列“积石访谈录” 2. “服务”模块下设置“阅读报告”二级菜单	1. “消息”模块下设置“书单来了”“积石好书”“生态科普阅读”“好书推荐”“小图推荐”“歌德新书”“到馆好书”“科普图书推荐”专栏 2. “服务”模块下设置“好书推荐”“科普阅读”二级菜单
36	国防科学技术大学图书馆	国防科学技术大学图书馆	1. “服务”模块下设置“移动阅读”二级菜单，认证登录可进入“京东读书”“超星学术视频”“博看微阅读”“QQ 阅读”“国图阅读”“新语听书”“新东方”“环球英语”8 个数据库，进行全文阅读	1. “消息”模块下设置“鼓角军声”“壮我山河”“名人与图书馆”等栏目。另有“Nature、Science 最新快讯”、学校年度 ESI 学科分析报告及图书馆年度阅读报告	1. “消息”模块下推出“书山勇攀登，军营绘前程”栏目 2. “服务”模块下设置“新书通报”二级菜单
37	东北大学图书馆	东北大学图书馆	1. “服务”模块下设置“博看微书屋”“博看有声”“博看书苑”“博看党建云”4 个二级菜单，登陆后可阅读期刊和图书全文，观看视频	1. “消息”模块下推出学校专利发展简报、ESI 学校高被引论文名单等	1. “消息”模块下设置“好书推荐”“国民小课堂”及“专题荐书系列”栏目

续表

序号	高校馆名称	微信公众号名称	数据库全文阅读	馆制文献	书目推荐
38	郑州大学图书馆	郑州大学图书馆	1. “服务”模块下设置“博看微刊”“校外访问”“手机图书馆”二级菜单，登录认证后可进行数据库及馆藏全文阅读	1. “消息”模块下推出“焦点图说”栏目，并推出有学校科研成果分析报告	1. “消息”模块下设置“青椒书话”、“主题书展”栏目，另有专题书目推荐推文
39	湖南大学图书馆	湖南大学图书馆	1. “服务”模块下设置二级菜单“在线阅读”“超星读书”“移动图书馆”“博看微期刊”“环球英语”，进行全文阅读。另有“数字资源”，为学校的移动图书馆平台	1. “消息”模块下之推出学校专利年度报告、图书馆阅读年度报告、专题知识等	1. “消息”模块下设置“书海撷萃”、“湖图书院”栏目，另有单篇书目推荐
40	云南大学图书馆	云南大学图书馆	1. “服务”模块下设置二级菜单“畅想之星”“当当读书”“懒人畅听”“QQ 阅读”“新语听书”“一网读尽”“中国主图书柜”“中华诗词数据库”等 23 个电子文献资源平台，进行全文阅读。另设置“云南大学手机图书馆”一级菜单，点击后认证进行馆藏资源阅读	1. “消息”模块下推出节日、节气生活知识	1. “消息”模块下设立“馆员荐书榜”“享阅世界”“畅听世界”栏目，另设专题书目推荐推文

续表

序号	高校馆名称	微信公众号名称	数据库全文阅读	馆制文献	书目推荐
41	西北农林科技大学图书馆	西北农林科技大学图书馆	1. “服务”模块下设置二级菜单“公开课”“移动图书馆”“超星读书”“在线书城”，进行馆藏资源及数据库访问	1. “消息”模块下推出“微学习”栏目及图书馆阅读报告	1. “消息”模块下设置“月度系列书目推荐”“歌德新书”及专题书目推荐栏目
42	新疆大学图书馆	新疆大学图书馆	1. “服务”模块下设置“一网读尽”二级菜单，可进行“懒人听书”“新语听书”“中华诗词库”期刊和图书全文阅读。另设“我的图书馆”进行馆藏阅读	1. “消息”模块下设立“新东方考研”摘录系列、生活类知识、党史知识、红色故事系列栏目 2. “服务”模块下设置“年度报告”、“新生指南”栏目	1. “消息”模块下设置“好书推荐”栏目 2. “服务”模块下设置“馆员荐书”“主题书单”“党建好书领读”二级菜单

第三节 “双一流”高校图书馆微信公众平台阅读服务开展状况

从上文调研结果可以看到，“双一流”建设高校图书馆微信公众平台阅读服务取得了较多成绩。42 家图书馆微平台均开展了书目推荐，37 家开展了数据库全文阅读，41 家馆微平台开展了馆制文献阅读服务。可以说，在阅读服务领域，“双一流”高校馆微信公众平台基本做到了服务全覆盖。

目前“双一流”高校馆微信公众平台提供阅读服务可分为三类：书目推荐、数据库全文阅读、馆制文献推送，其服务内容和途径分述如下：

一 “书目推荐”服务内容及服务方式

书目，又称目录，为目录学中概念，是主题相关的图籍信息集合体。目录之学为读书治学的门径，长期以来编制目录为图书馆工作的一项重要内容。书目推荐形式多样，形式有新书推荐、经典导读、学科书目推广等。书目的内容简繁不一，简单的仅有书名列举，复杂的包括有书名、作者、内容简介、推荐理由、价值意义、版本流传等。目前 42 家“双一流”高校馆微平台均开展了书目推荐服务，取得了较多成果。

首先，42 家馆微平台的书目推荐内容各科均有，其中以文学、历史为主。文本形式有文字、图片、音频和视频，其中，以文字为主。各馆微平台书目推文的题录信息内容不一，除个别“新书推荐”栏目内容简略，只有题名外，其他形式推文的题录信息内容都较为全面、丰富，内容包括：书名、作者、出版项、内容简介、馆藏信息，一些还有推荐理由、版本流传、全文阅读二维码、延伸阅读信息等。如北京大学馆微平台推出的“阅读马拉松系列/书单抢先下”的书目推荐，其题录信息包括：栏目导语、书名、作者、馆藏地、封面、内容简介。人民大学馆微平台推出的“重温百年党史，共读百年辉煌”栏目书目题录信息包括：书名、封面、作者、出版项、书号、内容简介和阅读二维码。中央民族大学馆微平台的“文诵党史，献礼百年”栏目下的书目信息包括：导语、封面、作者介绍、出版项、馆藏信息、内容简介及延伸阅读书名。可以看到，“双一流”高校馆微平台中书目推文对文献的揭示较为全面、深入，不但揭示了文献的外部特征，如题名、作者、出版项、馆藏信息，还较好地揭示了文献的内在特征，如内容提要、推荐导语、相关知识链接、延伸阅读信息等，有助于读者对文献的全面认识和特色把握。此外，书目推文中除文字外，还设置有大量的关于作者、内容片段的彩色图片，以展示书籍内容特色，激发读者阅读兴趣。

其次，42 家馆微平台书目推荐服务形式有两种：专栏及单篇，其中专栏较多。42 家馆微平台通常在平台之下设置若干荐书栏目和一定数量的单篇推文，如南开大学图书馆微平台下设置“好书 100”、“丽泽 – 书缘”、“丽泽 – 书粹”、“周周新书至”、“故物流芳”、“名师领读”（图 6 – 1）6 个荐书栏目。同时还不间断推出专题荐书推文，如为纪念国际博物馆日而制作了“10 本书带你畅游博物馆”，为纪念建党百年而制作了“党建主题书单”等。吉林大学图书馆微平台设置有“阅读导师荐书”（图 6 – 2）、“馆员荐书”、“吉大珍藏”、“读书心得分享”、“书声系列在线有声阅读”、“歌德好书推荐”、“白桦书声”、“好书推荐”8 个专栏，进行系列荐书，同时还推出单篇专题推荐。如“不忘初心，继续前进”一文是 2017 年 10 月 18 日为庆祝十九大召开而推出，共推出 8 本书，内容均为党的建设①。2017 年 9 月 6 日推出了开学专题“校长荐书：大学，你要读的第一百本书”，文中推出 2 本图书，进行读书方法介绍②。如东北大学图书馆微平台 2020 年 12 月 26 日推出了“纪念毛泽东诞辰 127 周年”一文，对毛泽东经历、贡献进行介绍，推出了毛泽东研究的相关图书。

---

① 《共产党宣言》《党的建设改革与创新》《加强党的执政能力建设的制度保障》《建设社会主义文化强国》《口述上海：信仰的力量　新中国上海优秀共产党员口述实录》《廉洁从心开始》《十六大以来党员队伍规模问题研究》《自警中前进 关于巩固党执政地位的若干思考》。

② 《如何阅读一本书》《学会提问》。

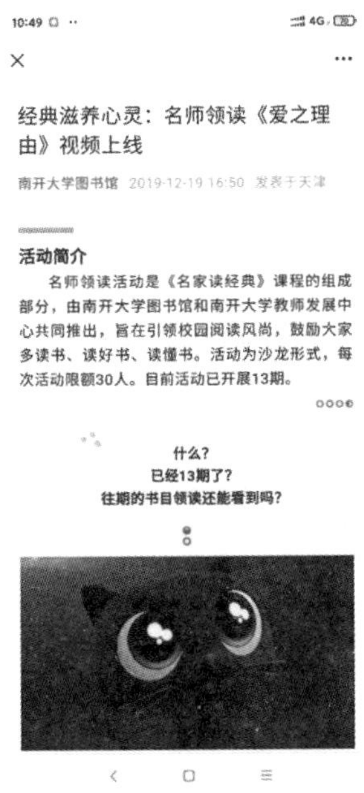

图 6－1 南开大学图书馆微信平台“名师领读”栏目

图 6－2 吉林大学图书馆微平台“导师荐书”栏目

第三，关于书目推荐推送，42 家馆微平台分固定周期和不定期两种方式推出。固定周期推出的如南开大学“南小图上新”（图 6－3）、中山大学的“每周一曲”、中山大学“一周一课”栏目，该 3 个栏目为每周推出。中山大学“图书导读”和复旦大学的“新书推荐”为按月推出。东南大学的“外文电子书推荐系列”（图 6－4）则每月 2 次推出，每次 5 本。与固定周期不同，一些栏目则为不定期推出。如南开大学“好书 100”栏目、吉林大学的“阅读导师荐书”栏目等。与固定栏目不同，单篇书目推文推出没有固定时间，通常以季节、节日、学校活动、社会事件为契机制作推出。如厦门大学图书馆“带你认识校园里的鸟儿”专题推文，是配合学校“绿野协会”举办的“观鸟导航”活动编撰推出，文中介绍了在厦大校园里经常出现的鸟儿的品种，推出了 2 本《鸟类行为图鉴》《中国鸟类图》书籍。华南理工大学图书馆微平台 2021 年 4 月 25 日专题推文“今年世界读书日，我们送了份特殊的礼物给你”一文是借助世界读书日的契机制作推出。

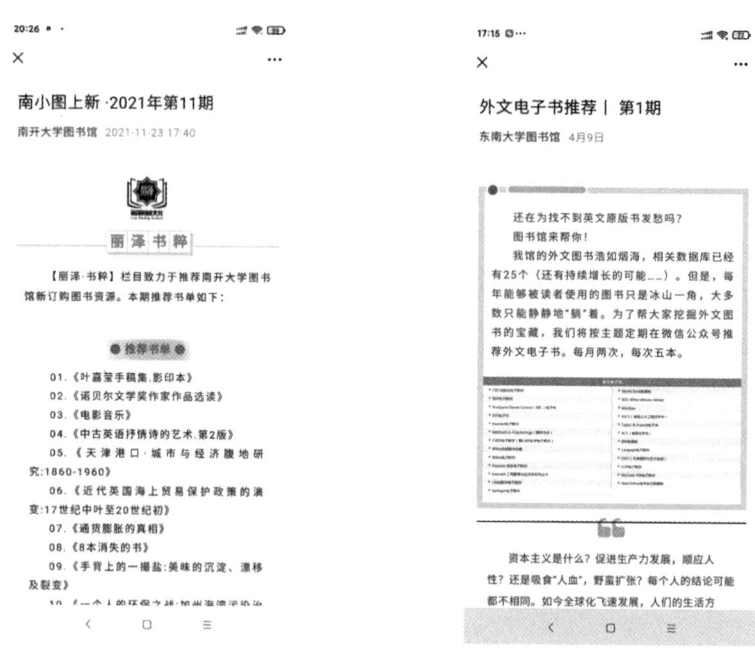

图6－3　南开大学图书馆微平台“南小图上新”栏目

图6－4　东南大学图书馆微平台“外文电子书推荐”栏目

第四，关于书目推荐的使用路径，42家馆微平台都给予了合理的安排。书目推文被设置于“消息”或“服务”模块之下。14家馆微平台在“消息”和“服务”模块下均有设置，这些馆包括：南开大学图书馆、北京大学图书馆、北京航空航天大学图书馆、天津大学图书馆、哈尔滨工业大学图书馆、华东师范大学图书馆、南京大学图书馆、厦门大学图书馆、中山大学图书馆、电子科技大学图书馆、重庆大学图书馆、兰州大学图书馆、国防科学技术大学图书馆、新疆大学图书馆。27家馆微平台在“消息”模块下设置，只有北京师范大学图书馆1家馆微平台单独在“服务”模块下设置。

二　“数据库全文阅读”服务内容及服务方式

42家馆微平台中37家提供数据库全文阅读服务，没有提供数据库全文阅读的只有5家馆。

该类阅读的内容分为馆藏文献的访问阅读及平台链接的数据库的阅读。馆藏文献阅读与手机图书馆或移动图书馆类似，内容丰富，形式多样。在42家馆微平台中有26个馆微平台提供了馆藏阅读服务。

平台链接的读书数据库一般为固定阅读资源，如“国图阅读”“博看书苑”“博看微期刊”“超星读书”“畅想之星”“当当读书”“一网读尽”“在线书城”“环球英语”“新东方微课堂”“云图有声”“懒人听书”“掌阅”“库克音乐图书馆”“超星视频”等。

42家馆微平台中有6家馆微平台除了提供馆藏资源的访问外，没有链接其他数据库。这些馆微平台中链接的数据库文本形式为：文字、图片、视频、音频，其中以文字阅读为主。如华中科技大学图书馆微平台链接的10个数据库分别为：“超星热门图书”“超星公开课”“超星移动图书馆”“Summon”“新东方数据库”“知识视界”“起点考试网”“起点考研网”“中科UMajor大学生专业课”“中科VIP Exam考试课”。重庆大学馆微平台链接有6个数据库，包括：“博看书苑”“网上报告厅”“云图有声”“机构知识库”“新语听书”“学术头条”。这些数据库内容丰富，阅读形式多样，有文字、音频和视频。如重庆大学馆微平台“云图有声”为音频形式，内容有：“豆瓣高分”“听见真知”“远读重洋”“四史专栏”“民俗文化”“影视同期”“世界名著”“国学经典”等20个栏目，“博看书苑”为图书、报纸、期刊、听书的学习平台，“网上报告厅”有各种专题讲座和视频。再如国防科学技术大学馆微平台链接了“京东读书”“超星学术视频”“博看微阅读”“QQ阅读”“国图阅读”“新语听书”“新东方”“环球英语”8个数据库，可进行全文阅读。可以看到，这些馆微平台链接的数据库数量较多，内容基本为课程学习、人文阅读，阅读形式多样，可读、可听、可看，较好满足师生阅读需求。

42家馆微平台中数据库一般放置在平台的“服务”模块下，通常以二级菜单的形式呈现。数据库的访问途径分两种，一种需要身份认证，一种直接点击打开即可。如“新语听书”（图6-5）、“博看期刊”可以直接打开阅读，“QQ阅读”（图6-6）则需要身份认证。

图 6－5 “新语听书”数据库

图 6－6 QQ 阅读数据库

三 “馆制文献”服务内容及服务方式

馆制文献是指图书馆自己制作或从其他媒体搜集整理的专题知识推文，该文献类型不包括学校、图书馆活动新闻、消息、通知、活动预告。馆制文献内容一般具有较高的知识含量和学习价值，文本形式可以为文字、图表、音频、视频。从目前调研结果可知，42 家馆中有 41 家馆微平台推出了该项阅读服务。

从统计结果可以看到，41 家馆微平台的该类推文内容包括：生活感悟、哲理散文、文史故事、生活知识、学者访谈、专利知识介绍、数据库馆使用方法、图书馆阅读报告、学校专利年度报告、科学研究动态及知识、名曲欣赏、人物先进事迹介绍等。如北京理工大学图书馆微平台于 2021 年 3 月 21 日推出了自撰的“永远的怀念：中国核潜艇首任总设计师彭士禄院士逝世”纪念文章，对彭士禄院士生平、事迹及贡献进行介绍（如下图 6－7）。2021 年 4 月 21 日推出了“2020 北京理工大学专利信息年度简报”，对学校 2020 年度专利发展成果进行了总结和分析。如湖南大学图书馆微平台于 2018 年 8 月 3 日推出“大学图书馆之国外篇——华盛顿大学图书馆”，对华盛顿大学图书馆进行详细介绍（见下图 6－8），2021 年 5 月 22 日推出了“稻田里的中国神话”，对袁隆平院士事迹、经历及贡献进行了讲述，并附有湖大学生与袁老交流的视频和题词。兰州大学馆微平台 2021 年 8 月 18 日转载推出了学校草地农业科技学院刘金荣教授撰写“地球癌症荒漠化如何形成?”一文，讲解了荒漠化形成的主导因素。再如南京大学馆微平台 2020 年 2 月 27 日转载 Michael IT 键盘侠的文章“Endnote 不会用，进来进来”一文，文中对 Endnote 定义、内容、功能、使用方法进行了详细讲解。

图 6－7　北京理工大学图书馆微平台纪念类文章

图 6－8　湖南大学图书馆微平台推文

42 家馆微平台中，该类型阅读一般以固定栏目形式系列推出。栏目有固定名称、主题，推文的内容基本围绕一个主题展开。如北京大学图书馆微平台设置“资源利用案例”、“学校专利信息年报”系列栏目，不定期推出资源利用、专利报告内容的文章。如上海交通大学图书馆微平台设立“交图 FM”栏目（见图6-9），系列推出党史故事。人民大学图书馆微平台设置“图苑拾珍”栏目（见图6-10），推出了对校内学者的系列采访录，介绍学者的学术贡献。如人民大学图书馆微平台自2021年1月8日推出“生老之学开拓者：邬沧萍——两封书信的故事”到2021年4月23日推出第六篇“修史者戴逸——倾半生心血，成不朽清史”一文，该栏目共采访6名著名学者：人口学家邬沧萍、马克思理论家陈先达、新闻学者方汉奇、教育家卫兴华、法学家高铭暄、哲学家张立文、史学家戴逸，文中对这些著名学者的生平经历和学术成就进行了采访介绍。除了以专栏的形式进行文章推出外，42家馆微平台还以节日、季节、事件为契机，推出大量的单篇文章。如云南大学馆平台2021年5月20日推出了自制“小满-四月中，物致于此得盈满”一文，介绍了小满节的历史渊源、气象变化、物候变化、传统习俗、健康养生知识，2021年6月8日推出了“世界海洋日”一文，对海洋日的起源、设立意义、2021活动主题、环保知识、中国海洋宣传日知识进

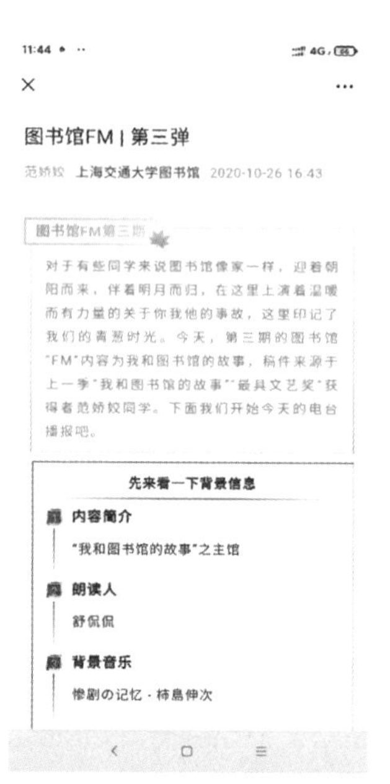

图6-9　上海交通大学图书馆微平台“交图 FM”栏目

图6-10　人民大学图书馆微平台“图苑拾珍”栏目

行推荐。四川大学图书馆微平台为迎接 4 月 26 日的世界知识产权日，于 2019 年 4 月 23 日推出了“你了解图书馆的知识产权信息服务吗?”一文，对图书馆购买的专利库（德温特 DII 和万方中外专利库）以及网络专利文献检索资源进行了介绍。

42 家馆微平台中，多数馆微平台将该类阅读资源放置在“消息”模块下滚动推出，只有少数馆在“服务”模块下设置二级菜单进行栏目推出。如南京大学图书馆微平台在“服务”模块下设置二级菜单“微电影”“那年秋天”和“古籍修复”（图 6－11、6－12）。“微电影”为图书馆自己制作的影视节目，介绍了青年学生在图书馆学习的故事。“古籍修复”栏目推出了“指尖上的记忆”视频节目，讲述了南大馆藏古籍的状况及对古籍修复的成果。重庆大学图书馆微平台在“服务”模块下设置一级菜单“新生”，中有二级菜单“羊皮书”，对学校、图书馆概况和新生入学事项进行详细介绍。华南理工馆微平台在“服务”

图 6－11 南京大学图书馆微平台“微电影”栏目

图 6－12 南京大学图书馆微平台“微电影”栏目

模块下推出名曲欣赏，西交大馆微平台在“服务”模块下推出有经典电影。42 家馆微平台中只有个别馆把该类阅读同时放置在“消息”页面和“视频”模块中重复推出。如浙江大学馆微平台在页面滚动消息中和“视频”栏目下重复推出“图书馆鸟宝宝诞生记”一文，该文记录了图书馆周围动物生长的故事。

第四节 “双一流”高校图书馆微信公众平台阅读服务特点

42 所高校馆微平台在数据库全文阅读、馆制文献及书目推荐服务中都取得了较多成绩，服务内容丰富多样，使用途径简单快捷，一些推文具有较高的阅读量，较好满足了用户的知识阅读需求。与其他机构的微平台不同，这些高校馆微平台在开展阅读服务时表现出了以下几个特点。

一 内容科学化、教育化及正统化

首先，在推文内容选取方面，42 家馆微平台偏重于科学知识、科研方法、学科动态的介绍，显现出鲜明的传播科学知识服务特色。如 13 家馆微平台设置了专利知识或学校专利分析报告专栏，15 家馆微平台推出有图书馆阅读报告。如浙江大学馆微平台在“消息”栏目下设置了“专利微课堂”视频栏目，目前已完成 12 讲，内容包括：专利基础知识、专利授权、专利申请、专利检索、专利分析等；四川大学图书馆微平台设立了“知识点”微课，进行知识产权知识介绍（见下图 6 – 13）；北师大馆微平台设立了“小图微课”进行馆藏资源介绍；天津大学馆微平台“消息”下设置“把论文写在祖国的大地上”栏目，介绍法学类期刊投稿方法（见下图 6 – 14）；上海交通大学馆微平台设立“思源微课”，进行数据库试用方法讲解；复旦大学和同济大学的馆微平台推出有学校 ESI 学科发展报告；兰州大学馆微平台在“消息”模块下设立“生态科普阅读”栏目，推出了一系列科普文章，如“兰馨植物香薰文创”、“地球‘癌症’荒漠化如何形成?”“植物大战沙漠2.0，涨知识!”“沙漠也会闭关修炼”“不用浇水，也能种地，你相信吗?”等文。西北工业大学馆微平台自制推文栏目有：“翱翔微课”“知识产权小课堂”“阅读书单统计”等，进行电脑软件学习课程、专利知识和阅读书单的介绍。

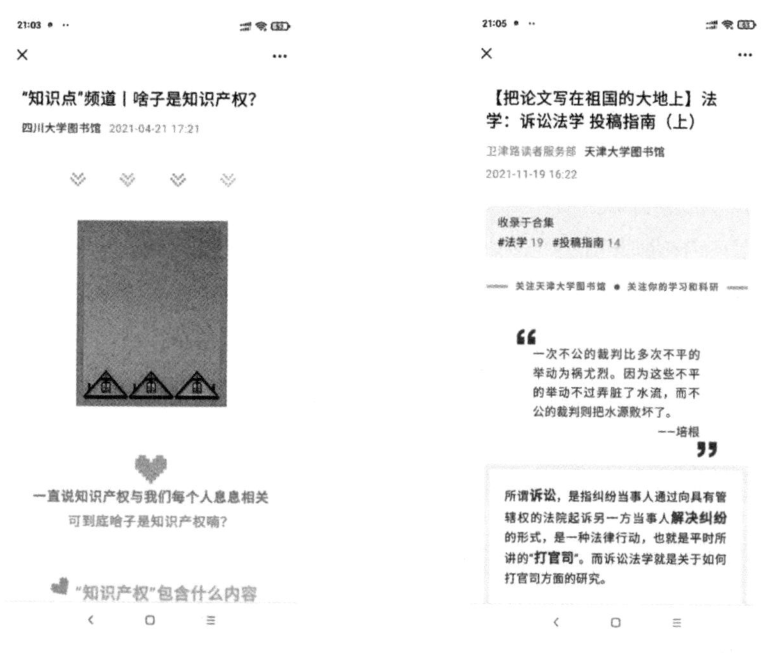

图6-13 四川大学图书馆微平台“知识点”微课

图6-14 天津大学馆微平台“把论文写在祖国的大地上”栏目

其次，推文内容具有明显素质教育特点。如郑州大学馆微平台在“消息”栏目下推出“文学茶舍”“图书馆视听说”栏目，撰写了大量的文史故事及心理健康知识文章。如“灯与河川，夏日人间”“拗相公VS乐天派——王安石与苏轼之间的故事”“如果可以，想做他们笔下的美人”等，文中讲述历史名人故事、古典诗词知识，人生感悟，给人以心灵的陶冶（见图6-15）。南京大学馆微平台在“消息”模块下设立“上书房行走”专题系列，对学校学人进行采访介绍，讲述了他们书房藏书、读书治学的故事，内容包括：个人履历、科研成就及学者读书故事自述等。由于是图书馆工作人员的采访记录，推文资料丰富，可信度高，对青年学生有着很好的激励和引导作用。再如微平台所链接的各种数据库，如“QQ 阅读”“新语听书”“超星读书”等均为学习读书类的专业库。

第三，推文内容具有学院化、正统化特点。与其他部门机构微平台推文不同，高校馆微平台推文内容较为纯粹，表现出远离世俗、正统色彩浓厚的特点。推文内容均为各科知识、人生感悟、风土人情、名人事迹等，没有市井传闻、明星八卦、玄秘故事等世俗性内容。如华中科技大学馆微平台推出 12 期“每日一曲”服务，其推文和艺术学院联合制作，所选音乐为民族音乐、圆舞曲、管弦乐等中外名曲，如“在银色的月光下”“海滨佛晓”“快乐的女战士”“良宵”“第二圆舞曲”等，内容有作曲家介绍、赏析及乐曲的聆听链接，给人以音乐知识教育和美的熏陶（见图 6－16）。如天津大学图书馆微平台的“知学音赏”音乐

图 6－15　郑州大学馆微平台“文学茶舍”栏目

图 6－16　华中科技大学图书馆微平台“每日一曲”栏目

欣赏栏目，共推出12期，音乐通过二维码收听，每一期的音乐均为中外名曲，如：广陵散、贝多芬古典音乐、莫扎特交响曲、勃拉姆斯交响曲等。可以说，相对于其他机构的微平台，42家高校馆微平台阅读内容具有阳春白雪的风格特点。

二 内容充实、文本形式多样、学术质量较高

（一）在阅读内容方面，42家馆微平台提供了较为充足服务

首先，42家馆微平台均有书目推荐服务。42家馆中有37家馆微平台开展数据库全文阅读服务。此外，在平台的书目推荐服务中，42家馆微平台提供书目信息系统、全面，很多图书后附录了全文阅读链接和延伸阅读信息。如华南理工大学馆微平台“求真书会－扫码阅读”（图6－17）及“书目推荐”荐书栏目、重庆大学馆微平台“校长书单”荐书栏目、东北大学馆微平台“码上推荐”（图6－18）和“好书推荐”荐书栏目、天津大学馆微平台“知学书香”荐书栏目等，这些栏目所推书籍后均有全文阅读二维码或阅读链接地址。其次，42家馆微平台页面不间断滚动推出专题阅读推文。如武汉大学馆微平台在页面连续推出了“选课推荐”系列阅读推文，推文介绍课程内容、主讲人情况，为学生选课提供帮助。如兰州大学馆微平台在页面滚动推出“生态科普阅读”系列文章，介绍沙漠化防治知识和科研资讯。如清华大学馆微平台在页面设立“挖矿”栏目，滚动推出信息检索知识及专业数据使用方法。第三，在学科内容方面，42家馆微平台阅读资源涵盖各个学科。42家馆中，有26家馆微平台用户可访问馆藏资源，没有馆藏文献访问服务的16个馆微平台中，除5家平台外，都链接有众多读书数据库，可以满足读者不同学科阅读需要。

图 6-17　华南理工大学图书馆微平台“求真书会-扫码阅读”栏目

图 6-18　东北大学图书馆微平台“码上推荐”栏目

（二）42 家馆微平台提供了形式多样的阅读文本形式

42 家馆微平台阅读文本包括文字、图片、音频、视频，如南开大学图书馆微平台在“服务”下设置“名师领读”栏目，进行名著书目视频推介，天津大学图书馆微平台在“消息”模块下设立“知学音赏”“知学影赏”（见图 6-19、图 6-20）栏目，进行电影、音乐的推介和播放。山东大学图书馆微平台设置“走进京剧——名人名段欣赏”栏目，推出众多剧目视频。如华南理工大学图书馆微平台在“服务”模块下链接有“新东方微课堂”“国图移动阅读平台”“库克音乐图书馆”“战疫书柜”“掌阅”数据库（见图 6-21、图 6-22），开展音频、视频、文字多形式的文献阅读服务。42 家馆微平台除大量的文字读书资源外，常设有的音频、视频读书数据库有“新语听书”“云图有声”“博看”“懒人听书”“超星视频”等。可以看到，多种文本形式的阅读资源较好满足了读者不同阅读需求。

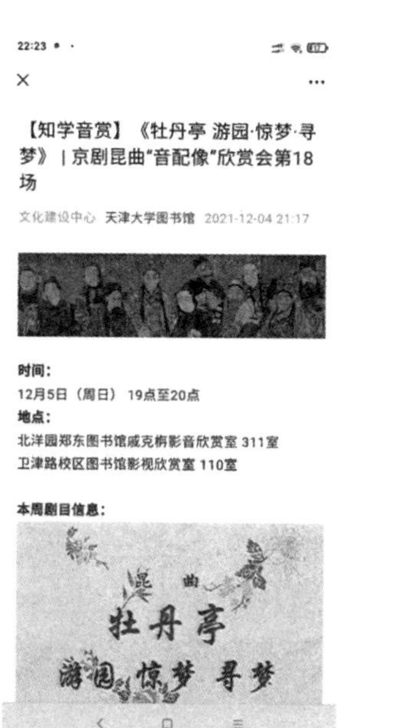

图6－19 天津大学图书馆微平台“知学音赏”栏目

图6－20 天津大学图书馆微平台“知学影赏”栏目

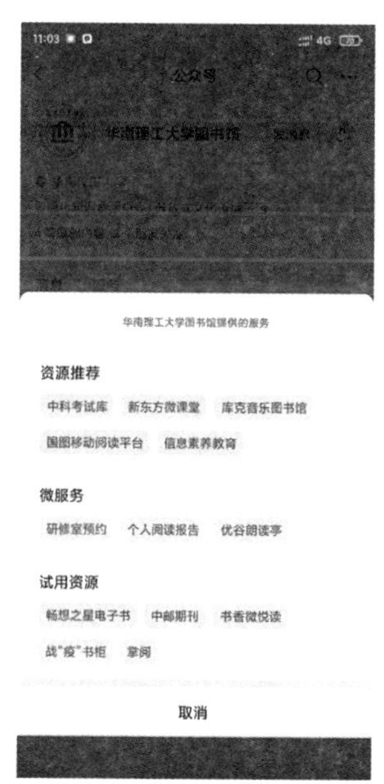

图6－21 华南理工大学图书馆微平台“服务”栏目

图6－22 华南理工大学图书馆微平台“国图移动阅读平台”

（三）42家馆微平台阅读内容学术质量较高

作为国内高校馆的领军团队，42家馆在微平台阅读内容方面具有较高的服务质量。如中山大学馆微平台为配合学校核心通识课教学而制作了“一周一课”，由任课老师进行课程书目推荐。吉林大学馆微平台推出“阅读导师荐书系列”栏目，也是聘请学校各科教师进行本方向书目的推荐。由本领域学者专家进行书目荐读，所选的书籍针对性强，学术质量较高。一些高校馆微平台的工作团队还通过大量资料整理，制作了高质量的科学专题书目推文。如中山大学图书馆微平台“中珠科技眼”荐书栏目，到目前为止推出了地质勘探、生命起源、天文观测、船舶制造、火星探测、卫星发射等多期高精尖技术专题书目（见图6－23）。推文采集了大量科学报道、研究成果，对该领域研究现状进行了深入的介绍，导语之后为该研究方向的书目推荐。该平台一些书目之后附有专题科普影片的观看链接，文末列有文章撰写的参考资料。如它的“药用植物”栏目，共3期，分别对木棉花、芽菜、青蒿三种植物进行相关书籍推荐，推文包括对植物药用价值、种类、功效的全面介绍和相应书目信息，推文对于该领域的学习和研究具有较好知识普及及研究指引作用。又如兰州大学图书馆微平台在“生态科普阅读”栏目中系列推出了沙漠化防治的推文，其学术含量较高。如2021年8月27日推出了“胡杨的自述”一文（如图6－24），该文是兰州大学草地农业科技学院师生所撰，文中对胡杨的性状、功用、地区分布进行了细致的介绍，如文中写道：“我是胡杨，我的树脂、根和花序可以入药，具有极高的医用价值。……我是荒漠中珍贵的森林资源，是荒漠中唯一的乔木。我可以防风固沙、肥沃土壤，缓和荒漠地区的恶劣气候，稳定生态平衡，是荒漠中农牧区的天然屏障。我的生态价值不可用数字估计。……我的树型优美，具有观赏价值；叶子可作饲料；木材可用于造纸、家具、建筑，也可作燃料。众多用途提升了我的经济价值。我是胡杨，有着6500万年的历史、三千年的寿命，生命力顽强，忍受荒漠恶劣的气候，在沙漠中履行自己的使命，守在边关大漠，守望风沙，守护一方天地。我主要生长在中国新疆的塔里木河流域，仅塔里木盆地就有

3800平方公里的胡杨林保护区。你可以在新疆、青海、甘肃、内蒙古等省份的沙漠戈壁地区看见我的身影。”文中间还配以大量的胡杨照片，推文图文并茂，是一篇高质量的关于胡杨防沙科普文章。该文后还推出了5本馆藏相关书籍：《胡杨和灰杨抗旱的生理与分子机制研究》《胡杨和灰杨繁殖生物学》《走进罗布泊》《西域辞》《我的大新疆》，有兴趣的读者可以进行延伸阅读，获取更多关于该领域的知识和信息。环境保护、沙漠治理为兰州大学优势学科，学校设立有资源环境学院、生态学创新研究院，建设有“西部灾害与环境力学教育部重点实验室”“甘肃省干旱气候变化与减灾重点实验室”“旱区农业与生态修复教育部工程研究中心”“半干旱气候与环境观测站”等研究机构。兰州大学图书馆微平台以环境保护、沙漠治理为中心推出的系列阅读推文，专业价值较高，对学校重点学科的发展有很好的支持作用。

图6-23 中山大学图书馆微平台“中珠科技眼”荐书栏目

图6-24 兰州大学图书馆微平台“生态科普阅读”推文

三 服务主题化与栏目化

42家馆微平台三类阅读形式除数据库全文阅读外，专题知识推文和书目推荐都呈现出主题化、模块化阅读的特点。首先，专题知识推文通常以专栏的形式系列推出，一个平台制作若干种栏目，每个栏目有一定的主题，推文围绕着主题不定期推出。如知识产权知识推送，多数馆微平台是以专栏的形式进行的。如华南理工大学馆微平台“知识产权科普微视频”栏目、四川大学馆微平台“知识点微课”栏目、浙江大学馆微平台“专利微课堂”栏目、华中科技大学馆微平台“知识产权”栏目、电子科技大学馆微平台“知识产权微视频”栏目、西安交通大学馆微平台“馆知识产权知识”栏目等。如对学校先进人物介绍，多数馆微平台也是以专栏形式推出，如北京大学馆微平台设置有“身边榜样”栏目，中国人民大学馆微平台设置有“图苑拾珍”栏目，兰州大学馆微平台设置有“积石访谈录”栏目，南京大学馆微平台设置有“上书房行走”栏目。

其次，42 家馆微平台书目推荐除个别推文以节日、事件的契机推出外，大部分是以专栏的形式系列推出。专栏形式具有设立时间长，主题一致，格式统一的特点。如东北大学图书馆微平台“消息”模块下设置“好书推荐”“国民小课堂”及“专题荐书系列”栏目，推文格式统一，均为导语 + 书目信息。书目信息内容均为：书名、封面、索书号及内容简介。如兰州大学图书馆微平台“消息”模块下设“好书推荐——积石好书”栏目，在栏目下按照“美育”“劳动教育”“教师节专辑”“考古与文明”等主题分期推出，各期格式统一。如“科普图书推荐”栏目，每期按照一定主题进行推荐。如 2021 年 4 月 18 日“科普图书推荐（二）”的推文“植物的一生：一花一草一朝夕”一文，共推出 9 本书，均为植物生长的图籍，且均为国外翻译本（见图 6－25）。42 家馆微平台

图 6－25　兰州大学图书馆微平台“科普图书推荐”栏目

除去“党史周周看”“建筑书讯”等主题明确的荐书推文外，其他书目推荐栏目每次推文的图籍在学科、主题、语言、载体方面都较为统一，或都为文学，或都为外文，或都为文字或都为视频，呈现格式整齐、主题及文本形式统一的特点。

第五节 “双一流”高校图书馆微信公众平台阅读服务中存在的问题与提升对策

“双一流”高校馆微平台在阅读服务领域产生了较多成果，提供资源丰富多样，路径设置清晰、合理，较好满足了师生日常知识阅读及科研教学的文献需求。但通过调研，也发现了一些不足与问题。如学科资源分配不均，对教学科研嵌入不足，社会化、个性化服务欠缺，服务过于同质化，特色形象打造不够等，这些问题需要平台团队结合自身实际逐一解决，以不断提升平台的阅读服务水平。

一 目前“双一流”高校图书馆微信公众平台阅读服务中存在的问题

（一）阅读内容偏于文史化

42 家馆微平台在提供阅读服务时，阅读资源基本涵盖了各科文献，但存在较大的学科资源分配偏差，其中，人文社科资源偏多，自科资源不足。在书目推荐领域，该问题表现较为明显。在各家馆微平台下，除去古籍、名著推送的专题栏目，一些名称中性的荐书栏目亦经常以社科书籍的推送为主。如某馆微平台“消息”栏目下的“馆员荐书”系列，至 2021 年 6 月 11 日，该栏目共推出 10 期，共 10 本书，除了一本书为自科书籍外，其余均为人文社科类。如某馆微平台在“服务”模块下有一级菜单“资源推荐”，下设二级菜单“特色书展”，该栏目全部为书目推荐，有“音频荐书”“最潮书展”等 5 个栏目，推荐形式有文字、音频、视频，但 200 余本书全部为社科图籍。如某馆微平台于 2021

年7月1日至7月30日共推出5期“新书架 新书推荐”、1期“教材教参大家选”、1期“图书与推荐”、1期“学习四史，牢记使命——四史学习图书推荐”及3期单篇荐书，共推出74本书，其中66本为社科图籍，8本为自科图籍，社科图籍约占推荐总量的90%。

在馆制文献领域，推文内容也多为文史知识、哲学散文、学科资源介绍等，内容偏重文史，缺少自科、美术、音乐等领域的推文。如人民大学馆微平台在“消息”模块下设置“图苑拾珍”栏目，介绍学校各科著名学者的学术贡献，从2021年1月8日至2021年5月9日共推出7期，访问了七位学者，介绍了他们的学术成果及贡献，推文记述客观，内容翔实，对师生的学习、研究有较好的启发意义，但中间缺乏对自科学人的介绍。如南京大学馆微平台推出了“上书房行走”阅读专栏，到目前已完成40位教授学者的采访，在前20期的采访中共采访了20位学者（见图6－26），其推文制作精美，学术价值较高。但略为遗憾的是，自科学者较少，其数量仅为总学者人数的1/4。

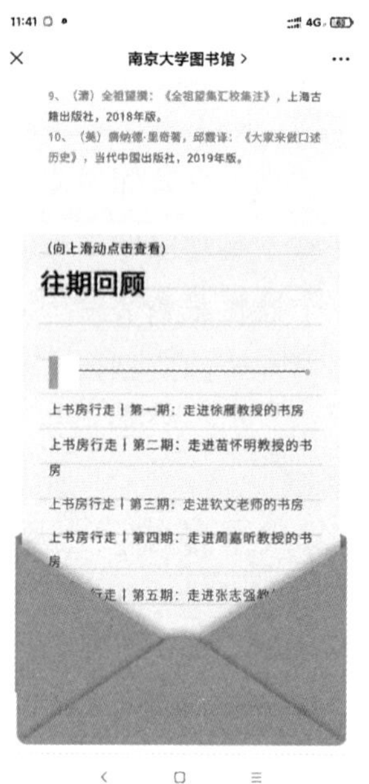

图6－26　南京大学馆微平台“上书房行走”阅读专栏

在数据库全文阅读方面，社科资源所占比例亦较大。如某馆微平台“服务”模块下“公开课”共有八个栏目：文学、历史、文化、社会科学等，没有自科栏目。此外，除馆藏资源的访问使用外，42家馆微平台链接数据库以社科类居多，除“超星”外，“博看书苑”“QQ阅读”“懒人听书”“博看党建”等均为社科类资源。

（二）阅读内容与形式过于雷同，特色资源与服务不足

为微平台本身结构和功能所限，42家馆微平台阅读服务的路径基

本被固定，或为“消息”下滚动推出，或在“服务”模块设立菜单。但在阅读内容方面，各个平台可以就学校的学科发展特点开展知识服务。但通过调研发现一些馆微平台在此领域创新不足，资源内容和服务类型过于雷同。

首先，42 家馆微平台中提供数据库全文阅读服务有 37 家馆微平台，这些平台数据库资源中一类为馆藏文献阅读，一类为平台链接数据库的访问使用。其中链接的数据库大都为国内数据库公司开发的社科类阅读平台，如“QQ 阅读”“京东阅读”“博看期刊”“博看有声”“超星公开课”“畅想之星”“掌阅”“战疫书柜”“芸悦读”等。只有少数的馆微平台提供专题资源库。如云南大学图书馆微平台推出“中华诗词数据库”（图 6－27），人民大学馆微平台推出“宝岛直通车”（台湾电子书阅读）专题学科资源库（图 6－28），其他馆微平台在此领域服务需要进一步提升。

图 6－27　云南大学图书馆微平台“中华诗词数据库”

图 6－28　人民大学馆微平台“宝岛直通车”资源库

其次，在书目推荐方面，42 家馆微平台所推书籍大都为中文书籍，仅东南大学、复旦大学、北京师范大学等少数高校馆微平台有外文荐书。同时书目推荐形式多为文字阅读，音频、视频较少，只有少数平台开展了视频、音频形式荐书服务。如华东师范大学馆微平台开展“函音句华”视频荐书和音频荐书（图 6－29），吉林大学馆微平台有“书声”系列在线有声阅读服务，南开大学馆微平台开展了“名师领读”视频荐书，云南大学馆微平台有“畅听世界”“懒人畅听”栏目（图 6－30）。此外，书目推荐中大多馆微平台为图籍的推荐，对音乐、电影、戏剧的推荐较少。只有少数馆微平台开展有此类服务，如西安交通大学馆开展“钱图光影”电影推介（图 6－31），中国人民大学和复旦大学馆微平台开展音乐推荐，山东大学馆微平台设立有戏曲推荐栏目（图 6－32），其他馆微平台在此领域的服务较为缺乏。

图 6－29　华东师范大学馆微平台“函音句华”栏目

图 6－30　云南大学图书馆微平台“畅听世界”栏目

图 6－31　西安交通大学图书馆“钱图光影”栏目

图 6－32　山东大学馆微平台戏曲推荐栏目

（三）阅读服务与教学、科研关联性不足

42 家“双一流”高校图书馆微平台链接的数据库资源均为读书类阅读数据库，而馆藏资源阅读需要认证登录，因此，用户点击即用的教学、科研资源不足，而外文类阅读数据库、专题学科数据库和网络专题资源尤其缺乏。在书目推荐方面，大部分馆微平台栏目为：“馆藏新书”“暑假共读”“每周新书”“到馆好书”“小图推荐”“馆员荐书”等，为教学、科研服务的专题阅读栏目较少。只有少数高校设立了与教学科研关联度较高的专题栏目，如中山大学图书馆“一周一课”，吉林大学图书馆“阅读导师荐书系列”、重庆大学图书馆“建筑书讯”、四川大学图书馆“善工利器，予鉴如此，理工科图书推荐”等，目前大部分高校馆微平台的荐书栏目主题与教学科研关系不大，缺少嵌入教学、科研的专题书目推荐服务。同时，“消息”模块下的推文内容多为知识产权知识、节日民俗、文史故事、古籍保护、数据库使用、学校整体学科动向分析报告类，只有少数高校馆微平台推出了与教学、科研发

展紧密相关的推文。如兰州大学馆微平台设立了“生态科普阅读”系列，推出了沙漠化防治的推文，与学校生态保护学科密切相关。如武汉大学图书馆微平台推出了“选课推荐”系列阅读推文，该推文每次推出一定数量的课程。如2021年7月12日推出了《中华文物品赏》《信息素养与实践》《中华诗词审美》《人文社科文献检索与数字化分析》《数据素养与数据利用》5门课，每一门课下内容包括：课程简介、推荐理由、教学形式、适合对象5个部分，同时推文中还制作了5门课课程表，包括课程时间、上课地点、主讲人，如下图6－33、6－34。该类型推文通过对课程相关信息的介绍，非常便于学生选课，较好服务了学校的教学工作。可以看到，这些高校馆微平台该类阅读服务对学校的教学和科研关联性较强，服务目的性明确，效果良好。遗憾的是，除这些学校外，多数高校馆微平台缺乏该类服务。

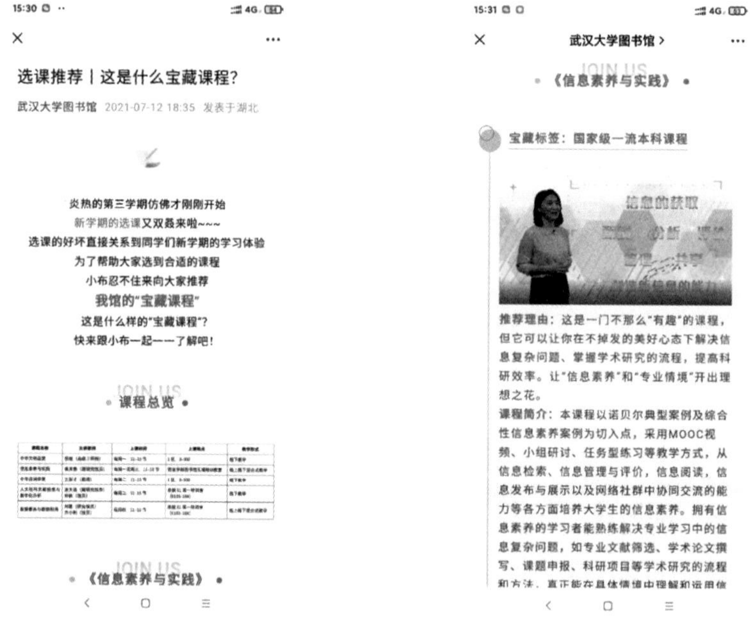

图6－33　武汉大学图书馆微平台“选课推荐”推文

图6－34　武汉大学图书馆微平台“选课推荐”推文

二 提升高校图书馆微信公众平台阅读服务水平的对策与思路

如上所述，国内42家“双一流”建设高校馆微平台阅读服务给师生提供了巨大学习资源和阅读便利，成为图书馆开展阅读服务的有力工具。随着掌上阅读趋势的不断加剧，师生利用微平台频率的增加，高校馆在微平台服务领域应进一步开拓思路，解决服务中存在的问题，提升阅读服务宽度和深度，使用户获得更好的阅读体验，建设富有个性特色的微平台知识服务模式。

（一）丰富阅读资源种类，加强对教学科研的支持力度

如上文所讲，42家高校馆中多数馆微平台阅读资源现状为：文史为主，经典挂帅，自科阅读资源不足。因此，在数据库全文阅读方面，平台应进行较多数量的自科专题数据库建设。由于版权和资金问题，图书馆不可能在开放平台放置过多的文献资源。在此问题上，平台工作人员可以进行专题调研，挑选学校一些重点学科及研究方向，进行这些领域网络资源的收集整理，制作成学科导航类的资源链接，放置于平台供读者使用。其次，在书目推荐的栏目设置上，可以以中山大学馆微平台为榜样，请某课程老师、某研究领域的专家进行教师荐书、课程荐书和专家荐书。在教师荐书中，除根据课程内容、进度，推出书籍外，还可制作较多延伸知识阅读链接，方便学生随时阅读。在专家荐书中，除较多揭示书藉内容外，可制作相关学科背景、国内外研究状况等辅助材料，并附以有关的国内外网络资源链接，以扩大读者的视野。在平台页面滚动知识推送中，可向兰州大学馆微平台做法学习，就某一个学科方向进行系列推文制作，可请学校学科专家撰写基础知识和有关研究状况进行推送。

（二）提高阅读服务的开放性

目前，高校馆微平台数据库全文阅读存在身份认证的问题，非本学校的读者无法使用数据库资源。由于版权限制，高校馆阅读资源不可能完全放开，但作为公众平台，过于保守、完全封闭也不利于平台的长期

发展。为此，可以借鉴重庆大学馆微平台的做法，通过身份认证，设置校内用户卡、校友卡和一般用户卡，给校友和一般用户一定时长的校内文献资源使用权限。也可以学习西北农林大学馆微平台的做法，在全文阅读资源库中，设定一些内容对所有读者开放，一些内容可以进行身份认证。无论以何种方式，其目的是在可能的范围内，给与读者阅读便利，吸引更多用户关注。此外，工作团队可以和校外的一些科学研究领域的新媒体平台建立联系，进行资源交互利用。目前大量的新媒体平台出现，其中存在许多专业学科平台，这些平台或为专业学会所办，或为某些科学团队所办，一些具有较高的专业水准。同时专业自媒体推文更新速度快，集中了大量新鲜的学科知识和动态信息，高校馆平台可以与之联系，通过协商，互相转载合适的推文，以丰富自己平台的阅读资源，给读者提供更多、更新鲜知识资讯。

（三）构建富有特色的微阅读服务模式

正如前文所言，在调研中发现 42 家高校馆中一些馆微平台在阅读服务资源内容、服务方式方面都存在较多雷同，个性化色彩不足。当前，社会上微平台发展存在一个分层、垂直化发展趋势，即内容大而全的平台面临困境，聚焦某专业、垂直服务于某一范围用户的平台发展迅速。如在微信公众平台搜索“中央电视台”，可发现认证的相关微信账号有若干个，包括央视新闻、央视财经、央视体育等各个频道的官方微信。如一个高校，除学校官方微信外，还通常建立有招生服务微平台、网络信息服务微平台、图书馆微平台、党建微平台以及大量学院、机构微平台，各平台均有自己垂直服务对象。一个人精力、时间有限，在选择微信公众号关注时，通常会选择自己感兴趣、与自己工作及学习直接相关的服务平台。目前高校馆平台有较全的知识信息服务功能，如信息发布、阅读推广、知识阅读、线上业务办理等，在阅读服务方面也基本能满足用户阅读需求。为提升微阅读服务个性化特色，高校馆微平台需在阅读内容、服务方法上有所创新，以增加用户的粘合度，扩大平台的影响力。具体来说可在内容设置和服务方式上建立自己优势特色，为一定范围的用户提供高价值服务，建立自己固定读者群。如可根据学校的学科发展状况，挑选一定优势学科，进行较为深入的知识资源建设和信息推送；在书目推广工作中可建立若干学科推广专栏，在书目推送中做到背景知识介绍较为全面，书籍题录信息揭示尽量深入、详细，文本形式尽量多样，做到文字、视频、音频结合，并附以较为丰富延伸阅读链接，如阅读二维码、相关文献信息等。此外，可以学习一些高校馆微平台的做法，选择某一主题，进行重点资源建设与推广。如华中科技大学图书馆微平台设置了“资源 – 服务”专栏，推出了学校重点学科资源。在 2021 年 5 月 27 日至 2021 年 9 月 16 日相继推出了机械、电气、物理、光学四门优势学科数据库资源巡航服务（如图 6 – 35）。四篇推文中资源内容描述全面细致，对重要数据库的收录范围、特点、包含的重点期刊、电子书都进行了详尽的介绍，文中还列出数据库使用链接，该类型推文对学校重点学科发展有极好的推进作用，对这些学科的研究人员具有较大吸引力。如山东大学馆微平台设置戏曲推广栏目（图 6 – 36），对京剧名剧、名曲进行系列推介，推文中有剧情、演员介绍，链接

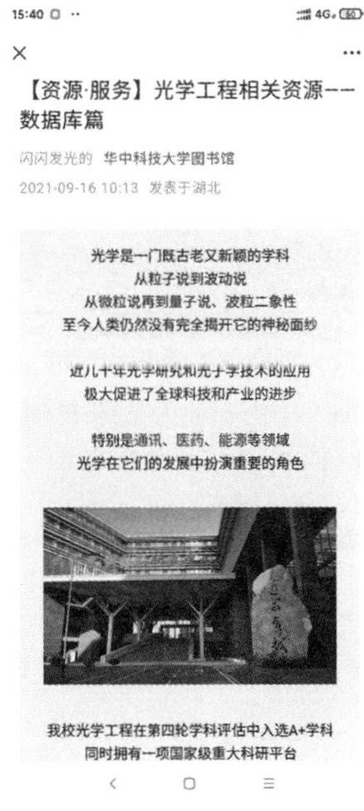

图 6 – 35 华中科技大学图书馆微平台“资源 – 服务”栏目

图 6 – 36 山东大学图书馆微平台戏曲推广栏目

了整个演出视频，给读者以全面、周到阅读体验，较好满足了戏曲爱好者的需求，在高校馆微服务中，具有独树一帜的个性特点。在馆制文献服务领域，可以学习国防科技大学、中国农业大学馆微平台做法，这两所高校馆微平台推出了军事知识专题知识“鼓角军声”栏目，进行军事知识、战争史、军事人物介绍（图 6－37）和“农业科学 ESI 学科分析报告”（图 6－38），在阅读服务领域凸显了学校学科特色，具有较强个性化服务色彩。

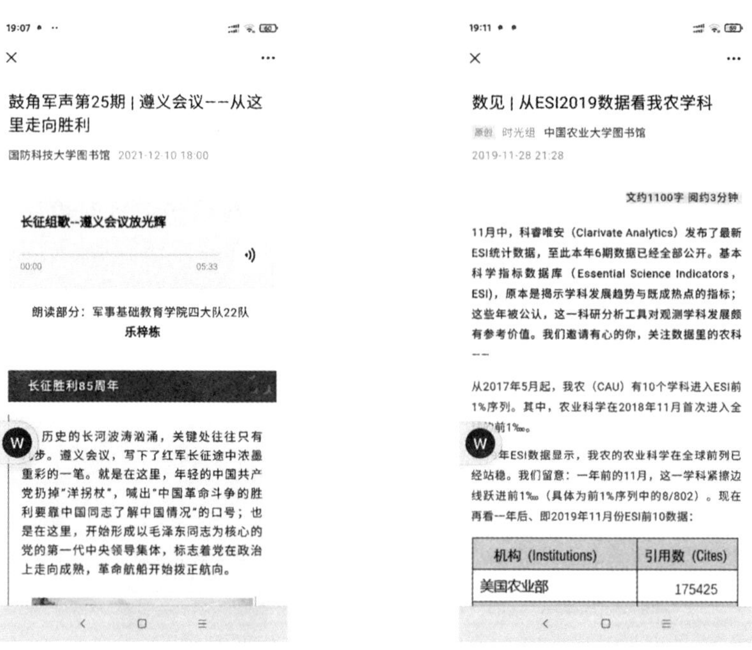

图 6－37 国防科技大学微平台“鼓角军声”栏目

图 6－38 中国农业大学图书馆微平台“农业科学 ESI 学科分析报告”栏目

不同高校具有不同的地域、学科、文化背景，各高校馆微平台应结合学校自身优势，选择某一主题的阅读服务打造自己微平台特色，增加与其他平台的区分度，不断扩大自己垂直用户服务群体，提高平台的阅读影响力。

第七章　高校图书馆微信公众平台书目推荐服务分析研究

——以吉林大学图书馆为例

2012年腾讯微信公众平台正式上线推出，该平台开通免费，操作简单，功能强大，可以发布文字、图片、语音、视频多形态资讯。同时，支持自定义底部菜单接口，可以通过第三方的网站或者平台链接本地数据库，读者随时可进行信息的下载、分享和点“赞”。由于使用便捷，功能多样，各种机构、个人纷纷推出各自订阅号、服务号进行业务推广和资讯传播。各级政府和各种公共服务机构纷纷开通微信平台进行信息发布和线上业务咨询和办理。开通微信公众号的高校图书馆，在此平台开展了信息发布、知识推送和办理在线借阅业务。其中，书目推荐为高校馆微信公众平台开展最为广泛的业务之一。

书目，又称目录、书录、解题，是目录学中一个术语和概念。广义书目概念是指著录一批相关文献，按照一定次序编排组织而成的一种揭示和报道文献信息的工具①。狭义的书目概念是群书之目录，指一批主题相关的图籍信息的汇集。目录之学为读书治学之门径，科学研究之基石。历代学人均重视目录学之学养，编撰目录为古今藏书家之本业。浩瀚的典籍必以分类为先，检寻和利用文献离开目录无法进行，故凡藏书之所必有书目存在。长期以来编制目录一直为图书馆工作的一项重要内容。随着书籍电子化、阅读移动化趋势的加剧，书目制作也转向计算机和网络化。

① 彭斐章：《目录学教程》，高等教育出版社2004年版，第2页。

目前高校馆微信公众平台承担了大部分书目推广业务，相对于传统的卡片、墙报式书目推广形式，平台数字化、电子化的书目推广内容更加丰富，形式更加多样，类型有新书推荐、专家荐书、经典导读、学科书目推广等。现代化电子型书目题录信息更为全面，有书名、封面、作者、插页、出版项、馆藏地、内容介绍、作者介绍、推荐理由及延伸阅读信息，一些书目还后附有书籍阅读网络链接，可以进行全文阅读。电子书目文本形式较之传统书目更多样化，较为单一的图文变为文字、音频、视频等，题录信息的内涵更加丰富，文本形式更加活泼多样。此外，微信公众平台书目推广推荐的形式呈现多栏目推送，推送频率更高，大部分馆微平台可以做到周更新，一些一周内可更新 2 次。可以说，微信公众平台使高校馆书目推广工作形式更加丰富，更富成效。

近年来高校馆微信公众平台书目推广工作取得了较多成绩，大量馆微信公众平台树立了自己书目推广品牌。如南开大学图书馆微信公众平台的“丽泽—书缘”、“丽泽—书粹”、“故物流芳”书目推广栏目，吉林大学图书馆微信公众平台“阅读导师荐书”、“吉大珍藏”栏目，中山大学图书馆微信公众平台的“一周一课”栏目，复旦大学图书馆微信公众平台的“旦旦阅读“栏目等。在栏目内容方面，一些馆微平台富有创新，形成了自己特色。如北师大馆微信公众平台”外文赏读”栏目，进行外文图书的专题推荐，在高校馆书目推荐以中文书为主的环境中，该服务别具一格。华中科技大学馆微信公众平台的“每周一曲”、西安交通大学馆微信公众平台的“钱图光影”栏目对中外名曲及电影进行推介，极大丰富了书目推广的服务内涵，给读者提供了更多的阅读题材及休闲娱乐内容。

本书第四章对国内 42 所“双一流”高校馆的微信公众平台服务状况进行调研，调研中发现一些馆微信公众平台的书目推荐工作在内容和形式上多有创新，富有成果，如吉林大学馆微信公众平台。该平台一些做法可以给其他馆微信公众平台书目推广开展提供有益的参考。为此，本书对该馆微信公众平台书目推广案例进行了较为详细的考察，供图情人士参阅。

第一节　吉林大学图书馆微信公众平台书目推荐类型

吉林大学图书馆微信公众平台所提供的服务内容较为丰富，除提供馆藏文献资源的分布、开馆时间、CARSI 资源使用、信息素养课堂、读者借阅信息服务、云阅读外，在“消息”滚动页面中推出有数量繁多的书目推荐文章。相对于其他馆微平台书目推荐工作，该馆的微平台书目推荐形式多样，有教师荐书、馆员荐书、专题荐书等，在主题上偏于文学和经典，具有鲜明的人文教育特色。

该馆微信公众平台的书目推荐主要由七种类型组成，分别为：阅读导师荐书、馆员荐书、吉大珍藏、读书心得分享、书声系列、好书推荐、专题书单推荐。其中，前三种为该馆书目推荐主要类型，推文数量较多，推文篇幅较大，本书将分别介绍，后四种数量及篇幅较小，则合而论之。

一　阅读导师荐书

该种类型推文组成为：1. 阅读导师介绍；2. 书籍的题录信息，包括：封面、书名、著者、推荐理由、内容简介、馆藏地；3. 电子书阅读通道介绍。

该类型书目推荐推文内容较为丰富，对阅读导师简介绍较为详细，包括姓名、职称、学历、研究专长、所开课程、个人照片。书籍题录信息除“内容简介”外，还有对所推荐图书特点和价值的介绍，文末还附有该种电子书的阅读通道链接。如 2021 年 4 月 22 日该栏目推出“2021 年第二期的阅读导师（贾玉娇）”一文（图 7－1）。该期的 logo 为“读聚匠心，阅耀韶华”。该推文内容第一项为导师介绍：“贾玉娇，社会学博士、理论经济学博士后，吉林大学哲学社会学院教授（破格）、博士生导师，兼任共青团长春市委副书记，吉林省民政厅决策咨询专家，中国社会保障学会理事。研究方向：社会保障理论与实践、社会治理与社会政策、社会保障与国家治理、反贫困问题等。”[①] 文后有

① 见吉林大学图书馆微信公众平台 2021 年 4 月 22 日“阅读导师”荐书第 2 期。

贾玉娇照片。第二项为栏目导语，导语内容为：“瑞士德语作家凯勒说过：‘一本书像一艘船，带领我们从狭隘的地方，驶向生活的无限广阔的海洋。’‘读’聚匠心，‘阅’耀韶华，读书季期间，图书馆特别邀请多位阅读导师推荐系列优秀书籍，希望能为同学们带来收获与感悟。2021 年“阅读导师”荐书第二期（总第十三期）已至，让我们看看本期导师带来的好书吧！”[①] 第三项为题录信息，推荐的图书为《世界图景的机械化》（图 7－2），题录包括：书目封面、书名、作者信息及内容简介。第四项为“推荐理由”，写道：“本书将科学现象置于西方文明大背景中，探讨人、神和自然的关系变迁背后折射出来的世界观转变以及现代世界观的形成，注重科学与人类终极意义和道德价值的关系，注重对科学技术和现代工业文明的反思和批判，以回应在科技文明主宰一切的当代世界人文精神丧失的问题。”第五项为“阅读通道”，文中列出该书馆藏地及电子书阅读通道：“关注吉林大学图书馆微信，点击下方菜单‘云阅读’——‘QQ 阅读’、‘京东阅读’，搜索书目即可。”[②] 下附有电子书阅读通道的操作图片（图 7－3）。

图 7－1 “阅读导师”荐书　　　　图 7－2 书目的题录信息

① 见吉林大学图书馆微信公众平台 2021 年 4 月 22 日“阅读导师”荐书第 2 期。
② 见吉林大学图书馆微信公众平台 2021 年 4 月 22 日“阅读导师”荐书第 2 期。

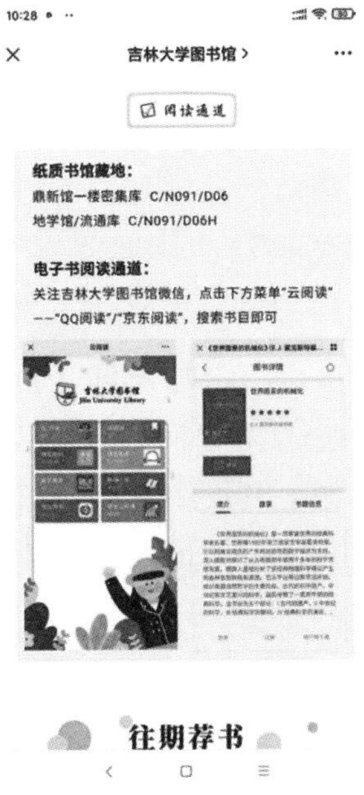

图 7－3 “阅读导师”所荐书目的电子书阅读路径

可以看到，该栏目荐书推文内容丰富，质量较高。由于荐书的导师为学校各个学科的教授，自身专业学养保障了所推书籍的质量，且推荐导师个人信息均为公开状态，也间接促使导师慎重对待所推书籍及推荐文字的撰写，客观上保障了所推书籍具有较高的学术价值。

二　馆员荐书

该栏目荐书由图书馆不同部门实施完成，部门不同，推荐书目的主题各异。如古籍部推荐的均为古籍，情报分析部门推荐的多为情报信息类书籍。该系列推文有 4 部分组成，包括：部门业务介绍、推荐书目题录信息、推荐者个人学历及职称信息、书目推荐理由。该栏目书目推文每次推荐 5－8 本图书。

在该栏目的书目推荐中，古籍部制作的书目推文较多，且内容丰富，富有特色。如 2020 年 12 月 21 日古籍部制作的“吉林大学甄选书单（第二期）”（图 7－4）。推文首先为古籍部简介，介绍中云：‘中华古籍保护计划’实施以来，吉大图书馆坚持贯彻‘保护为主，抢救第一，合理利用，加强管理’的方针，积极开展各项古籍保护工作，取得了可喜成果。现已有 121 部古籍入选《国家珍贵古籍名录》，239 部古籍入选《吉林省珍贵古籍名录》。学校全面推进古籍数字化和整理出版工作，建有‘吉林大学图书馆古籍文献库’、‘东北地方志目次库’等多个古籍专题数据库；参加了‘高校古文献资源库’联合数据库建设；影印出版了《吉林大学图书馆藏稀见方志丛刊》等，在书库建设、古籍修复、人才培养等方面取得了很大进展。”① 该文对吉林大学古籍工作进行了较为全面的介绍。其次，推文列出了本次推荐图书的书名、书籍封面图影及推荐人信息。该期推文中共推出了 8 本图书，分别为：《论语别裁》、《大家小书：两汉社会生活概述》、《清人诗文集总目提要》、《中国家谱总目》、《明代书目题跋丛刊》、《明清著名藏书家：藏书印》、《清代套印本图录》、《纸鉴——中国古代书画、文献用纸鉴赏》。8 本图书每一本之下均列出有推荐人信息，如《论语别裁》一书（图5）推荐人为：王丽华，职称：“研究馆员”，专业：“文学学士”，研究方向：“从事古籍整理与研究工作”（如图 7 – 5）。第三，文中列出书籍推荐理由，如《论语别裁》的推荐理由为：“本书是著名国学大师南怀瑾先生关于《论语》的讲演录。先生旁征博引，拈提古今，对《论语》诸篇作了详细而又生动的讲述。不仅有篇章结构、段落联结上的提示，而且有原文义旨以及所涉人文掌故的阐发。尤为新颖的是，作者将对原文的串讲撮编为一个个历史故事，蕴意深邃而妙趣横生，在众多《论语》章疏中别具一格。此书是了解传统文化，尤其是儒家学术思想的重要读本。”②

可以看到，该类型推文由于推荐人为某领域内的专业人员，所推荐图籍均为业内名著或基础著作，如上文所述的古籍部推荐 8 本图书中的《清人诗文集总目提要》、《中国家谱总目》、《纸鉴——中国古代书画、文献用纸鉴赏》、《明代书目题跋丛刊》、《清代套印本图录》、《明清著

---

① 见吉林大学图书馆微平台 2020 年 12 月 21 日“吉林大学甄选书单”第 2 期。

② 见吉林大学图书馆微平台 2020 年 12 月 21 日“吉林大学甄选书单”第 2 期。

名藏书家：藏书印》均为我国古代诗文、版本及家谱研究中的基本工具书籍，《论语别裁》、《大家小书：两汉社会生活概述》则为古代文化学习的基础用书。同时，该类型推文对书籍内容概述到位，对其特色价值评点专业，推文专业价值较高，对师生专业学习和研究具有很好的门径指导作用。同时，因为一书一人推荐，且推荐人有自己署名，该书目推荐形式对馆员的业务技能是一个很好的锻炼和提高。而且，文中有图书馆部门的业务介绍，对图书馆的业务也有很好的宣传作用。

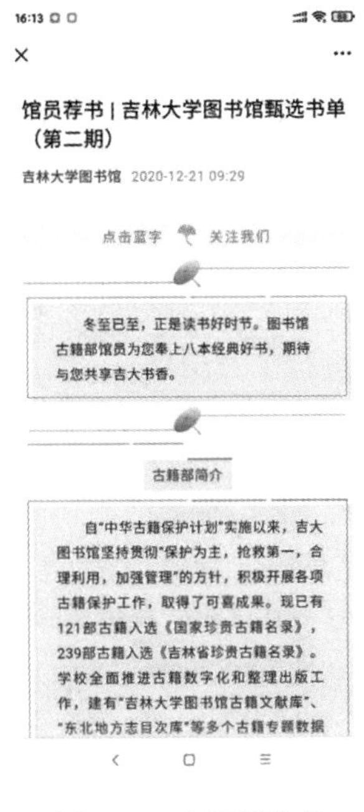

图 7－4　古籍部推书

图 7－5　古籍部推书

三　吉大珍藏

该种类型荐书为古籍部制作，成系列推出，内容为吉林大学图书馆入选《国家珍贵古籍名录》的善本古籍推介。该种书目推荐于 2016 年 9 月 18 日第一期开始，到 2021 年 5 月 1 日，该栏目已制作推出有 17 期。栏目内容包括：栏目题记、古籍基本情况、作者介绍、内容价值四个部分，各部分内容翔实，制作质量较高。

首先该类推文中题记内容简明具体，其文云：

吉林大学图书馆古籍藏书数量颇丰，其中不乏流传稀少、校刻精良、颇具文物价值、学术价值和艺术价值的珍稀善本。我馆作为第二批“全国古籍重点保护单位”及“全国古籍保护工作先进单位”，在古籍普查和整理方面做了大量工作，成绩较为突出，有121部善本古籍入选《国家珍贵古籍名录》。为了更好地揭示馆藏特色文献，做好古籍文献的阅读推广，我们特辟“吉大珍藏”栏目，专门介绍入选《国家珍贵古籍名录》的善本古籍，以期更多读者了解我馆藏书，助力“双一流”建设，增强师生民族自豪感和文化自信，更好地做好中华优秀传统文化的创造性转化和创新性发展。①

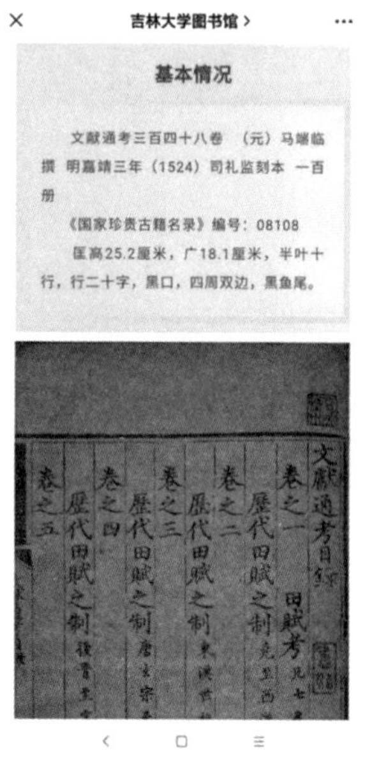

图7－6 《文献通考》推文

该内容对吉林大学古籍整理成果进行表述，对栏目创制目的和所推书籍的来源进行了介绍。

其次，除题记外其他三个部分内容也都呈现出翔实丰富的特点。如2021年3月17日推出的《文献通考》系列（图7－6），推文首先介绍了该书存世基本情况：“文献通考三百四十八卷，（元）马端临撰，明嘉靖三年（1524）司礼监刻本，一百册。《国家珍贵古籍名录》编号：08108。框高25.2厘米，广18.1厘米，半叶十行，行二十字，黑口，四周双边，黑鱼尾。”介绍之下为作者介绍：

马端临（约1254—1340），字贵与，号竹洲。宋末元初饶州乐平（今属江西）人。著名历史学家。父廷鸾，为宋右丞相。幼受

① 见吉林大学图书馆微平台2021年5月1日“吉大珍藏”第17期。

家训，并从朱熹后学曹泾问学。咸淳九年（1273）漕试第一，荫补承事郎。宋亡，隐居不仕，后为慈湖、柯山两书院山长，台州儒学教授。元大德十一年（1307）编成《文献通考》，总汇宋宁宗以前历代典章制度，以类相从，原始要终，指出其沿革。①

该文下为图籍的内容介绍，推文写道：

马端临所著的《文献通考》（简称《通考》）348卷，记上起三代，下终南宋宁宗嘉定五年（1212）的典章制度。唐天宝以前史实，以杜佑《通典》为基础作拾遗补缺；天宝以后至宋嘉定五年，加以续修。共分24门，为田赋、钱币、户口、职役、征榷、市籴、土贡、国用、选举、学校、职官、郊社、宗庙、王礼、乐、兵、刑、经籍、帝系、封建、象纬、物异、舆地、四裔，其中经籍、帝系、封建、象纬、物异五门为作者自创。②

最后为书籍版本价值介绍：

此书是嘉靖三年（1524）司礼监刻本。司礼监，官署名，明置。是明朝内廷管理宦官与宫内事务的“十二监”之一，始置于明太祖洪武十七年（1384年）。有提督、掌印、秉笔、随堂等太监。提督太监掌督埋皇城内一切礼仪、刑名及管理当差、听事各役。司礼监素有“第一署”之称。这种刻本的特点就是不吝财用，故选料、雕印、装帧俱佳。观感上庄严、华美、凝重，有很强的艺术性。该书有清光绪浙江书局刊本传世。③

① 见吉林大学图书馆微平台2021年5月1日“吉大珍藏”第17期。
② 见吉林大学图书馆微平台2021年5月1日“吉大珍藏”第17期。
③ 见吉林大学图书馆微平台2021年5月1日“吉大珍藏”第17期。

可以看到，该类型书目推荐富有鲜明的古籍整理学科特色。首先，图籍介绍中偏重于外部特征的介绍，如清楚介绍书口、边框、行数等古籍基本特征；其次，对内容及版本介绍全面深入，在内容介绍中对基本章节予以写出，在版本介绍中对刊刻时间、单位及版本传世经过都有清楚介绍，学术价值较高。

四　读书心得分享、书声系列、系列专题推荐与单篇专题书目推荐

该馆微平台书目推荐除以上三种主要类型外，还有以下四种类型：

（一）读书心得分享

该类书目推荐以打卡形式进行，图书馆微平台工作人员确定好一本书后，招募读者进行七天阅读打卡，鼓励读者撰写阅读心得并发送至平台。平台工作人员遴选出优秀读书心得进行发布。该栏目书目推荐多为三部分组成，第一部分为书籍名称；第二部分为当期导语，对书籍主要内容进行简单介绍并提出问题，供读者思考；第三部分为读者阅读心得。此外，推文中一些书籍后附有电子阅读通道，供读者登陆、阅读。如 2020 年 7 月 28 日推出了“七天打卡《达·芬奇密码》”（图 7－7），2020 年 1 月 8 日推出了“《现代性的后果》七天打卡读书心得分享”。如《现代性的后果》一书的推文中第一部分为书籍封面，第二部分为导语，导语对该书内容进行简单提示，写道：“感受现代化生活带来便利的同时，你是否思考过，现代化的背后存在着哪些潜在的威胁和风险？读过《现代性的后果》后，又

图 7－7　“七天打卡《达·芬奇密码》”

有哪些新的感悟？[①]”第三部分为马克思学院、文学院、化学院等18位同学的阅读心得感言（图7－8）心得篇幅不大，每一篇为百余字左右。

图7－8　阅读心得感言

（二）书声系列

该类书目推荐为书籍有声阅读推介，所推书籍为文学经典著作。该栏目推文分三个部分，第一部分为书籍内容和作者介绍，第二部分为该书音频，第三部分为该期主播个人简历、书籍内容介绍及对该书阅读的感悟。如2020年6月2日推出了“自由的顽童——书声《汤姆索亚历险记》”，文中第一部分为栏目介绍（如图7－9）；第二部分为该书的MP3音频、该书作者马克·吐温个人生卒、作品介绍及该书的内容提要、书中的名言，后附有该书电子书阅读扫描链接（图7－10、图7－11）。第三部分为本期主播贾培峰同学的个人简历及对该书的理解（图7－12）。

① 见吉林大学图书馆微平台2020年1月8日“《现代性的后果》七天打卡读书心得分享”一文。

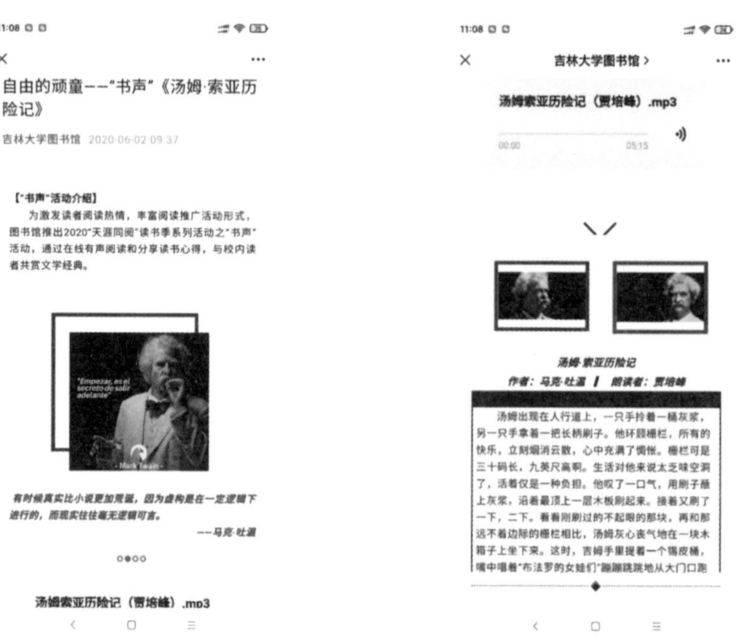

图 7－9　"书声系列"栏目介绍　　　图 7－10　《汤姆索亚历险记》荐书

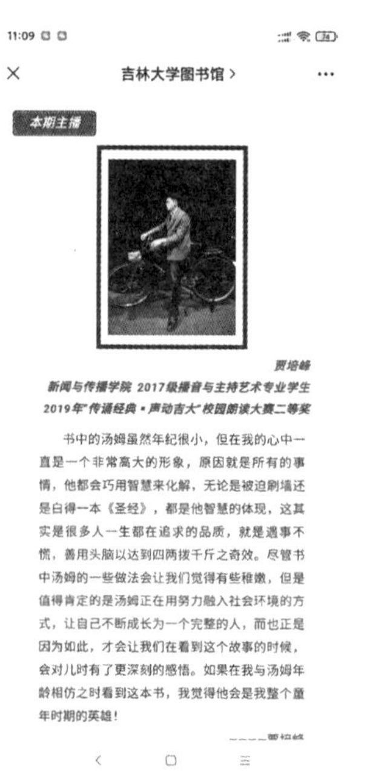

图 7－11　扩展阅读链接　　　图 7－12　主播对该书的理解

（三）系列专题推荐

该种书目推荐主要为分 2 个系列，分别为："歌德好书推荐"、"白桦书声"。该类推文不定期推出，内容由 2 个部分组成。第一部分为书籍题录信息，包括：封面、作者、内容简介；第二部分为书籍电子版阅读链接。

该类推文所推荐书目均为社科类，其中以文史为主。如"歌德好书推荐"栏目每次推荐书目为 8、9 种，全部为社科类书籍。如 2019 年 3 月 14 日的"春雷响"一期中，共推荐经典名著 2 本、人文社科 2 本、成功励志 1 本、经管理财 1 本、历史军事 1 本、政治法律 1 本。2019 年 12 月 27 日的"静待春至"一期中推出的 9 本书籍分别为：《尼采引论》《怪诞心理学》《悲剧遭遇美国原居住民史》《翻转极限生态文明的觉醒之路》《共享经济学》《刑法哲学》《火车上的东南飞》《很冷很冷系列的冷门知识》《漫画中国电影 25 讲》，9 本均为社科类图书。"白桦书声"栏目的推文从第 1 期的"经典名著鉴赏"到最新的 34 期"新的一年，读书自省，不断进步"，所推荐的书目均为社科类，其中也以文史类居多。

（四）单篇专题书目推荐

除上述几个固定系列书目推荐栏目外，该馆微平台根据工作和学习需要，会不定期推出单篇专题书目推文。该类书目推荐所推书籍数量较少，推文内容较为简单，文中题录信息没有固定格式，简繁不一。如 2021 年 3 月 29 日推出了"爱党知史"专题书单，该文是为纪念中国共产党成立 100 周年而制作，共推荐 8 本图书，题录信息有书名、作者、索书号、推荐理由四个部分。2021 年 3 月 25 日推出的《明代诗文集珍本丛刊》一文和 2020 年 8 月 4 日推出景印文渊阁《四库全书》一文，这两篇均为古籍推文，推文篇幅较大，题录信息较为丰富，包括：题记、书影、书名、作者、分类号、藏书地、编纂过程、内容特点、版本流传及所蕴含价值。

第二节　吉林大学图书馆微信公众平台书目推荐服务特点

一　书目推荐以社科类为主，其中以文史古籍居多

该馆微信公众平台书目推荐的图书主要为社科类。第一，以文史古籍类居多。如“打卡读书心得分享”“歌德好书推荐”“白桦书声”栏目所推书籍均为社科文史类著作。第二，该馆微平台有专门古籍推荐栏目“吉大珍藏”，中对馆藏入选《国家珍贵古籍名录》的古籍进行一一推介，推文中对古籍介绍全面、深入而具体，推文内容中的古籍介绍部分包含：书籍基本情况、书影、作者介绍、内容介绍、版本价值。其内容较好地呈现了书籍的外部特征和内容特色，深度揭示了版本价值。第三，“馆员荐书”系列为古籍部馆员所制作，偏重于古籍推荐，另一个栏目“好书推荐”，亦以古籍推荐为主，其栏目题记曰：“为了让读者了解古籍藏书和到馆新书动态，助力教学科研，发掘中华传统文献的珍贵价值，特推出‘好书推荐’栏目。介绍新近入藏和馆藏中有特色的文献，揭示其主要内容，挖掘其学术价值，为‘双一流’建设提供文献支撑。”①。第四，馆微平台仅有的几篇专题单篇书目推文中，除去“爱党知史”外，其他均为古籍推介。可以看到，该馆微平台书目推荐的重心偏重于文史古籍类图籍。

二　推荐图书以名著为主，推文制作精美

正如该馆微平台“阅读导师荐书”系列2020栏目的logo所言“阅读佳作，丰泽心灵”所言，该馆微平台所推书籍多为文史名著，有较强的素质教育功用。如仅有几个单篇“好书推介”推文，推出的都为《明代诗文集珍本丛刊》、景印文渊阁《四库全书》等学术巨著。此外，平台“听书”系列书目推荐，所推出的也都为世界文学名著，如《汤

① 见吉林大学图书馆微平台2020年3月9日“好书推荐”栏目。

姆索亚历险记》《老人与海》《与妻书》等。

此外，该馆微平台书目推荐栏目推文制作认真严谨，内容精美。如“阅读导师荐书”“馆员荐书”“书声”系列栏目，推文中书籍推荐人均为实名，个人信息在平台公开，所推的书目学术价值较高，推文文字流畅优美。同时，在推文的命名和排版方面，人员工作态度认真，推文制作精美。如“歌德好书推荐”栏目，栏目每一期会根据推出时间的不同，给出别具特色的名称。如2020年1月22日的栏目被命名为“忽如一夜春风来”，2019年12月27日栏目被命名为“静待春至”，2019年3月14日栏目被命名为“春雷响，万物长”，2018年7月10日的栏目被命名为“七月，愿静坐，与你共读”。这些文雅清丽的名字加上内容丰富的推文，配以美丽的插图，给与了读者美好的阅读体验。

三　书目推荐多以固定栏目推出，具有较强的连续性

该馆微信公众平台书目推荐形式除少量几篇专题外，其他均为按固定栏目推出。栏目包括“书声”“馆员荐书”“吉大珍藏”“阅读导师荐书”“打卡读书心得分享”“歌德好书推荐”“白桦书声”。这些栏目推文为固定周期推出，如“歌德好书推荐”栏目为月更新（图7－13）；“吉大珍藏”为月更新（图7－14）；“打卡读书心得分享”为周更新；“白桦书声”系列在2017年为半个月更新，2018年为1个半月更新，2019年为2个月左右更新。

该种栏目推文，在格式和题材上具有较强的统一性和联续性。每个栏目导语和题录信息格式相同，内容主题固定。如“吉大珍藏”系列为馆藏古籍推介，“歌德好书推荐”系列为社科流行读物推介，“白桦书声”校园阅读系列为文学中外经典名著（如图7－15）推介。该馆这种荐书模式可促使工作人员认真考虑、慎重选择栏目主题及格式，保证栏目具有较高的质量。同时，较为固定的推文风格有助于积聚一个相对稳定的阅读受众群体。系列化连续性荐书的形式便于推文围绕某个主题制作，形成一个较完整的知识链，可帮助读者拓展知识宽度和深度，提升所推送图书的阅读效果。

图7－13 “歌德好书推荐”栏目　　图7－14 “吉大珍藏”

图7－15 “白桦书声”栏目

第八章　数字移动背景下高校图书馆情报信息服务

随着数字及网络技术的飞速发展，传统高校图书馆服务内容及方式正发生着巨大改变。在目前服务对象工作方式和学习习惯已显著改变的背景下，情报信息服务方式也由过去的到馆咨询办理变为在线咨询、交流和网络传输，移动式数字服务已成为高校图书馆情报服务发展的重要方向。信息情报属于图书馆深层次服务项目，其发展水平最能体现高校馆的整体实力和专业服务水准。如何利用数字移动信息服务平台及相关数字资源，促使高校馆在新技术、新媒体的支撑下尽快完成自身转型、开展高效情报信息服务是高校图书馆人必须面对的一个问题。

第一节　数字移动背景下高校图书馆科技查新服务

科技查新是通过科技文献检索和对比分析，对科技项目的新颖程度做出判断的信息咨询活动和文献查证工作①，为情报信息服务中的核心业务。1985 年我国开始在科研立项、成果鉴定、评奖中对技术创意及成果的新颖性进行第三方的查新评估，自此，科技查新工作成为我国科技评价体系的一个重要环节。科学技术部于 2000 年 12 月发布了《科技查新机构管理办法》和《科技查新规范》（国科发计字［2000］544

---

① 张力欣：《试论医学科技查新原则和方法》，《青海师范大学学报》（自然科学技术版），2009 年第 1 期。

号），该文件自2001年1月起施行，标志我国科技查新工作已步入法制化的轨道。

目前，我国有四大类查新系统，第一类为综合性查新机构，包括全国性及省、市级情报机构。第二类为专业性查新机构，包括国家各部委情报机构，如原化工部、机械部、航天部、煤炭部的行业查新机构。第三类为教育部高校查新机构。第四类是科学院系统查新机构，即中国科学院及各个分院的查新机构。

一　高校图书馆科技查新服务概述

教育部从2003到2015年，共批准建立102所高校科技查新工作站。申报单位需具有一定的从业经历，要求筹备建设时间不少于2年。评审实行三级评审，初级评审为通讯评审，按照所报材料进行定性和定量评审，合格者进入二次评审。二次评审中专家进行实地考察考核，包括听取汇报、专家随机业务提问、查新报告抽样检查。评审中专家按照“科技查新机构评价指标”分别对申报单位的文献资源、人员结构、设备状况、业务状况、内部管理、科研奖励状况打分，较高的准入门槛使得获得此资质的高校基本为国内高质量大学。此外，与其他类别的查新机构不同，教育部对高校查新站工作质量、管理流程要求十分严格，要求各站必须按照《科技查新工作规范》和《教育部科技查新工作站查新报告撰写规范》开展工作，且每年年底对所有查新站进行年检，全部数据上报教育部，按照片区随机抽查报告质量。此外，教育部会定期举办查新员、审核员培训，合格者颁发执业证书，严格的培训制度，保证了高校查新机构人员拥有较高的知识水平及工作能力。目前高校图书馆查新机构除完成查新报告外，还承担了论文查录查引、专利信息服务工作，一些站还开展了学科服务、信息检索课教学工作，成为高校图书馆重要的情报信息服务部门。

二　高校图书馆科技查新工作内容及业务流程

（一）科技查新工作内容

目前科技查新工作的主要内容为承接科技查新业务，按照用户查新目的，可分为科研立项查新、申报奖励查新、成果鉴定查新、技术咨询查新等。按照查新检索范围，可分为国内查新和国内外查新。无论何种目的查新，查新工作的内容基本相同，主要包括：1. 制作查新委托书，放置于图书馆科技查新栏目之下，供用户下载；2. 查新员从邮箱或工作平台收到委托书后与用户联系，确定是否接收委托；3. 查新员听取查新委托人关于查新项目整体情况介绍，并就查新项目的研究背景、技术内容、技术创新点、检索词等事项与项目委托人进行深入、全面交流。查新员明确检索目的，确定项目核心内容及学科范围，选定检索词，制定周密、科学的检索策略；4. 按照《科技查新规范》的要求，进入相应数据库检索，以机检为主，辅以手检，在检索过程中，应当不断调节检索式，尽量避免结果为“零”或文献过多的情况发生；5. 根据检索结果获取文献原文，把检出文献分为密切相关文献和一般相关文献，根据查新项目的科学技术要点，进行相关文献比较，判定查新项目的新颖性状况。必要时，根据查新项目的所属专业，咨询相关专家后草拟查新报告；6. 审核员根据科学技术要点的比对结果，审核查新方法与报告；7. 查新报告由查新员和审核员签字、加盖“科技查新专用章”，报告完成。

（二）科技查新工作业务流程

科技查新业务从接收用户委托到完成、交付报告，中间需要较多工作环节，经历委托书接收修改、用户与查新员的技术交流、确定查新点、查新员制定检索策略、入库检索、相关文献查找及比对、撰写报告初稿、审核员审核、完成最终报告、缴费、用户反馈、报告交付、档案入库的流程。主要流程如下图 8－1：

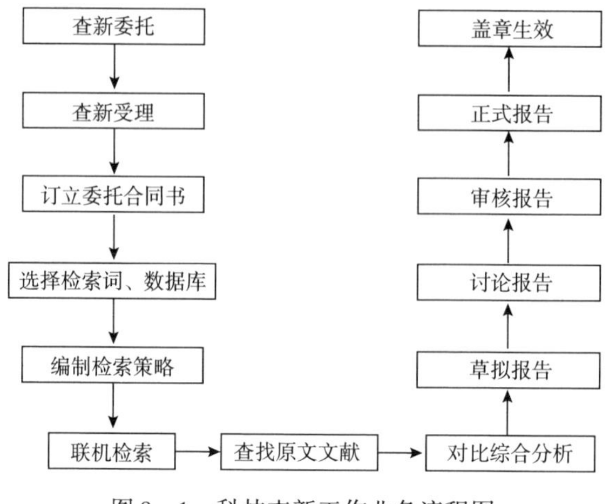

图 8－1 科技查新工作业务流程图

三 高校图书馆科技查新服务途径

在目前科技查新工作流程中，作为核心内容的技术交流工作通常需要委托人到馆进行讲解、商定。但如何提交委托书、查看查新进程及常规信息的获取，各馆工作方式不同。一些馆为传统的电话、邮箱或到馆办理方式，一些馆则建立了专业工作平台进行业务处理。随着通讯及网络技术的发展，目前使用系统平台的查新站不断增多。为了解当前高校馆查新工作中利用数字移动技术的状况，笔者选择了京、津、沪、南京四地的“双一流”高校查新站，对它们的查新工作服务状况进行调查和分析。在此，服务途径指用户提交委托、了解业务进展信息及与工作人员交流、付费的主要方式，不包括纸质版报告的交付及具体技术交流。

（一）调查方案设计

1. 调查时间：2021 年 12 月至 2022 年 1 月。

2. 调查对象及内容：京、津、沪、南京四地的“双一流”高校图书馆，科技查新工作开展途径。

3. 调查方法：进入图书馆网站进行信息抓取。

（二）调查结果统计与分析

我国目前“双一流”建设高校共有42所，京、津、沪、南京四地的“双一流”高校共有16所。16所高校中北京航空航天大学图书馆网站无法打开，故本次实际调研高校图书馆有15家，调查结果见下表8－1。

表8－1　　15家“双一流”高校图书馆科技查新服务途径

序号	高校馆名称	查新站类别及编号	查新服务途径	付费方式
1	北京大学图书馆	教育部科技查新工作站、综合类（Z01）	电话、邮箱	校内用户付费，使用北京大学内部支票；校外用户付费，可用现金或支票
2	清华大学图书馆	教育部科技查新工作站，理工类（L11）	在线平台（http：//chaxin.lib.tsinghua.edu.cn/Novelty_Search/BriefApply.aspx）	付费方式未见①
3	北京理工大学图书馆	教育部科技查新工作站，理工类（L27）	电话、邮箱	付费方式未见
4	北京师范大学图书馆	教育部科技查新工作站，理工类（L18）	电话、邮箱	付费方式未见
5	中央民族大学图书馆	无服务	无服务	无服务
6	中国人民大学图书馆	与北京大学图书馆科技查新工作站合作	电话、邮箱	缴费方式限微信、支付宝、银行卡三种，不收取现金
7	中国农业大学图书馆	教育部科技查新工作站，农学类（N01）	电话、邮箱	付费方式未见
8	天津大学图书馆	教育部科技查新工作站，理工类（L13）	在线平台（https：//c.lib.tju.edu.cn/welcome.html）	校内经费转账，校外用户：支付宝、汇款、支票

① “付费方式未见”指网页未见相关信息，以下同。

续表

序号	高校馆名称	查新站类别及编号	查新服务途径	付费方式
9	南开大学图书馆	教育部科技查新工作站，理工类（L21）	电话、邮箱	付费方式未见
10	东南大学图书馆	教育部科技查新工作站，理工类（L04）	在线平台（http：//58. 192. 117. 80/cx/）	付费方式未见
11	南京大学图书馆	教育部科技查新工作站，理工类（L10）	在线平台（http：//cx. nju. edu. cn）	付费方式未见
12	华东师范大学图书馆	教育部科技查新工作站，理工类（L19）	电话、邮箱	校内经费转账，校外使用转账或现金支付两种方式
13	上海交通大学图书馆	教育部科技查新工作站，综合类（Z14）	在线平台（http：//chaxin. lib. sjtu. edu. cn/input. asp）	校内经费转账，校外用户使用微信支付，不支持现金支付
14	同济大学图书馆	教育部科技查新工作站，理工类（L14）	在线平台（http：//lib. tongji. edu. cn/IPTSch）	付费方式未见
15	复旦大学图书馆	教育部科技查新工作站，综合类（Z02）	电话、邮箱	校内可经费转账，校内外可使用支付宝、网银转账、现金

首先，如表 8－1 所示，15 家高校馆中除中央民族大学和人民大学图书馆外，13 家馆拥有教育部科技查新工作资质。13 家高校馆中，综合类查新站有 4 家（北京大学图书馆、上海交通大学图书馆、同济大学图书馆、复旦大学图书馆），理工类查新站有 8 家（清华大学图书馆、北京理工大学图书馆、北京师范大学图书馆、天津大学图书馆、南开大学图书馆、东南大学图书馆、南京大学图书馆、华东师范大学图书馆），农学类查新站 1 家（中国农业大学图书馆）。

其次，从调查结果可以看到，15 家高校馆中有 14 家馆开展了科技查新服务。其中有 8 家高校（北京大学、北京理工大学、北京师范大学、中国人民大学、中国农业大学、南开大学、华东师范大学、复旦大学）馆科技查新服务采用邮箱、电话工作模式，采用在线工作平台模式的 6 家高校馆分别为：清华大学图书馆、天津大学图书馆、东南大学图书馆、南京大学图书馆、上海交通大学图书馆、同济大学图书馆。可以看到，"双一流"高校馆中查新业务的新技术采用比率较低，开展服务的 14 家高校馆中超过一半馆的查新业务仍然使用邮箱、电话传统方式。

其次，从调研结果发现，14 家开展查新服务的高校馆中，8 家馆查新收费方式未见。只有 4 家（人民大学、天津大学、上海交大、复旦大学）馆可使用微信、支付宝或网银中一种进行缴费，2 家馆（北京大学、华东师大）使用转账、现金或支票缴费。可以看到，利用现代化支付方式的高校馆数量较少。

第二节　数字移动背景下高校图书馆论文查收查引服务

查收查引是高校图书馆科技查新机构除了科技查新业务外又一项重要业务，该业务是检索论文是否被国内外数据库收录、引用。该工作对于高校教师来说，意义重大，直接关系到科研业绩评定、项目的申报和验收等，也关系到一个单位的科研水平的评价，对高校的科研管理具有重要意义。近年来，随着各单位在科研考核中对论文检索证明的重视，该项业务在高校馆的情报服务中占比越来越大。具有出具论文收录、引用报告资质的单位除了各地的信息情报所（院）外，主要为高校图书馆科技查新站。近年来，到高校图书馆开具 EI、SCI 等数据库论文收录、引用证明报告的用户不断增多。笔者所在的高校馆查新站，目前论文查收、查引的业务量基本与查新业务量持平。

一　高校图书馆论文查收查引服务内容及业务流程

（一）论文查收查引服务内容

论文查收查引业务主要是指具有资质的情报信息机构对用户已发表

论文在一定数据库进行检索，对论文在数据库中显现的题录信息进行下载，并按照一定格式出具证明，加盖检索单位专门印鉴的情报服务工作。该工作的主要内容包括：

1. 查证

随着文献信息电子化和网络化的发展，国内期刊基本都与数据库公司签约，将文本置放于数据库之中供读者付费浏览、下载。研究人员论文在发表后一定时间（或被录用后）会被一些数据库收录。情报机构对论文进行检索，确认收录后，出具收录证明。证明报告内容包括：委托人个人信息、检索时间、检索人、论文题录信息（题名、作者、地址、机构、期刊卷期页码信息、收藏号、文献类型、高被引信息等）。目前收录证明针对的数据库主要包括：万方、知网、SCI、EI、SSCI、CPCI－S、CPCI－SSH、CSSCI、Medline 等。

2. 引用查证

论文自发表后可能被其他研究者引用，情报机构在相关数据库中检索到论文被引用后，统计整理被引用类别（自引、他引）、次数及施引者信息，按照一定格式出具报告。报告内容与收录证明类似。目前引用证明针对的数据库主要包括：SCI、EI、SSCI、CPCI－S、CPCI－SSH、CSSCI、SCD 等。

3. 分区及影响因子查证

目前分区及影响因子查证主要针对 SCI 收录期刊。SCI（Science Citation Index）是美国科学信息研究所（ISI）创办的引文数据库。长期以来，论文被 SCI 收录、引用及所在期刊的分区和影响因子状况被当作评价一个机构或个人研究能力与学术水平的方法。SCI 期刊分区包括 JCR 分区和中科院分区，这两种分区方式均基于 SCI 收录期刊影响因子而生成。JCR（Journal Citation Reports）对 SCI 库中 86000 多种期刊影响因子（Impact Factor）指数加以统计，将收录期刊分为 176 个不同学科类别。每个学科分类按照期刊影响因子高低，分为 Q1、Q2、Q3 和 Q4 四个区。中科院将 JCR 中所有期刊分 13 大类，分为 4 个区。科技情报服务机构利用 JCR、中科院分区信息数据库对用户 SCI 论文所在期刊的 JCR 分区、影响因子和中科院分区状况进行查证，将期刊的分区、影响因子下载、整理，并按照一定格式出具查证报告。中科院分区仅出具分区查证信息，如需出具对应年份影响因子可依据 JCR 数据库。该类报告内容、格式与收录查证证明类似。

（二）论文查收查引业务流程

为开展论文查收查引业务服务，情报信息服务机构会预先制作好论文查收查引委托书模板，将模板放置于官网供用户下载。用户按照模板填写个人信息及要查证的论文信息（题名、作者、刊名、卷期等），并在委托书上勾选需查证数据库和相关业务种类（收录、引用、分区、影响因子），提交给情报机构邮箱或系统平台。工作人员收到委托后，按照用户要求进行入库查证，并出具相关报告初稿，经用户确认后，完成正式报告后通知用户领取、缴纳费用。每个情报机构业务细节各有不同，通常的工作流程如下：

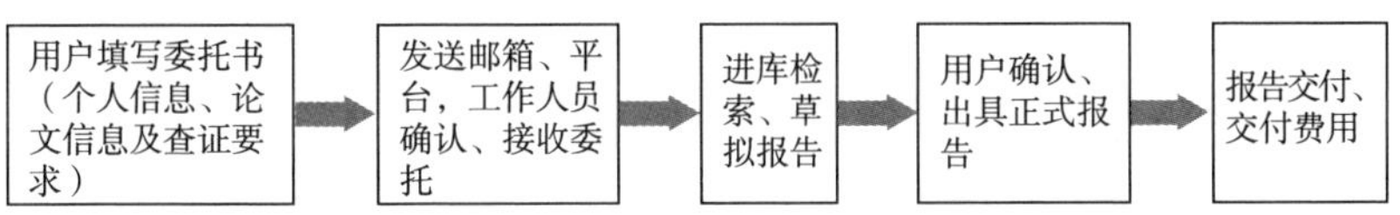

二　高校图书馆论文查收查引服务途径

在高校图书馆，论文查收查引业务由科技查新部门承担。在业务开展中，一些馆以传统手工方法开展服务，一些则运用了移动线上工作方式。为了解高校馆目前该业务运用新技术的状况，笔者以京、津、沪、南京四地的“双一流”高校图书馆为例，对它们的论文查收查引服务途径进行统计。在此服务途径指用户提交委托、了解业务进展信息及与工作人员交流、付费的主要方式，不包括纸质版报告的交付及具体技术交流方式。

（一）调查方案设计

1. 调查时间：2021 年 12 月至 2022 年 1 月。

2. 调查对象及内容：京、津、沪、南京四地的“双一流”高校图书馆，论文查收查引工作途径。

3. 调查方法：进入图书馆网站进行信息抓取。

（二）调查结果统计与分析

我国目前“双一流”建设高校共有42所，京、津、沪、南京四地的“双一流”高校共有16所。16所高校中北京航空航天大学图书馆网站无法打开，故本次实际调研高校图书馆有15家，调查结果见下表8－2。

表8－2　　15家“双一流”高校图书馆查收查引服务途径

序号	高校馆名称	查新站类别及编号	查收查引服务途径	付费方式
1	北京大学图书馆	教育部科技查新工作站、综合类（Z01）	电话、邮箱	付费方式未见①
2	清华大学图书馆	教育部科技查新工作站，理工类（L11）	在线平台（http：//166.111.120.217：8082/NlMain/FaceApply.aspx）	校内转账、现金、支票、微信、支付宝、POS机刷卡，网络用户通过公对公账户转账
3	北京理工大学图书馆	教育部科技查新工作站，理工类（L27）	电话、邮箱	付费方式未见
4	北京师范大学图书馆	教育部科技查新工作站，理工类（L18）	电话、邮箱	校外用户现金支付
5	中央民族大学图书馆	无服务	无服务	无服务
6	中国人民大学图书馆	与北京大学图书馆科技查新工作站合作	在线平台（http：//202.112.118.182）	缴费方式限微信、支付宝、银行卡三种，不收取现金
7	中国农业大学图书馆	教育部科技查新工作站，农学类（N01）	在线平台（http：//balis.ustb.edu.cn/forehead/article/detail）	付费方式未见
8	天津大学图书馆	教育部科技查新工作站，理工类（L13）	在线平台（https：//c.lib.tju.edu.cn/welcome.html）	校内转账，校外用户：支付宝、汇款、支票

① “付费方式未见”指网页未见相关信息，下同。

续表

序号	高校馆名称	查新站类别及编号	查收查引服务途径	付费方式
9	南开大学图书馆	教育部科技查新工作站，理工类（L21）	在线平台（https：//222.30.43.105/login.html?t=1642427684970）	校内转账；校外银行转账
10	东南大学图书馆	教育部科技查新工作站，理工类（L04）	在线平台（http：//58.192.117.61：8081/subj ects/widgets/cscy/）	校内转帐；校外可汇款转账
11	南京大学图书馆	教育部科技查新工作站，理工类（L10）	在线平台（http：//cx.nju.edu.cn	付费方式未见
12	华东师范大学图书馆	教育部科技查新工作站，理工类（L19）	1. 在线平台（http：//202.120.82.36/cscy/login.php） 2. 发送邮件	在馆交纳检索费用
13	上海交通大学图书馆	教育部科技查新工作站，综合类（Z14）	电话、邮箱	校内转账；校外用户使用微信缴费，不接受现金支付
14	同济大学图书馆	教育部科技查新工作站，理工类（L14）	1. 查收查引：邮箱 2. 高影响力论文收引证明：在线平台（https://cscy.tongji.edu.cn/tjcscy）	付费方式未见
15	复旦大学图书馆	教育部科技查新工作站，综合类（Z02）	电话、邮箱	校内可经费转账；校内外均可使用支付宝、网银、现金

从调查结果可以看到，15 家高校馆中有 14 家馆开展了论文查收查业务，有 6 家高校馆（复旦大学图书馆、上海交通大学图书馆、北京理工大学图书馆、北京师范大学图书馆、北京大学图书馆、同济大学图书馆）论文查收查引业务采用邮箱、电话工作模式，采用在线工作平台工作模式的 8 家高校馆为：清华大学图书馆、中国农业大学图书馆、天津大学图书馆、南开大学图书馆、东南大学图书馆、南京大学图书馆、华东师范大学图书馆、中国人民大学图书馆。可以看到，14 家开展服务的“双一流”高校馆中，论文查收查引业务的线上平台采用率为 57%，比科技查新业务线上服务的比率要高。

从调研结果发现，开展服务的 14 家馆中，6 家馆查新收费方式未见。有 5 家馆（清华大学图书馆、中国人民大学图书馆、天津大学图书馆、上海交通大学图书馆、复旦大学图书馆）用户支付费用时可以使用微信、支付宝或网银中一种进行，可以看到，查收查引服务中利用现代化支付方式的高校馆的数量还较少。

第三节　数字移动背景下高校图书馆专利信息服务

2018 年世界知识产权组织（WIPO）公布，2017 年中国提交的 PCT 国际专利（专利申请人通过《专利合作条约》途径递交的国际专利）申请量达 48882 件①，位居全球第二。到 2021 年世界知识产权组织发布报告显示，中国 2020 年国际专利申请量同比增长 16. 1%，达到约 6. 8 万件②，至此，中国专利申请量连续两年居世界榜首。近年来，随着我国专利事业飞速发展，我国高校专利工作成绩突出，进步巨大。2019 年在全球 PCT 国际专利申请全球排名前 50 的教育机构中，中国有 14 所高校上榜③。随着高校专利工作不断发展，国家对高校专利工作重视程度不断增加。2004 年教育部、国家知识产权局联合下发《关于进一步加强高等学校知识产权工作的若干意见》，意见中明确提出，要从战略高度认识和开展知识产权工作，知识产权工作是高等学校科技工作的重要组成部分。高校图书馆拥有丰富专利文献资源和一批具有较高水平的科技情报工作人员，具有为学校与社会提供专利信息服务的能力，为校内外提供高质量的专利信息服务是自身应有的工作内容和服务职能。如何利用自身资源及数字移动技术为校内外用户的专利申请、保护和转化提供高质量信息服务是高校馆当前重要工作内容。

---

① 张晴丹：《中国 PCT 国际专利排名全球第二的背后》，光明网（2018 - 04 - 08），http：//gd. ifeng. com/a/20180408/6485594_0. shtml，2022 年 3 月 1 日。

② 网易新闻：《世界知识产权组织报告显示中国 2020 年国际专利申请量同比增长 16. 1%》，网易（2021 - 03 - 03），https：//www. 163. com/dy/article/G46PM1GN0519DFFO. html，2022 年 3 月 1 日。

③ 光明日报：《全球前 50 教育机构，中国 14 所高校上榜》，光明网（2020 - 04 - 08），https：//m. gmw. cn/baijia. 04/08/. htm，2022 年 3 月 1 日。

一 国内高校图书馆专利信息服务开展概况

由于专利工作的复杂和专业性，长期以来，为校内外提供专利信息服务的高校馆数量有限，主要为原“985”高校。20世纪80年代，一些“985”高校设立专利中心和专利事务所，开展专利申报和相关情报服务工作。这些机构为：北京大学专利事务所、清华大学专利事务所、北京工业大学专利代理事务所、北京化工学院专利代理事务所、华南理工大学专利事务所、山东大学专利事务所等。同期社会上出现了大量的专利咨询公司，为用户提供专利申请代办、专利检索、专利转让等服务工作，服务范围大于高校专利事务机构的工作范围。

21世纪初开始，随着高校专利工作步伐的加快，高校馆开始涉足专利信息服务领域。为了促进专利信息的传播和文献资源的有效利用，国家知识产权局于2016年启动了专利文献服务网点的申报和评选工作，经过各省（区、市）知识产权局评审、推荐，最后确定了120家单位为全国专利文献服务网点。对于专利文献服务网点的功能定位，全国专利文献服务网点名单的通知文件规定：“作为专利文献支持中心、专利信息咨询中心和知识产权公共教育中心，要为社会公众、创新主体提供专利文献支持、专利信息咨询、公共教育等基础性公益服务。”[①] 120家全国专利文献服务网点中，有39家为高校单位，其中“985”高校15所，“211”高校11所，普通高校13所。39家高校单位中，23家署名为XX大学图书馆。对另外16家高校单位的专利文献服务进行调研（搜索引擎和相关网页新闻），发现有4所高校（太原理工大学、东北师范大学、河南大学、西北农林科技大学）的全国专利文献服务网点设在图书馆，故全国39所高校专利文献服务单位中有27所高校的网点服务工作由图书馆具体承担。这27所高校馆中，11所为“985”高校馆，11所为“211”高校馆，5所为普通高校馆（扬州大学图书馆、景

① 国家知识产权局：《关于公布全国专利文献服务网点名单的通知》，国家知识产权局官网（2017－07－24），http：//www. sipo. gov. cn/gztz/991593. htm，2022年3月1日。

德镇陶瓷大学图书馆、河南大学、河南工业大学图书馆、陕西科技大学图书馆）。大量专利文献服务网点的确立标志着高校图书馆专利信息服务进入到一个快速发展阶段。

为促进高校知识产权信息服务工作进一步发展，2017 年国家知识产权局办公室及教育部办公厅联合印发《高校知识产权信息服务中心建设实施办法》，2019 年，第一批高校国家知识产权信息服务中心成立，至 2021 年，高校国家知识产权信息服务中心已达 80 家。这些高校国家知识产权信息服务中心均建在学校图书馆，依托图书馆文献资源和人力基础开展服务。国家知识产权服务中心的建立对高校馆专利信息服务起到了较大促进作用。此外，近年来众多的高校纷纷成立了校级知识产权信息中心，开展了多层次专利信息服务。学科实力较强的原“985”、“211”高校在原有基础上开展了深层次专利分析服务，取得了较多的成果。如东南大学图书馆每季度推出专利信息统计报告，北京大学图书馆每年推出学校专利竞争力分析报告，清华大学图书馆完成了系列国家科技重大专项专利分析报告，北京理工大学图书馆完成了“信息技术领域关键技术专利分析研究报告”、“新能源产业专利导航项目”等报告。目前高校图书馆有 102 家设立有教育部科技查新工作站，这些图书馆基本都开展了知识产权信息服务，成为高校馆开展知识产权信息服务的主要阵地，特别是其中的“双一流”高校图书馆所开展的专利信息服务范围广泛，业务难度高，是高校馆该领域服务的领跑者。

二　高校图书馆专利信息服务内容及服务途径

目前专利信息服务领域的主要业务种类包括：1. 专利教育：针对校内外用户的专利基础知识讲解、信息素养教育等；2. 专利检索：对专利的新颖性进行检索，如相似专利检索分析、专利法律状态检索、同族专利信息检索等；3. 专利查新：通过对相关主题的专利和非专利文献检索，与查新主题进行对比分析，为专利申请提供客观评价依据。4. 专利分析：对特定技术领域的专利现状、技术发展路线、核心技术、技术空白点、技术发展趋势、核心专利、专利竞争状况等信息进行检索分析；5. 专利预警：通过检索分析相关机构主要产品和技术专利、非专利文献信息、国内外市场信息和竞争对手专利及市场信息，对可能发生的专利纠纷做出预警。

随着高校对专利信息服务重视程度的增加及高校馆专利信息服务实力的增强，越来越多的高校馆开始涉足专利信息服务领域。为了解当前高校馆专利信息服务内容、服务途径，笔者选择了京、津、沪、南京四地的“双一流”高校图书馆，对它们的专利信息服务内容及途径进行调查和统计。

（一）调查方案设计

1. 调查时间：2021 年 12 月至 2022 年 1 月。

2. 调查对象及内容：京、津、沪、南京四地的“双一流”高校图书馆，专利信息服务内容及工作途径。

3. 调查方法：进入图书馆网站进行信息抓取。

（二）调查结果统计与分析

我国目前“双一流”建设高校共有 42 所，京、津、沪、南京四地的“双一流”高校共有 16 所。16 所高校中北京航空航天大学图书馆网站无法打开，故本次实际调研高校图书馆有 15 所，调查结果见下表 8 –3。

从调查结果可以看到，15 所高校馆中，有 3 家馆未见有专利信息服务开展，实际开展专利信息服务有 12 家高校馆。从调研结果发现，开展专利信息服务 12 家馆均成立了校级专知识产权信息服务中心。12 家馆中除天津大学图书馆与北京师范大学图书馆外，10 家馆获得了高校国家知识产权信息服务中心的资质。

此外，12 家开展专利信息服务的高校馆中，有 3 家高校馆（北京大学图书馆、东南大学图书馆、南京大学图书馆）采用在线工作平台模式，9 家高校馆采用邮箱、电话工作模式。可以看到，12 家“双一流”高校馆中专利信息服务的线上平台采用率较低。

表 8-3　15 家"双一流"高校图书馆专利信息服务内容及途径

序号	高校馆名称	专利信息服务机构名称	专利信息服务内容	专利信息服务途径
1	北京大学图书馆	北京大学知识产权信息服务中心，高校国家知识产权信息服务中心	专利检索、专利展示（最新公开、最新授权、高被引专利、境外专利）、专利成果推广、专利分析	在线平台（北京大学知识产权信息服务平台 https：//ips. lib. pku. edu）
2	清华大学图书馆	清华大学知识产权信息服务中心，高校国家知识产权信息服务中心	专利申请前的预检索服务、科技立项前的预检索服务、专业技术专利分析服务、机构专利竞争力分析服务、发明人定题专利分析服务、国家科技重大专项专利服务、专利定期预警服务，其他服务双方协商确定	邮箱、电话
3	北京理工大学图书馆	北京理工大学知识产权信息服务中心，高校国家知识产权信息服务中心	专利分析、专利导航①	邮箱、电话
4	北京师范大学图书馆	北京师范大学知识产权信息服务中心	专利数据分析、专利文献检索、定题专利分析	邮箱、电话
5	中央民族大学图书馆	未见服务	未见服务	未见服务
6	中国人民大学图书馆	未见服务	未见服务	未见服务

① 该馆主页无专利信息服务内容说明，从页面所示完成工作案例名称（新能源产业专利导航项目、信息技术领域关键技术专利分析研究报告）中可知有该服务内容。

续表

序号	高校馆名称	专利信息服务机构名称	专利信息服务内容	专利信息服务途径
7	中国农业大学图书馆	中国农业大学知识产权信息服务中心、高校国家知识产权信息服务中心	专利信息检索和分析培训、专利基础知识培训、专利资源检索咨询、专利法律状态咨询；专利申请前的预检索服务、科技立项前的预检索服务、技术领域专利分析、发明人专利分析服务、机构竞争力分析、专利预警服务	邮箱、电话
8	天津大学图书馆	天津大学知识产权信息服务中心，世界知识产权组织在华建设的首批技术与创新支持中心	知识产权基础培训、专利信息检索和分析技巧培训、专利检索服务（专利文献检索服务、专利申请前的预检索服务）、专利分析服务（技术领域专利分析、机构专利竞争力分析、研究人员专利分析）、专利定期预警服务	电话、到馆
9	南开大学图书馆	南开大学知识产权信息服务中心，高校国家知识产权信息服务中心	专利培训、专利咨询、专利检索、专利定题分析、专利竞争力分析、专利态势分析、专利布局分析	电话、到馆
10	东南大学图书馆	东南大学知识产权信息服务中心，高校国家知识产权信息服务中心	专利咨询、专利检索分析、专利查新、专利态势分析	在线平台（科技查新与知识产权信息服务平台https：//ib. seu. edu. cn/seuipc/）
11	南京大学图书馆	南京大学知识产权信息服务中心，高校国家知识产权信息服务中心	专利资源检索咨询、专利法律状态咨询、专利检索与专利查新、专利行业技术分析、学者定题专利分析、专利定期预警、学者定题专利分析、个性化定制服务	在线平台（南京大学科技查新与知识产权信息服务平台 http：//cx. nju. edu. cn）

续表

序号	高校馆名称	专利信息服务机构名称	专利信息服务内容	专利信息服务途径
12	华东师范大学图书馆	未见服务	未见服务	未见服务
13	上海交通大学图书馆	上海交通大学知识产权信息服务中心，高校国家知识产权信息服务中心，世界知识产权组织在华技术与创新支持中心	知识产权信息素养培训、专有技术认定查新、专利申请前预检索、技术资料检索与态势分析、技术竞争力分析、专利预警、专利分析评议	邮箱、电话
14	同济大学图书馆	同济大学知识产权信息服务中心，国家高校知识产权信息服务中心	专利检索分析、专利态势分析、核心专利挖掘、专利查新、专利预警跟踪、专利布局	邮箱、电话
15	复旦大学图书馆	复旦大学知识产权信息服务中心，高校国家知识产权信息服务中心	专利培训、专利查新、专利分析（机构专利竞争力分析、特定技术领域专利分析、个人专利成果/专利组合价值分析、专利可行性分析）	电话、邮箱

第三，从表 8－3 结果可知，12 家开展专利信息服务高校馆，其专利信息服务内容包括 8 类：专利培训、专利检索、专利查新、专利咨询、专利分析、专利预警、专利分析评议及个性化定制服务，该 8 类服务基本包括了目前国内外专利信息服务内容。可以看到，所调查的 12 家高校馆专利信息服务的内容比较全面、丰富。

第四，从表 8－3 中 12 家馆专利信息服务内容可以看到，这些馆专利信息服务除了有较广服务范围外，其开展服务具有较高的技术含量，这些馆的专利信息服务已经具有较强业务实力，均能开展专利分析、专利预警这些难度较大的深层次信息服务。而且，这些馆在专利分析中除可以开展机构专利竞争力分析、发明人定题专利分析外，还可开展专利布局、专利态势分析服务这些具有较高难度的专业分析。目前广大高校图书馆专利信息服务尚在起步阶段，仅能开展浅层次专利查新、专利培训、专利检索，而这些“双一流”高校馆的专利信息服务已具有较高水平，走在了国内高校馆的前列。

第四节　数字移动背景下高校图书馆情报信息服务存在的问题及发展建议

近年来，在数字网络技术迅速发展的社会背景下，高校图书馆采用了现代化的管理、服务手段，借阅、文献采购等传统图书馆业务大部分被智能设备所承担，人工劳动量大大降低。而且随着文献数字化状况的加剧，到馆借阅图书人数不断减少。在此情景下，图书馆的业务结构也随之发生改变，数字化移动服务正在成为主要服务内容之一，以科技查新、论文查收查引、专利信息服务为代表的情报服务工作在高校图书馆工作中所占比例不断增大。为满足校内外用户对情报服务巨大需求，高校图书馆应在总结情报服务工作成果、经验的基础上，探析、解决存在问题，力图为校内外用户提供更优质的情报服务，推动国家科技进步。

一　数字移动背景下高校图书馆情报信息服务工作成果

（一）业务数量、服务范围与服务深度不断增大

依靠高校的资源优势，高校馆拥有良好的人员和资源条件。同时，近年来国家及高校对情报服务重视程度不断增加，对该项工作有较多的投入。此外，数字移动技术的发展给该项服务提供了较好技术支撑。在近 10 年中，高校图书馆情报服务工作发展迅速。目前高校查新机构已达 102 家，各家馆的查新数量不断攀升，2013 年高校馆查新数量达到 41931 件，每个馆平均完成数量为 499 项①。一些馆，如郑州大学馆、扬州大学馆年查新数量达到了千项之多。同时，随着论文收录、引用、专利申报数量在科研考评中比重的不断加大，查收、查引业务量增长迅速，目前众多高校馆查新站的查收查引业务量基本与查新工作量持平。笔者所在查新站，近三年来查收查引工作量已经超过科技查新业务。

此外，近十年以来，高校馆情报信息服务范围及业务深度不断增大。如查收查引工作范围在不断扩大，高被引论文、JCR 和中科院的论文分区、影响因子查证业务从无到有，目前已经在高校馆情报信息业务中普及。另如专利信息服务，近年来发展迅速，目前设有查新站的高校馆基本都开展了该项业务。对大多数高校馆而言，该业务从无到有，从简单的专利检索已发展到深层次的专利分析、专利预警等，业务范围和难度不断增加，服务内容目前已基本囊括了业界主要的业务范围。从上文调查结果可以看到，目前调查的“双一流”高校图书馆基本上具备了开展深层次专利情报服务能力，可以进行机构专利竞争力分析、发明人定题专利分析服务、专利预警、特定技术领域专利分析、重大专项知识产权分析、专利布局等业务。这些专利分析具有较高技术含量，一宗业务需要几个月甚至更长的时间完成，难度较高。从调查可知，北京大

① 周静：《高校科技查新工作》，百度文库（2021－08－05），https：//wenku. baidu. com/view/ba2fae96dfccda38376baf1ffc4ffe473268fd52. html，2022 年 3 月 1 日。

学图书馆完成了历年度“北京大学专利竞争力分析报告”，东南大学图书馆完成了“6G 移动通信技术专利分析报告——毫米波无线通讯技术”、“宽电压术高能效集成电路设计技术专利分析报告”，复旦大学图书馆完成了系列学校专利信息季报。这些馆的专利信息服务成果可以与专业情报机构相媲美，具有较高专利信息服务实力和水平。

（二）采用了便捷高效的服务方式

长期以来，高校馆情报信息服务方式主要为：主页、电话和邮箱服务。高校科技情报服务机构一般在主页列出工作范围、工作时间和服务内容、联系电话和邮箱，同时把委托书、模板及用户须知挂出，用户下载委托书，填好后，按照邮箱地址发出即可，科技查新机构收到后自动回复。该种方式有自己优点，沟通直接，简单易行，成本较低。以下为河南科技大学科技查新工作站工作页面（图 8－2）：

图 8－2 河南科技大学科技查新工作站工作页面

随着科技进步，特别是数字移动技术发展，社会众多领域在线平台服务模式开始出现，很多高校图书馆开始自主研发或购买在线科技查新系统平台、知识产权服务平台，推出了多类型在线平台服务。这些平台具有较好的服务功能，如在科技查新领域，平台设计中考虑到了科技查新业务特点，设计了较好的办理流程和后台设计。平台一般分：用户模块和管理模块。其中，用户模块包括：注册、登陆、业务申请、流程参考、查看状态、交流、下载等；工作模块包括：后台管理、查新数量统计、交流等，系统可自动生成查新报告号、查新报告及显示费用。如同济大学馆的科技查新系统平台（图 8－3），校内用户使用“一卡通”登录，校外用户需注册后登录，登录后可以即时查看查新合同范例、收费标准、科技查新指南等信息，用户可在线填写查新合同，并将课题相关材料以附件形式打包上传。用户登录后可以看到提交顺序和查新员手中查新项目情况，决定是否委托，工作开始后可以随时查看自己项目进度情况，并与查新人员进行线上交流。此外，一些馆还开发了查收查引工作平台和专利工作平台。查收查引工作平台设计中考虑到了查收查引业务特点，设计了较好的办理流程和后台设计。平台功能一般分：用户模块和工作管理模块。其中，用户模块包括：注册、登陆、业务申请、流程参考、查看状态、交流、下载等；工作模块包括：登陆、业务分配、业务数量统计、回复、收费等，系统可自动生成查收查引报告号、查收查引报告，具有显示费用及工作状态等功能。如华东师范大学图书馆查收查引平台服务，用户登录查收查引委托系统（图 8－4），可在线提交委托，查看工作进展状态。如北京大学图书馆建立的知识产权信息服务平台，功能强大，具有较高的工作效率（图 8－5）。该平台可以进行政策法规阅读及下载、专利检索、校内知识产权成果展示（最新公开、最新授权、高被引专利、境外专利）、专利成果推广、知识产权培训、知识产权统计分析等。可以看到，这些在线平台具有数字化、规范化特点，可高效、人性化地为用户提供情报信息服务。

图 8－3　同济大学的科技查新系统平台

图 8－4　华东师范大学图书馆查收查引平台

图 8－5　北京大学图书馆知识产权信息服务平台

此外，一些高校馆为了提高工作效率，节省人力资源，还建立了查收查引与科技查新的联合工作平台、科技查新与知识产权信息联合服务平台等。如天津大学图书馆建立了“天津大学查收查引/科技查新系统”（图 8－6），一个平台可集成处理科技查新和论文查收查引两种业务。用户登录提交委托合同后，可查看业务进度和报告初稿，还可利用手机短信接收到缴费通知和报告领取通知。另如，东南大学、南京大学图书馆均建立了“科技查新与知识产权信息服务平台”（图8－7、图8－8），该类平台可同时处理科技查新、查收查引及知识产权信息服务业务，高效便捷。

图8－6　天津大学查收查引/科技查新系统

图8－7　东南大学科技查新与知识产权信息服务平台

图 8－8　南京大学科技查新与知识产权信息服务平台

二　数字移动背景下高校图书馆情报信息服务工作存在的问题

情报信息服务目前已成为衡量一个馆业务水平高低的重要标尺，近年来高校馆对情报服务投入与支持力度较大。同时，依靠高校的资源优势，高校馆情报工作所需的数据库、高水平工作人员、办公硬件相对充足。目前，除了高校实力不同、文献资源体系建设发展不平衡外，影响高校情报信息服务发展的较大因素是数字移动技术利用程度问题。一些高校馆工作模式陈旧，造成用户体验不理想，工作效率不高。

（一）线上平台利用不足

本调查中实际调查了京、津、沪和南京的 15 所“双一流”高校图书馆，检索到实际开展情报服务的有 14 家高校图书馆。这 14 家高校图书馆依托所在高校，无论在资源、人力、环境方面均处于国内高校馆中领先地位，其办馆理念、工作方法及模式一直引领业界发展。但在调查中发现，这些高校图书馆科技查新业务中仅有不足一半的馆采用在线工作模式，大量馆仍在使用邮箱、电话等传统通讯交流工具。14 所高校馆中，有 6 家高校馆论文查收查引服务途径采用邮箱、电话工作模式。

14 家高校图书馆中有 12 家开展专利信息服务，其中 3 家馆采用在线工作平台模式，9 家高校馆采用邮箱、电话工作模式，专利信息服务的线上平台采用率仅为 25%。

当然，在业务交流中，电话、邮箱有其一定有优点，首先使用简单，成本低廉，不需要过多经济花费。其次，沟通较为直接，特别是电话沟通效果较好，直接明快。但基于用户的角度，该种工作途径存在一定缺点。首先，电话无法全天候接听，邮箱只能发送委托书，无法及时回复。其次，工作进度用户无法及时查看，业务信息获取不便。对查新工作人员而言，传统的工作模式也存在效率低下的问题，如需要每天查看邮箱、下载委托书，信息共享性不足，工作需人工分配，需重复回答相关业务信息咨询，与用户沟通中耗时费力。

（二）缴费模式陈旧

上文调查中开展情报服务的有 14 家高校图书馆，中有 8 家馆查新收费方式未见，有 5 家馆在支付查新费用时可以使用微信、支付宝或网银中一种进行缴费。查收查引服务中，6 家馆收费方式未见，有 5 家馆用户在支付查新费用时可以使用微信、支付宝或网银中一种进行缴费，可以看到，在我国一流高校馆情报信息服务中，现代化支付方式尚未普及。

查新业务每次缴费金额较大，使用传统的支付方式用户尚可接收，但查收查引业务办理人数较多，每单业务收费较少，只有几十元钱，不便的付费方式将直接降低用户的服务满意度。

三　数字移动背景下高校图书馆情报信息服务工作发展建议

（一）支付途径现代化

目前日常生活中人们使用微信、支付宝、网银等在线支付工具已非常普遍，这些支付方式简单快捷。高校馆情报服务普遍收费数额不大，如能现场使用微信、支付宝等手段可给用户带来较大便利。特别是校外用户，对此需求更为强烈。笔者近年完成了面向校内外用户的图书馆服务满意度调查，其中用户对服务内容、质量较为满意，但对缴费方式常有意见，几乎全部的用户表示应尽快开展图书馆现场线上支付。目前给用户提供支付便利在技术上不存在过多障碍，高校图书馆应会同有关部门建设相应设施，尽快开展线上支付，提高用户满意度。

（二）服务模式移动化

此外，高校馆情报服务用户包括校内外，近年来，校外用户比例不断增加。校外用户无法轻松进入学校校园，在咨询和办理业务时多感不便，而线上平台的使用不但可减少查新人员的工作负荷，也可极大方便校外用户的业务办理。一站式远程情报在线服务可以极大地简化查新工作流程，推进查新工作的程序化、透明化和高效率。目前，线上查新业务平台搭建技术已经成熟，功能也越来越完善。“双一流”高校为我国高校发展的领军团队，特别是京、津、沪、南京地区的“双一流”高校在整个“双一流”高校中处于更为领先的地位，这些高校图书馆具有较强的资源和业务实力，应尽快应该搭建专门情报服务平台，或利用手机图书馆、微信图书馆开展移动在线服务，给用户提供更加快捷高效的信息服务，引领国内高校馆情报服务水平提升。

高校馆专利信息服务的工作模式目前主要为电话、邮箱、到馆和线上平台服务。由于专利信息服务内容较为复杂，工作周期较长，客户个体服务需求特征明显，在业务开展过程中，上述的服务形式可以相互糅合，交叉使用。但是随着新技术的发展，以数字移动技术为依托的线上平台服务方式应尽快尽多出现，以提高工作效率，方便用户业务办理。

第九章　高校图书馆开展中小企业信息延伸服务实证分析

——以科技查新为例

延伸服务，属于服务科学的概念范畴，国内最早出现于20世纪80年代。韩明安《新词语大辞典》对此概念的定义为："服务部门为方便用户、旅客或顾客而扩大服务范围，开辟新的深层服务内容的做法。"①具体说，延伸服务就是在常规服务之外利用自身资源和条件，从用户利益考虑，为用户提供不属于服务范围之内的服务或工作。20世纪90年代后"延伸服务"概念广泛进入邮电、交通、保险、金融、医院、图书馆等行业，逐渐成为国内众多行业创新扩展服务的一种方式。延伸服务属于基础服务的衍生物，具有较强的行业属性特点。行业不同，延伸服务的内容与方式不同。即使同一行业，由于个体差异，具体定义、罗列该行业的延伸服务的内涵也是困难的。故讨论任何行业和部门的延伸服务，只能就一定时间点上、对一批条件、发展水平相当的同质部门的某一类或某一项服务进行探析，抛开部门和业务的同质化基础讨论延伸服务问题，对行业服务提升的现实指导意义不大，操作性不强。

在高校图书馆社会化服务领域，科技查新是一个适合开展延伸服务探讨的领域。首先，高校图书馆查新机构为教育部按照较高从业标准设立，各个查新站进入门槛相同，资源、人力、环境等条件相当；其次，各高校查新机构工作内容均以科技查新为主，工作流程与考核标准相同，具有业务同质化的特征。即便如此，由于查新机构服务对象多样，

① 韩明安：《新词语大辞典》，黑龙江人民出版社1991年版，第54页。

有校内校外、有企业、科研单位，有学生和教师等等。不同用户类型，所需延伸服务内容和方式有较大差异。如学生用户，以毕业论文完成为主要诉求，校内教师则以科研选题、论文发表为主要考虑，如不加区分笼统论述其延伸服务，其内容必然过于空疏。地方中小企业作为高校查新机构一大类用户，其服务需求有其独特性。本书针对此类用户对高校查新机构的延伸服务问题进行探讨，以期对地区中小企业技术进步和高校社会化服务水平的提升有所裨益。

第一节　高校图书馆开展科技查新延伸服务的基础与条件

科技查新（novelty search）是我国特有的一项科研评价方式，它源于专利审查，目的是对专利的新颖性做出判断，是指“具有查新业务资质的查新机构根据查新委托人提供的需要查证其新颖性的科学技术内容，按照《科技查新规范》进行操作，并做出结论。”① 1985 年我国开始在科研立项、成果鉴定、评奖中实行查新评估制度。目前我国从事查新业务的机构分四大类：第一类为国家及各省、市信息情报机构；第二类为国家原部属科研院所情报机构；第三类为教育部隶属的高校查新机构；第四类为科学院系统查新机构。四个系统的查新机构目前已达 300 余家，其中，高校查新机构为 102 家②，已成为我国科技查新的一支重要力量。

一　高校图书馆科技查新机构行业特点

较之国内其他查新机构，高校查新机构成立时间最短，属于查新家族中的新生力量。但此类机构设立标准起点较高，日常管理严格，从数据库资源配置到人员知识层次均具有较强实力，加之依托高校人力和科

① 焦秋阳、许增朴：《高校图书馆科技查新概论》，《中国轻工教育》2009 年第 4 期。

② 王晓丽、季淑娟、王瑜：《发挥查新人员在学科服务中的作用》，《图书情报工作》2014 年第 S2 期。

研资源的支持，其开展科技查新与相关业务的基础与能力较好，拥有面向中小企业开展信息情报延伸服务的优势与条件。

（一）高校图书馆查新机构概述

教育部从 1992 年、1995 年开始在直属高校设立了 15 所“高等学校科技项目咨询及成果查新中心工作站”。2003 年对 15 所高校查新站进行了资格认定后启动了两年一次的新站申报工作。从 2003 到 2015 年，共批准 7 批 102 所查新站。由于申报学校众多，最后通过指标有限，高校间竞争十分激烈。首先，在申报资格上申报单位需具有不少于 2 年的从业筹备建设期。筹备期内，需完成一定数量的、合格的查新报告。其次，评审程序及指标严格、繁多。其中一级指标 6 个，二级指标 17 个，三级指标 12 个。一些重要的指标，如“期刊、人员数量、人员结构、专业背景、专业培训情况、查新报告质量”中若一项不合格，则失去认定资格。第三，对文献资源和人员资质、业务水平要求较高。如规定：“必须拥有 15 年以上与查新专业范围相关的国内外文献资源或数据库，具备 dialogue 国际联机检索系统，3 名以上取得国家或教育部科技查新资格的专职人员，其中具有高级专业技术职称人员不少于 1 人，有健全的查新规章制度。”① 较高的准入门槛使得获得此资质的高校基本为国内一流大学。目前 102 所高校获批，其中“985”、“211”高校 71 所，普通本科院校 30 所，即为普通院校，亦均具有较强的理工科学科实力、较高的文献资源建设投入和较好的人员知识水准，如高校科技查新站经费总投入到 2010 年为 104763. 9 万元②，2013 年为 141721 万元③，硕士以上学历占 49. 3%，其中高级职称占到 47. 8%④。

（二）高校查新机构的日常管理

除了较高的进入门槛外，教育部对高校查新站日常管理十分严格。

① 教育部科技发展中心：《教育部办公厅关于开展第七批教育部部级科技查新工作站申报工作的通知》，教育部官网（2014－04－10），http：//www. chaxin. edu. cn/views/news/ListNews. xhtml，2022 年 3 月 1 日。

② 聂峰英：《高校科技查新服务社会化 SWOT 分析及战略决策》，《情报探索》2011 年第 12 期。

③ 武茹：《高校科技查新工作站的现状、问题与发展趋势》，《中华医学图书情报杂志》2015 年第 12 期。

④ 张静：《教育部部级科技查新工作站现状分析》，《图书馆学研究》2007 年第 9 期。

每个站必须具备完整的科技查新规章制度和业务流程，2009 年、2013 年教育部分别出台了《科技查新工作规范》和《教育部科技查新工作站查新报告撰写规范》，要求各高校馆查新机构必须严格按照规程开展工作。同时，自 2003 年以来高校查新机构实行年检制度，每年第一季度各查新站撰写报告书，上报查新项目的明细及人员、资源变更情况，未实行年检或不达标者，自动取消执业资格。在人员资质水平管理上，教育部每年举办一次查新员培训，两年举办一次审核员培训，合格者发证注册，方可有从业资格。此外，教育部不定期抽查各机构的查新报告，发现质量问题，即通报批评，限期整改。

二 高校图书馆科技查新机构工作特质

目前高校查新机构的业务范围包括：科技查新，为用户出具查新报告；依据校所购数据库为用户出具论文收录、引用证明；完成信息检索课程的教学；开展学科服务，其中科技查新为其核心工作。高校查新机构与学校其他部门不同，也与普通查新情报机构不同，其工作特质具有开展企业情报延伸服务的天然基础与优势条件。

首先，科技查新是一种客观、第三方的科研评价方法，查新工作人员要根据被查检项目中的技术要点，通过检索相关文献，进行技术点的对比分析，对委托项目的创新性、新颖程度做出判断。工作人员在查新期间，必须和用户进行面对面沟通，查新人员须对委托项目研发背景、技术内容及与同类文献异同有深入理解。其次，在查新过程中，为了准确把握技术和产品的新颖性，工作人员必须对于学科前沿、热点问题及发展趋势有深入的了解。如结合到具体产品查新，工作人员在工作过程中需对该类产品分类、性状、生产厂家分布、制造研发过程、相关专利分布、当前研发趋势等状况清晰明了。如结合到某项技术查新，工作人员在工作结束后对此项技术发展历史、目前状况、水平优缺、未来的发展趋势等，已了然于胸。故在查新过程结束之后，如用户需要，即可为用户提供某项产品的制造商分布信息报告、某项专题技术调研报告等延伸服务；如果是专利申请查新，那么关于某技术的国内外专利分布、时效存在状况、专利家族的脉络在查新完成后基本已清晰可见，在需要的前提下，查新人员利用专利分析工具，即可挖掘核心专利，进行聚类分析，提炼专利技术点等，一项关于该领域专利调查分析报告的延伸服务成果已不难完成。

此外，高校查新机构工作人员多具有理工科学科背景，对本专业的基础理论和技术发展状况有着较好地掌握和了解。同时，高校查新人员除完成查新业务外，还要从事中外数据库的查收查引、文检课教学及学科服务工作，具备扎实的专业知识和较高的信息情报学理论水平，对国内外数据库状况有清晰了解，中英文检索技术娴熟，具有进行产品调查、技术调研、专利检索与分析等技术信息延伸服务的能力优势。

科技查新属于智力型劳动，查新报告亦具有法律属性。一份合格的查新报告要求文献检索“全”而“准”，技术异同比对“专”而“细”，报告撰写“简”而“明”，工作人员需投入相当多的心血和精力方能完成。如果仅限于完成此报告，不进一步为用户提供更深层次的服务产品，渗透在其中无形劳动将会浪费，获得的大量技术信息将被抛弃，致使一份科技查新报告的资源成本、人力成本过高。故开展延伸服务，对于查新机构而言是一项利及他人、避免人力浪费之举，对于中小企业而言，是一种惠而不贵获取技术信息的机会和方式。再者，此类型延伸服务的开展对查新机构自身发展也有着积极的意义。由于查新流程和格式固定，单纯的查新工作一定程度上将固化查新员工作思维模式和信息关注维度。延伸服务是以用户需求为基准，形式内容各异，将无形扩大、提升工作人员的信息视野和检索处理信息的能力，有利于自身业务素质的提高和机构整体业务水平的提升。

第二节　中小企业获得科技信息的服务需求

一　中小企业对情报信息的需求特点

国家工业和信息化部制定的最新《中小企业划型标准规定》有：

中小工业企业标准为："职工人数1000人以下，或营业收入40000万元以下。其中。从业人员300人及以上，且营业收入2000万元及以上的为中型企业；从业人员20人及以上，且营业收入300万元及以上的为小型企业。从业人员20人以下或营业收入300万元以下的为微型企业。"① 本书中小企业即指符合此标准的企业。中小企业信息需求多样化，主要包括：市场、价格、政策与技术等，其中市场、价格、政策为外部不可控因素，唯有技术是提高自身价值和竞争力的最根本因素。宋新平《中小企业竞争情报的需求及应用行为探析》一文对江苏省中小企业信息需求进行了调查，发现中小企业"具有迫切需求的情报类型从高到低依次为竞争对手、行业、市场、融资、技术、政策、人力。有一般需求的情报类型从高到低依次为政策、技术、融资、人力、行业、对手。"② 可以看到，技术信息已成为中小企业发展中的一个重要需求。

二　中小企业利用科技查新获得情报信息延伸服务的需求

中小企业与大型企业及科研院所不同，后者规模庞大、实力雄厚，基本都有自己的信息机构或与本行业研究机构关系紧密，可依靠自身或行业的信息研究所获取技术信息情报服务。而中小企业为财力、规模所限，本身不具备专门情报信息部门，或成立较晚，与行业研究机构关系疏远，缺乏系统、持续获得技术信息的服务支撑，企业的技术竞争情报信息源相对孤立、封闭散乱，面对激烈的市场竞争，处于不利地位。

每年国家、地方政府和各类开发区为了鼓励中小企业技术创新，均会启动一些创新基金项目、高新技术企业、高新技术产品的申报评审工作。评审中，为评估企业的技术创新能力，要求在申报材料中必须附有科技查新报告。企业为获取政府资金支持通常会积极申报，准备申报材料所要求的查新报告。查新期间，查新员为完成查新报告，在深入解析

① 国家统计局：《关于印发〈统计大中小微型企业划分办法（2017）〉的通知》，国家统计局官网（2018－01－03），http：//www. stats. gov. cn/tjgz/tzgb/201801/t20180103 1569254. html，2022年3月1日。

② 宋新平、甘德昌、熊强：《中小企业竞争情报的需求及应用行为探析》，《情报理论与实践》2012年第3期。

委托项目技术内涵的同时，需要了解相关技术发展背景，搜集有关的技术发展文献报道，掌握国内外最新的研究动态。若企业用户需要，查新员有条件便捷地开展进一步技术专题调研、产品分析报告、专利分析等分析研究，对口解决企业生产经营中的问题。据此，企业即可快速、系统地获得国内外同行的研究成果、新的研究思路，避开专利侵权雷区，解决企业面临的技术问题，准确定位产品开发和技术升级方向。同时，在获取延伸服务的同时，也可以得到信息获取方法，为自身独立获取技术情报奠定基础。可以说，对中小企业而言，利用查新契机获得专业技术信息情报，是一个方便可取的方法和途径。

据调查，目前企业有偿科技信息服务仅约5%来源于高校①，而高校查新机构从2007年开始，校外企业用户不断增加，如江南大学查新站2009年后企业用户比重已占全部用户72%②，笔者所在查新站近三年中小企业用户数量已超过校内用户数量。未来随着企业技术进步的需求及国家扶持力度的不断增加，中小企业进行项目申报或专利申请的查新行为还将不断增多，有更多利用科技查新获取所需技术情报延伸服务的可能与契机。

第三节　高校图书馆查新机构面向中小企业开展情报信息延伸服务案例分析

一　案例概述

洛阳自古牡丹种植广泛，近年来围绕牡丹种植衍生了众多生产牡丹产品的中小企业，如牡丹精油、牡丹饼、牡丹茶等制造加工企业，相关

① 李亚文：《高校图书馆改革的反思与不断进取——与金晓莉等商讨‘图企联合’模式》，《图书馆杂志》2000年第8期。

② 张群：《高校科技查新工作中开展竞争情报服务的探讨》，《现代情报》2011年第3期。

企业目前达 272 家，从业人员 3.3 万人，总产值 5 亿元①，已成为洛阳市中小产业发展的新兴行业。其中，牡丹精油制造为主要产品，所生产的牡丹精油为高端花卉精油，有“液体黄金”之称，生产过程对加工技术的要求较高。

本案中查新委托人为洛阳一家小型生物制品企业，该公司产品有牡丹精油、牡丹饼、牡丹杯、牡丹茶等，牡丹精油为其核心产品。其精油采用高山丹凤牡丹花、牡丹叶、树龄五年的牡丹根提取物，利用超临界技术萃取后，配以一定量牡丹籽油和其他物质制作而成。该企业为申报洛阳市科技创新扶持项目，2017 年 5 月要求对其牡丹精油配方和工艺技术进行查新。

在查新过程中，查新站获取了该企业生产技术的详尽内容，并与委托人进行了深度技术沟通。在沟通过程中，除涉及查新技术问题外，还了解到企业在生产、经营中遇到的问题：精油成本较高，市场竞争激烈，销售不畅，急需得到国内外牡丹精油萃取工艺的技术信息帮助，以改进精油提纯工艺。同时，希望得到除查新之外更多的技术情报，如了解国内复方精油类型及生产的状况，以开发出市场需求的牡丹精油复方产品。

了解到用户的需求，工作人员全面收集、整理牡丹精油提取及衍生品生产技术文献资料，并与学校制药学院从事相关研究的人员沟通，了解牡丹单方、复方精油制造萃取工艺及设备，把握当前精油工艺发展状况及存在的问题，全面检索了牡丹复方精油配方文献，并实地考察了公司牡丹种植和生产基地。除完成查新基础服务本身的“查新报告”外，相继完成了《牡丹精油提取技术调研报告》和《牡丹复方精油护肤品制备专利分析报告》，作为延伸服务的成果交付用户。其中，《牡丹精油提取技术调研报告》把近二十年来牡丹精油萃取提纯技术及设备的发展状况、目前行业存在技术问题及发展趋势进行了整理和分析。《牡

① 洛阳市政府办公室：《关于印发洛阳市牡丹产业发展规划的通知》，洛阳市政府网站（2017 - 2 - 30），http：//www. ly. gov. cn/zfwzsjb/zwgk/fgwj/gfxwj/fzfbgswj/823923. shtml，2022 年 3 月 1 日。

丹复方精油护肤品制备专利分析报告》中对牡丹复合精油护肤产品发展历史进行回顾，对国内外牡丹复合精油护肤产品专利配方、制备技术专利状况进行了整理。报告内容分两类：一类为普通精油护肤品，下分：洁面乳、面膜、面霜、香皂四种；另一类为功能产品，下分：助眠、祛皱、伤口愈合、祛斑除痘、降血压五种。同时，结合其他非专利形态的论文、科技成果，报告对牡丹复合精油护肤产品制备技术进行了分析和综述。此两份报告得到了用户认可，企业已开发了牡丹精油面膜及祛皱霜，现已投放市场。

二　信息延伸服务案例分析

本案中用户是一家生产牡丹深加工产品的小型企业，查新站对其提供的延伸服务实例可一定程度反映了该类企业共同信息需求及高校查新机构为其服务中应关注的问题。

（一）中小企业主动获取技术情报及知识产权保护意识较为淡薄

本案中此次延伸服务并非企业专门谋求，而是由查新业务而引发。由于用户第一次做查新，用户对查新概念、流程所知甚少，委托书中没有填写项目详细内容，查新点由工作人员帮助确定。与查新员交流中，用户目睹了大量牡丹精油提纯、复方精油开发技术文献，技术视野顿感开阔。基于自身遇到的工艺改良、新产品研发问题，技术人员渴望得到更多的精油制造技术情报。查新过程中，面对众多复合精油专利配方，用户深感自己专利意识的缺乏，很多已在实践中运用加工思路和配方一直没有申报专利保护，在参观、交谈中也无意泄露了一些关键技术。鉴于此，高校查新机构在开展查新业务中，应主动开展延伸服务的询问与宣传，并特别提醒用户对知识产权申请和保护的重视。

（二）企业对产品技术开发信息较为为重视

牡丹花精油制备中花瓣出油率为万分之二，生产中对牡丹花原料供应有较大需求。而牡丹种植受气候因素限制，鲜花原料供应很难保持稳定。同时，牡丹精油制备对环境和设备的卫生条件要求很高，企业前期投入较大，单一的精油产品难以保证企业正常运转。因此，企业极为关注扩大生产范围，开发复合精油产品。为此，用户希望在查新过程中获得较多有关复合精油产品生产配方和工艺技术的情报信息。窥一斑而知全豹，此要求反映了众多中小企业共同信息需求。大型公司产品众多，竞争力强，中小型企业必须进行更快更多的产品开发和升级换代，方能生存发展。再者，中小型企业“船小好掉头”，内部决策快捷，有条件进行较快的产品研发和上市销售。故在面对中小企业开展查新延伸服务时，可重点开展产品开发类的技术信息延伸服务。

（三）高校图书馆查新机构业务水平的优劣是开展科技情报延伸服务的基础

本案中企业本意仅为获得上级部门要求的查新报告，但在查新过程中，工作人员较好把握了精油行业技术背景及发展状况，文献检索精准全面，技术异同辨析清晰，用户感受到工作人员严谨和客观的工作作风，对其信息获取、分析的能力及技术把握能力深表认可，希望获到更多的复合精油产品技术信息。据此，工作站应用户需求完成了《牡丹精油提取技术调研报告》和《牡丹复方精油护肤品制备专利分析报告》两份报告。此项服务，用户较为满意，渴望与查新机构保持长久的合作，并希望以查新为媒介与学校化工制药研究人员进行技术对接和合作。因此，切实提高查新责任意识，保证较高的查新工作质量是赢得用户信任和开展延伸服务的前提和基础。

第四节　高校图书馆查新机构开展面向中小企业信息延伸服务的思考

随着国际技术竞争态势的加剧，核心技术的国际壁垒越来越严重，国内工业制造中许多关键技术一直受制于人。除了政策资金的支持外，改变这个状况的关键因素是提升我国企业的科技竞争力，研发出自己的核心技术，打造众多的民族品牌。高校查新机构作为与企业研发最亲密的伙伴和技术信息的支持者，应利用自身的资源和条件，为企业，特别是中小企业的科技研发提供更多的服务。

一　以产品开发和专题技术调研为主要内容

网络时代信息获得十分便捷，企业需求的非技术情报信息，除企业自身获取外，专门咨询公司可集成定制。如咨询公司可制作不同行业的产品销售、生产统计报告。如专门的信息咨询公司可定制牡丹精油市场分析预测报告，内容包括：行业主要厂商的企业概况、产品参数、销售份额、产能、产量、产值及某种产品的价格、成本、利润、各地区销售状况及原料供应链条①，此类报告企业可直接购买使用。但基于某种产品开发技术、某项生产工艺、某种计算方法、研究思路改进的专题调研，由于涉及学科知识、研究热点，不熟悉该学科的非专业人士难以完成，普通的信息咨询机构无法提供此类服务。高校查新机构查新业务分配中基本按照学科而划分，查新员长期从事某专业的查新业务，对其行业技术发展脉络及热点技术问题研究状况有着较好的理解和把握，加之在查新过程中与用户进行深层次的技术细节交流，有能力依托查新项目，为用户提供产品开发、专题技术调研信息服务。再者，102 所高校查新站所在高校均具有较高理工科学科发展水平，各查新站均设立了学科专家技术支持团队，有条件保障延伸服务具有较高的水平。

目前国内实体经济较为缺乏核心技术和知名品牌产品。中小企业的发展尤其倚赖新技术、新产品的运用和开发，但缺少专业数据库资源，较少参与行业技术研讨，行业技术信息来源较为丛杂稀少，企业亟待获得专业层面的专题技术调研信息服务。尽管此业务可以委托行业部门专门的技术团队或情报机构完成，但成本较高。目前基于产品、市场的一份普通调研报告价格已近万元，而企业生产中的技术问题与产品研发需要不断解决、进行，连续的高成本付出对企业也是一项不小的负担。目前高校查新机构一份国内外查新报告收费不过千元，相应的延伸服务费用仅数百元，对企业来讲是一种成本较低，可持续进行的获取技术情报服务的方法，故此类服务应是高校查新机构开展延伸服务的主要内容。

---

① 智研咨询：《2017—2023 年中国牡丹精油市场分析预测及发展趋势报告》，中国产业信息网（2017－09－22），http：//www. chyxx. com/research/201709/557859. html，2022 年 3 月 1 日。

二　以知识产权服务为切入点

产品未动，专利先行。2020 年全球专利申请量增长 4%，申请量达到 27.59 万件，创造了有史以来最高数量。其中，中国专利申请量同比增长 16.1%，以 68720 件稳居世界第一[①]。可以看到，我国专利申请数量大，专利申请和保护已成为促进国家科技创新的重要支撑，企业发展越来越离不开专利的支持和保护。相对于大型企业，中小企业缺少专业情报人员，专利申请与保护意识较为淡薄。如：没有及时申请专利，自身技术无法受到保护；一些设备技术，已经过了专利保护期，可以仿造，但仍然在花高价引进，浪费了巨大人力、物力。

专利文献的体例、结构独特，内容复杂，加之国外专利语言的障碍，一般用户很难阅读理解。高校查新机构均购买有完备的专利文献数据库及专利分析工具，可就某一个技术问题或产品进行专利检索、专利追踪，编制专题专利技术文献信息汇编，出具专题专利分析报告。也可在检索基础上，对专项专利信息内容进行提炼、归纳，为用户提供某项专利申请可行性分析、行业专利动态预警分析、侵权/非侵权风险分析等。

2016 年教育部高校查新机构有 36 家成为专利局查新文献服务网点单位[②]，随着专利意识和服务需求的普遍增强，高校面向校内外专利服务工作将持续增加。目前除了清华大学、同济大学、大连理工等 30 所高校拥有自己专利中心[③]，可提供全面的专利服务外，其余高校尚未开展实质性专利服务。目前教育部已在积极鼓励高校开展此项服务，可以看到，专利服务是未来高校信息情报服务的重要内容。高校查新机构以专利信息服务为切入点进行延伸服务，将给高校专利服务广泛开展奠定

---

① 上海观察者信息技术有限公司：《2020 年国际专利申请量，中国再次超越美国》，观察者（2021－03－02），https：//www. guancha. cn/politics/2021_03_02_582768. shtml，2022 年 3 月 1 日。

② 国家知识产权局：《关于公布全国专利文献服务网点名单的通知》，国家知识产权局官网（2017－07－24），http：//www. sipo. gov. cn/gztz/991593. htm，2022 年 3 月 1 日。

③ 国家知识产权局：《符合〈专利代理条例〉规定条件的专利代理机构名单公告》，国家知识产权局官网（2001－09－17），http：//www. sipo. gov. cn/zfgg/1098197. htm，2022 年 3 月 1 日。

良好的基础。故查新机构面向中小企业的延伸服务中，需要不断加强专利信息服务的比重。

三　建立合理的高校科技查新工作制度，促进延伸服务持续开展

面向中小企业知识情报延伸服务为高校查新业务的延展和附加，此类服务要求从用户角度出发，深度沟通，没有较好的主动意识、责任感及足够的情感与精力的投入，无法或无法很好地开展。为此，在鼓励进行主动服务的前提下，工作机构应建立一套合理的工作制度，促进延伸服务持续开展。

首先，应承认查新人员为延伸服务付出的劳动，可折算相应的工作量。其次，可弹性安排延伸服务的开展。查新工作具有很明显的时间波峰特征，一年中总有一两个时期查新课题任务繁重，查新员没有时间与精力从事其他工作。在这个时期，可暂时少做或停做，或联合学校在读研究生共同完成。第三，尽可能固定人员进行某个专业或行业的延伸服务，以节省人力，并形成专业技术优势，保证服务水准。第四，不断提高查新人员业务水平。虽然高校查新机构工作人员具有较好的学科专业背景，但不断加快的知识更新速度需要查新人员不断学习，把握学科研究热点，紧跟行业技术发展趋势。为此，应创造条件促使查新人员不断参加行业技术研讨、交流，并鼓励他们攻读图书情报学的第二学历，切实提高情报工作水平与能力，更好地开展专业技术性的延伸服务。

四　形成富有特色的信息延伸服务模式

除了上述的几点建议外，高校图书馆在利用查新工作开展信息延伸服务时，应注意自身服务特色的建立。首先，高校查新机的延伸服务具有个体差异性。各个高校查新机构虽然具有同质性，但毕竟存在专业优势、人力情况、所在地区用户特征不同的个体差异，在开展此项服务时，各个查新机构在立足技术信息的主题下，应各有取舍，建立富有自身特色的延伸服务工作内容与模式。方式上或连续开展，或不定期进

行；内容上或以文献检索为主，或以技术专题综述为主；服务范围上，或对所有用户开展，或针对某一行业的某些企业进行。其次，高校查新机构的延伸服务具有动态发展性。随着时代的进步，查新延伸服务的内容也在不断变化、生长。新的服务内容和形式将会萌生，上述的种种技术情报需求亦将消失，或成为查新机构应提供的基础服务。但无论如何，服务社会、紧跟用户需求、立足技术信息始终是高校查新机构开展延伸服务的宗旨与基础。

参考文献

［美］彼得斯：《交流的无奈：传播思想史》，华夏出版社 2003 年版。

程焕文：《竹帛斋图书馆学论剑——用户永远都是正确的》，广东人民出版社 2008 年版。

［美］J. H. 谢拉、张莎丽译：《图书馆学引论》，兰州大学出版社 1986 年版。

鞠明君：《微信：社会化媒体营销的革命》，清华大学出版社 2013 年版。

柯平：《目录学到数字目录学》，国家图书馆出版社 2008 年版。

柯平：《文献图书馆战略规划研究》，科学文献出版社 2014 年版。

李海英：《图书馆服务管理》，国家图书馆出版社 2011 年版。

［美］莱文森：《思想无羁——技术时代的认知论》，南京大学出版社 2004 年版。

［英］尼克·斯蒂文森：《认识媒介文化》，商务印书馆 2001 年版。

［印度］阮冈纳赞：《图书馆五定律》，书目文献出版社 1988 年版。

［美］斯蒂文·小约翰：《传播理论》，中国社会科学出版社 1999 年版。

［美］斯特劳哈尔、拉罗斯：《今日媒介：理解媒介、文化与技术》，清华大学出版社 2004 年版。

沈素琼：《大学图书馆导读策略》，人民邮电出版社 2013 年版。

吴建中：《转型与超越——无所不在的图书馆》，上海大学出版社 2012 版。

吴建中：《21 世纪图书馆新论》，上海科技文献出版社 2003 年版。

王波：《中外图书馆阅读推广活动研究》，海洋出版社 2017 年版。

魏群义：《移动图书馆云服务研究》，科学出版社 2017 年版。

徐建华：《现代图书馆管理》，南开大学出版社 2003 年版。

肖希明：《信息资源建设的变革与发展》，国家图书馆出版社 2010 年版。

喻国明、曲慧：《网络新媒体导论（微课版）》，人民邮电出版社 2021 年版。

［美］约翰·帕夫利克：《新媒体技术：文化和商业前景》，清华大学出版社 2005 年版。

［美］约书亚·梅罗维茨：《消失的地域：电子媒介对社会行为的影响》，清华大学出版社 2002 年版。

尹章池：《新媒体概论》，北京大学出版社 2017 年版。

戴艳清：《我国高校图书馆推广手机阅读的 SWOT 分析》，《现代情报》2014 年第 3 期。

韩卫红、宗文哲：《“双一流”高校图书馆阅读推广活动调查分析》，《大学图书情报学刊》2020 年第 1 期。

李亚文：《高校图书馆改革的反思与不断进取——与金晓莉等商讨“图企联合”模式》，《图书馆杂志》2000 年第 8 期。

李浩君、冉金亭：《高校移动图书馆服务系统评价模型与实证研究》，《图书馆学研究》2017 年第 10 期。

李韬奋、郭鹏、杨水利：《高校移动图书馆内容个性化实证研究》，《图书情报工作》2016 年第 19 期。

李玉红：《国内“211”高校图书馆移动信息服务发展状况》，《现代情报》，2014 年第 3 期。

马爱芳、杨国美：《我国高校图书馆手机服务现状的调查与思考——以“211 工程”院校为例》，《图书馆工作与研究》2009 年第 12 期。

茆意宏、朱强、王波：《高校图书馆数字阅读服务现状与展望》，《大学图书馆学报》2017 年第 1 期。

彭丽君：《Mobile2.0 环境下高校图书馆推行移动阅读服务的可行性分析》，《现代情报》2011 年第 12 期。

宋新平、甘德昌、熊强：《中小企业竞争情报的需求及应用行为探析》，《情报理论与实践》2012 年第 3 期。

覃凤兰：《“211 工程”高校图书馆移动服务调查分析与对策研究》，《国家图书馆学刊》2013 年第 1 期。

覃燕梅：《高校移动图书馆 APP 功能优化及拓展探究》，《图书与情报》2015 年第 6 期。

唐曦：《高校图书馆微信荐购服务现状与发展研究——以中国“双一流”高校为例》，《农业图书情报学报》2020 年第 1 期。

王茜、张成昱：《清华大学手机图书馆用户体验调研及可用性设计》，《图书情报工作》2013 年第 4 期。

万慕晨、欧亮：《基于微信公众平台的高校图书馆阅读推广效果实证研究》，《图书情报工作》2015 年第 22 期。

魏群义、侯桂楠、霍然等：《国内移动图书馆应用与发展现状研究——以“985”高校和省级公共图书馆为调研对象》，《图书馆》2013 年第 1 期。

谢蓉、金武刚：《高校图书馆如何推广手机阅读——基于对在校大学生手机阅读的调查结果》，《图书情报工作》2011 年第 14 期。

赵霞、张敏：《从查新项目统计分析研究高校查新工作中的问题与对策——以北京理工大学教育部科技查新站 L27 为例》，《图书情报工作》2012 年第 1 期。

王波：《阅读推广、图书馆阅读推广的定义——兼论如何认识和学习图书馆时尚阅读推广案例》，《图书馆论坛》2015 年第 10 期。

王晓丽、李淑娟、王瑜：《发挥查新人员在学科服务中的作用》，《图书情报工作》2014 年第 2 期。

武茹：《高校科技查新工作站的现状、问题与发展趋势》，《中华医学图书情报杂志》2015 年第 12 期。

张爱科：《现阶段我国高校移动图书馆服务调查探析——以“211 工程”院校图书馆为例》，《高校图书馆工作》2013 年第 5 期。

张海霞：《浅谈高校图书馆在碎片化阅读时代的服务创新建设》，《农业图书情报学报》2020 年第 1 期。

张静：《教育部科技查新工作站现状分析》，《图书馆学研究》2007 年第 9 期。

张群：《高校科技查新工作中开展竞争情报服务的探讨》，《现代情报》2011 年第 3 期。

赵继海：《北美研究型大学图书馆专业岗位设置与薪金的分析》，《大学图书馆学报》2006 年第 2 期。

周文骏：《图书馆是社会的产物》，《大学图书馆学报》2010 年第 5 期。

董冬波：《基于移动终端的数字图书馆个性化信息推送服务研究》，硕士学位论文，华中师范大学，2014 年。

付玲玲：《大学生手机阅读行为研究》，硕士学位论文，西南大学，2011 年。

贾欢：《移动图书馆可用性研究》，硕士学位论文，重庆大学，2014 年。

李彬彬：《我国移动数字图书馆建设研究》，硕士学位论文，湘潭大学，2014 年。

李静丽：《全媒体时代高校图书馆信息服务模式研究》，硕士学位论文，安徽大学，2013 年。

李睿：《高校手机图书馆系统研究》，硕士学位论文，辽宁师范大学，2013 年。

刘雯：《山西高校图书馆微信公众平台服务现状分析及对策研究》，硕士学位论文，山西财经大学，2016 年。

王建娟：《中国高校移动图书馆服务研究》，硕士学位论文，郑州大学，2013 年。

王天帅：《安徽省双一流高校图书馆社会化阅读推广的调查与分析》，硕士学位论文，安徽大学，2018 年。

后　记

春秋时期诸子百家的文化兴盛奠定了中国文化的基本形态和主要模块，为人类文化发展做出了巨大贡献。此期文化兴盛产生的原因众多，但打破“学在官府”的知识垄断，“学入民间”知识传播模式启发了民众的思想探索无疑是一大动力。任何一个民族的文化进步都是以民众知识和认识水平提升为先决条件，让社会群体更多接触知识和信息是一个国家经济文化发展的重要基础和前提。

高校图书馆长期以来是以象牙塔的形象出现在人们的视野中，大量的知识文献被高墙所隔断，墙外民众难以问津丰富的知识信息资源。虽然一段时间以来，出现了一些高校和社会机构、政府的共建馆，但囿于体制，深层次、大范围的知识信息共享结果尚未出现。

随着网络和通信技术的进步，高校图书馆纷纷建立数字移动知识信息服务平台，给校内师生提供了更为便捷的文化信息获取途径，也给社会民众获取高校知识文献资源提供了可能。近年来，一些重点高校图书馆建设了手机图书馆和微信公众平台，用户只要登录和关注，就可获取图书馆的新闻资讯和一定范围的文献信息服务，给高校文献资源走向社会普通民众开启了一个窗口。

在此契机下，如何利用现代化的媒体与技术推进知识共享化是高校图书人的责任与担当。吴建中先生曾言“让知识流动并增值。首先要让它们从分散和独立状态下释放出来，利用现代化资源描述方式将它们揭示出来，增加与其他资源之间关联，使它们处于可检索、可获取、可利用的有序状态，为开放和共享知识创造条件。”在此借用吴先生之语，与图林同道中人共勉。

牛卫东

2022 年末于洛阳